高等学校
工程管理专业应用型本科规划教材

Real Estate Appraisal

房地产估价

主　编　李　杰
副主编　王　强　陈永霞
　　　　王　宏　高成凤
主　审　盛承懋

人民交通出版社
China Communications Press

内容提要

本书为高等学校土建学科工程管理专业应用型本科规划教材。

本书系统地介绍了房地产估价的理论、方法及其应用，共分11章。首先介绍了房地产、房地产价格和房地产估价；其次分章节介绍了房地产估价中的市场比较法、成本法、收益法、假设开发法、地价评估和长期趋势法、聚类分析、模糊评价等其他估价方法，并进行了房地产价格影响因素分析；再次结合案例详细分析、阐述了房地产估价程序与估价报告的撰写方法和内容，最后针对目前信息在房地产行业中应用的实际情况简要介绍了房地产估价信息系统。

本书可以作为高等学校工程管理、房地产经营与管理、工程造价和工商管理及相关专业的教材和教学参考用书，也可作为高职、高专、成人继续教育的相关专业的优选教材及相关企业进行员工培训的教材，还可以作为房地产估价师执业资格考试的参考资料。

高等学校工程管理专业应用型本科规划教材出版说明

工程管理专业自1998年设置以来，伴随着国民经济及工程建设的迅猛发展，已逐步成熟完善，目前已有近300所院校开设该专业。在这些院校里面，有相当一部分以"应用型"定位为主，各院校结合自身的专业特点，形成了各具特色的教学培养模式。为满足广大"应用型"本科院校的需要，加强特色方向教材的出版，人民交通出版社深入调研，周密组织，在高等学校工程管理专业指导委员会的热情鼓励和悉心指导下，蒙清华大学朱宏亮教授尽心主持，得到了国内近七十余所高校的积极响应，邀请一大批各院校骨干教师参与，由国内一流专家审稿，组织、编写、出版了本套高等学校土建学科工程管理专业应用型本科规划教材。

本套教材以《全国高等学校土建类专业本科教育培养目标和培养方案及主干课程教学基本要求——工程管理专业》为纲，结合专业建设、课程建设和教学改革以及本学科的最新研究成果，设置了技术平台课程、管理平台课程、经济平台课程、法律平台课程，以及工程项目管理方向课程、房地产经营与管理方向课程、投资与造价管理方向课程、公路工程项目管理方向课程，进行了相应的教材开发，供各院校选用。

本套教材以"应用型"定位为出发点，结合教学实际，全面规划或系列开发近50个品种。教材编委会、审稿委员会、编写与审稿人员全力以赴，为打造精品教材做出了不懈努力，希望能够以此推动工程管理专业的教材建设。

本套教材适用于高等学校工程管理专业，各高校独立学院、成人教育学院及网络教育中的工程管理、工程造价等相关专业亦可选用。

人民交通出版社

2006年12月

前　言

20世纪80年代以来，我国进行了土地使用制度、住房分配制度和其他相关经济体制的重大改革，房地产市场已经逐渐成熟，随之房地产估价行业也得以快速发展，与之相适应的房地产估价师执业资格制度已经实行有十多年了。在这十多年间，我国政府制订和出台了一系列房地产估价相关政策、法规、条例，规范了房地产估价行业的管理，制订了比较科学的依据和标准，为房地产行业的发展、完善创造了条件。房地产管理、投资、开发、交易、抵押贷款、征用赔偿、保险、课税、入股合营以及纠纷处理等多方面都对房地产估价存在着大量的需求。房地产是一种特殊的商品，其价格构成和价值运行规律与其他商品有很大的不同，这就决定了房地产估价是一项复杂的经济活动，要想使评估活动高效、准确、公正，就必须使活动过程遵循一套严谨、科学的工作程序，这套工作程序是进行房地产估价所必须经过的工作阶段，反映了各阶段之间的内在联系。本书根据房地产估价规范的要求进行编写，通过实例向读者呈现房地产估价的全过程，力图反映房地产估价各阶段之间的内在联系。

在我国的经济生活中，随着房地产估价业务的不断扩展，房地产估价业务需要大量的房地产估价专业人才，与此同时，对房地产估价从业人员的业务素质要求也不断提高，高校的应用型本科教育正是要培养这种既有一定的理论知识又有实际操作技能的高素质人才。根据应用型本科人才培养模式的要求，本教材的编写体现出以下三个特色：

(1) 体现一个“简”字。作为应用型规划教材，本书不在理论上作过多的研究与探讨，同时还简要介绍了与房地产估价相关的一些知识和内容。本书难易适中，语言简练，通俗易懂。

(2) 突出一个“实”字。在知识内容上，根据实际情况，结合一定量的例题对各种房地产估价方法进行实例教学，强化教学实践环节，密切理论与实际的关系，使学生通过学习，能系统地掌握房地产估价的基本方法。

(3) 注重一个“用”字。参加本书编写的很多老师长期从事房地产估价的实际工作，有着丰富的实践经验，教材从房地产估价师执业资格岗位应用能力的实际需要出发，结合复习思考题及时巩固基础知识，通过例题、运用举例和课后练习等形式，进行实例计算和分析，培养学生的知识应用能力。

本书由福建工程学院李杰主编，福建工程学院的王强、南京林业大学的陈永霞、平顶山工学院的王宏和西南科技大学的高成凤为副主编，参加本书编写的还有云南大学的黄海燕老师、平顶山工学院的刘雷老师、福建工程学院的张引老师、山东建筑大学的张迪和刘金花老师。编写分工如下：张引编写第 1 章，李杰编写第 2 章，王宏编写第 3 章和第 9 章，陈永霞编写第 4 章，刘雷编写第 5 章，黄海燕编写第 6 章，高成凤编写第 7 章，张迪编写第 8 章，王强编写第 10 章，刘金花编写第 11 章，全书由李杰进行统稿和修改，高成凤和张引等老师在统稿和校对的过程中也做了大量的工作。

苏州科技学院盛承懋教授主审本书，并提供了许多建设性的意见，特此表示感谢。

在本书的编写过程中，参阅了大量的有关教材、著作与资料，在此对各位原著作者致以诚挚的谢意；同时，还要对所有给予过支持和帮助的单位和个人表示衷心感谢。由于时间仓促，学识尚浅，水平有限，书中难免有不足和欠妥之处，恳请广大读者批评指正。

编　者

2006 年 10 月

学习导言

房地产估价行业是我国房地产中介服务行业的重要组成部分，历经二十多年的发展和进步，目前已形成了较为完整的估价理论与方法体系，国家对房地产估价机构资质核准和房地产估价师执业资格注册实行行政许可，从业人员和机构数量有了相当规模，服务领域不断拓展，执业行为逐步规范。房地产估价已深入社会经济生活中的诸多方面，在各类房地产交易、抵押、征收征用、拆迁补偿、税收、损害和赔偿等多方面扮演着重要角色，在推动房地产业发展、促进百姓安居等方面发挥着越来越重要的作用。

《房地产估价》是一门专业系统性和实践性均较强的应用类课程，是房地产开发与经营管理专业的重要专业基础课程之一，也是房地产估价从业者必须掌握的一门专业课程，其核心内容是房地产估价理论与方法。随着房地产业的不断发展与完善，内地房地产估价师与香港测量师互认制度的建立，以及国际市场的逐步开放，房地产估价的服务领域在不断拓展，房地产业对房地产估价师的需求更趋旺盛。房地产估价涉及面广，要求知识层次高，需要许多方面的技能、技巧，行业的执业水准和社会认可程度高，因此，房地产估价行业是非常有潜力的行业，学好房地产估价的理论与方法，具备一定的理论知识，又有实际操作技能，对同学们以后的从业和发展十分有益。

鉴于本课程现实性、实践性和综合性较强的特点，为了更好地学习和掌握本门课程，建议在学习本课程之前先修《房地产经济学》、《房地产开发》、《房地产市场营销》等课程，这些课程将有助于同学们掌握有关房地产的基本知识和理论，为学习房地产估价课程打下良好的基础。另外，受教材篇幅所限，本书不可能囊括方方面面的经典案例，建议在学习房地产估价课程时，参阅有关房地产估价案例分析等方面的实务操作类书籍，这将对房地产估价的深入学习有很大的帮助。

本教材系统、全面、深入地介绍了房地产估价的基本理论与方法，知识体系与结构较为合理、完整，重点、难点分布适中，难度适宜。其中，第 1、2、9 章为本教材的基础内容，要求同学们重点掌握房地产估价的基本概念及估价中的专业术语、房地产价格类型、房地产价格影响因素，并对估价的服务领域有充分的认识，该部分内容的学习请参考《房地产基本制度与政策》、《房地产经济学》中的有关内容。第 3、4、5、6、7、

10章为本教材的核心内容，要求同学们重点掌握房地产估价的市场比较法、收益法、成本法、假设开发法等四种基本估价方法，以及基准地价修正法、路线法等两种应用估价方法，理解每种方法的基本原理、适用对象和条件、评估程序与方法，并学会撰写房地产估价报告。该部分内容的难点是在估价过程中如何收集、分析、整理估价所需的基础数据和资料，如何正确地处理估价中遇到的特殊问题，如何将估价的科学性与艺术性很好地结合起来，即各种估价方法、估价经验与技巧的灵活与恰当的运用。建议同学们在学习过程中，除利用教材中提供的案例外，积极参阅相关的案例书籍，如《最新房地产估价方法、技巧、参数及百例精选》和《最新房地产估价师、土地估价师业务操作实用手册》及《最新房地产估价规范与经典案例评析实用手册》（中国统计出版社）、《房地产估价报告精选（2003）》和《房地产估价报告精选（2002）》（中国建筑工业出版社）、《房地产估价案例与分析》（中国建筑工业出版社）、《房地产估价师实务手册》（机械工业出版社）、《土地估价理论与方法》（地质出版社）等。第8、11章为本教材的延展内容，简要介绍了一些数学方法和信息系统在房地产估价中的应用，由于本部分内容涉及的数学方法和信息系统的设计与开发内容较多，若需要更深入地了解该部分内容，同学们可参考《房地产估价方法的拓展》（同济大学出版社）、《房地产管理信息系统》（中国建筑工业出版社）以及数学类和计算机类的相关书籍。最后，建议同学们在“房地产估价课程设计”实践环节中，认真研读已有的房地产估价经典报告，同时根据具体的设计任务，尽力与当地的房地产评估机构联系实习，争取实践作业，以进一步增强本课程的实践性。

关于本门课程的参阅资料可从如下途径获得：

◆ 浏览房地产估价的相关网站，获得有价值素材与信息资源服务。比较权威的网站有中国房地产估价师学会（http：//www.cirea.org.cn）、上海房地产估价师协会（http：//www.valuer.org.cn）、北京房地产估价师和土地估价师协会（http：//www.bjgj.org.cn）、广东省房地产估价师与房地产经纪人学会网（http：//www.gdcic.net），及其他各省（市、区）房地产估价师学会，中国土地估价师协会（http：//www.creva.org.cn）、中国住宅与房地产信息网（http：//www.realestate.gov.cn）、香港测量师学会（http.//www.hkis.org.hk）、美国评估协会（http：//www.appraisers.org）、搜房网（http：//www.SouFun.con）等。

◆ 充分利用学校的图书馆和电子图书馆。如超星全文图书数据库可以提供房地产估价类的电子版本书籍，优秀博硕士学位论文全文数据库、中文学术期刊库、维普科技期刊数据库等数据库能够提供大量的房地产估价类的学术论文。

◆ 利用网上现有的共享多媒体课件。如环球职业教育在线（http：//www.edu24ol.com）中关于房地产估价师执业考试资格的网络远程培训。

◆ 查阅本教材编写过程中所参考的文献资料。

最后，希望本教材的出版发行，能够为高校房地产、工程管理、土地资源管理、物业管理、城市规划等专业的学生提供有利的学习工具，使同学们掌握房地产估价理论知识，灵活运用估价方法，对整个房地产估价行业的发展趋势有更清晰的认识；同时，能够为广大房地产估价工作者和房地产开发与管理等方面的相关人员提供借鉴与参考。

编　者

2006 年 12 月

目　录

第1章 房地产和房地产价格

本章概要

房地产估价是对房地产的价格进行测算和评定的活动。因此，在介绍房地产估价的相关理论和方法之前，必须对房地产与房地产价格的概念及特征等有关内容有一个客观而全面的认识。本章详细地阐述了房地产的概念，就房地产物质实体，从土地和建筑物的概念两个方面加以解释；就房地产产权，从所有权、使用权以及他项权，我国的土地所有权和土地使用权，房地产转让、抵押、租赁，房地产产权登记几个方面展开论述。在此基础上，重点介绍房地产的特性与类型。同时，在介绍房地产价格的概念以及地价与一般物品价格差异的基础上，重点介绍房地产价格的特征、形成条件及种类。

1.1 房地产的概念

房地产有土地、建筑物和房地合一三种存在形态。房地产在物质形态上总是表现为**房依地建**、**地为房载**、**难以移动**等特征，因此，通常把房地产称为不动产，即Real Estate或Real Property。

1.1.1 房地产的概念

就房地产的**物质性**而言，房地产包括房和地两个方面，这是房地产的自然属性。房泛指建筑物，包括房屋和构筑物两类；地即土地，是指地球上陆地的表层及其上下一定范围的空间。显然，房地产的概念不仅仅在于其物质性。如一宗房地产是由甲先生使用而不是由乙先生使用，并不是因为甲先生正使用该房地产，而是由于甲先生拥有了该房地产的有关权证，而这些权证是由法律所认定的，也为法律所保护。这就是房地产的**产权性**，是房地产的法律属性。在房地产的物质性和产权性的基础上，拥有房地产的人就拥有了相应的财产，以房地产为生产要素进行生产经营活动就可由此而产生收益。

可见，房地产的概念包括两个基本内涵，即物质内涵和产权内涵。给房地产下个定义，即房地产是土地、建筑物及其他地上定着物，包括物质实体和依托于物质实体上的权益。

房地产物质实体是房地产中看得见、摸得着的部分（如土地的形状，基础设施完备程度，建筑物的结构、外观、装修等），其又可进一步分为有形的实体、该实体的质量以及组合完成的功能三个方面。房地产权益是房地产中无形的、不可触摸的部分（如所有权、使用权、租赁权、抵押权、典权、地役权、空间利用权等），包括权利、利益和收益。

在不同类型的资产中，物质实体和权益对价值的影响是不同的。具体来说，一般的有形资产（如机器、设备、家具等），主要是实体的价值，即主要是实体的好坏决定着价值的高低；一般的无形资产（如专利权、专营权、商标专用权、商誉、有价证券等），通常不具有实物形态，有的虽然依附在某种实物上，但该实物本身的好坏对其价值影响不大，甚至可以忽略不计，因此，主要是权益的价值。对房地产而言，房地产的实体和权益在价值决定中都很重要。如一幢房屋，其价值既受实体状况的影响，又受产权是否完整等权益状况的影响。所以，两宗实体状况相同的房地产，如果权益不同，价值就可能有很大的不同；反之，两宗权益状况相同的房地产，如果实体状况不同，价值也可能有很大的不同。

1.1.2 土地的概念

从房地产估价的角度看，土地是指地球表层的陆地及其地上、地下一定范围内的空间。其范围可以从纵、横两个方面来理解。从纵的方面来看，土地分地面部分、地面以上一定限度的空间和地面以下一定限度的空间；从横的方面来看，人们用人为的方法确定其范围，一宗土地的范围即为该宗土地的四至范围所围绕的面积。

但是，现实生活中，由于土地的使用、分配会影响周围和社会公众的利益，因此，要受到多方面的限制，如政府对建筑容积率、建筑高度以及土地用途的限制等。土地利用所受的限制分为两个方面：一是受自身能力的限制，如建筑技术、经济实力等；二是受自身能力以外的限制，主要为土地权利的设置以及行使的限制、房地产相邻关系的限制和土地使用管制三个方面。

从土地权利的设置以及行使的限制来看，中国目前主要有**所有权、使用权、租赁权、地役权、典权、抵押权**。其中，租赁权属于债权，其余权利属于物权；在物权中，所有权属于自物权，其余权利属于他物权。他物权是对他人之物所拥有的权利，是对所有权的限制。就地役权来说，对于供用地而言，它是他人对土地享有的一种有限的使用权，字面的意思是该土地为他人服役。地役权在给他人方便时，土地所有人或土地使用权人有可能受到某种损失，所以，地役权的存在会降低土地的价值。

从房地产相邻关系的限制来看，房地产的相邻关系是指两个或两个以上毗邻的房屋或土地的所有人或占有人、使用人在行使房屋或土地的占有、使用、收益和处分权时，相互之间应当给予便利或接受限制而产生的权利义务关系。相邻关系实质上是对财产所有人或占有人、使用人行使所有权或占有、使用权的合理延伸和必要限制。在现实中，主要存在两类相邻关系：一类是通风、采光、排水和排污的相邻关系；另一类是险情危害的相邻关系。

从土地使用管制来看，对于房地产估价来说，有意义的土地使用管制主要是耕地转为非耕地、农用地转为建设用地以及城市规划用地。例如，城市规划对土地用途、建筑高度、容积率和建筑密度等的规定。其中，容积率是一块土地上建筑物的总建筑面积与该块土地总面积的比值，容积率有包括 0.00m 以下地下建筑面积的容积率和不包括 0.00m 以下地下建筑面积的容积率。故在估价时一定要了解清楚所说的容积率的确切内涵。

在房地产估价中，对一宗土地的认识主要包括以下几个方面：

（1）位置。对房地产所处的区域、城市、周围环境、市场状况和具体地点的认识。

（2）面积。为依法确认的面积，要从总占地面积、红线用地面积、市政代征地面积、集中绿地代征地面积几个方面来认识。

（3）四至。即对土地东南西北四个方位的描述。

（4）形状。通常用图（如宗地图）来说明。应注意考察土地形状是否规则，是否有利于开发建设。

（5）利用状况。考察土地利用现状主要涉及地上有无建筑物，有无其他附着物；建筑物、附着物的情况如何，如建筑物、附着物的使用寿命情况，是否需要拆除等。

（6）周边环境。例如，有无大气、噪声、土壤、水体、固体废物、辐射等污染及其程度。周边环境通常用文字加照片来说明。

（7）土地权利状况。土地权利的种类和内容对土地价值有很大影响，如土地使用权有划拨的和出让、转让的不同，有的可以续期，有的不能续期，有的可以抵押，有的不能抵押，出让的期限长短不同，这些都会影响到土地价格评估的结果。因此，进行房地产估价应特别注意调查、了解土地权利状况。

（8）设计要求。包括用地性质规划、建筑容积率、建筑覆盖率、建筑高度、绿地率、建筑后退要求、建筑艺术、出入口方位等。

（9）生熟程度。指基础设施的通达情况和土地的平整程度。

（10）地质条件。地质条件决定着土地的承载力。地质坚实承载力较大，有利于建筑使用，反之亦然。

(11) 其他。

1.1.3 建筑物的概念

建筑物是指人工建筑而成，由建筑材料、建筑构配件和设备等组成的整体物，包括房屋和构筑物两大类。其中，房屋是指有墙、顶、门、窗、柱、梁，供人居住或做其他用途的建筑物，包括住宅、商业、工业、仓储、办公、教育、医疗、体育等各种用房。构筑物是指人们一般不直接在内进行生产或生活活动的建筑物，如水塔、烟囱、桥梁等。

在房地产估价中，对建筑物的认识主要包括以下几个方面：

(1) 位置。对于其所处区域、城市、周围环境、市场状况和具体地点的认识。

(2) 面积。包括占地面积、建筑面积、使用面积、套内面积等。房地产估价中要考虑到不同类型的建筑物有不同的计算面积的方法，如旅馆可用床位数和房间（标准间）数来衡量，电影院、剧院可用座位数来衡量，写字楼重点考察可出租面积，商业建筑物重点考察可营业面积等。

(3) 建筑层数和高度。房屋建筑按层数和高度分为低层建筑、多层建筑、高层建筑和超高层建筑。公共建筑及综合性建筑通常是按照建筑总高度来划分的，总高度超过24m的为高层（但不包括总高度超过24m的单层建筑）。住宅通常是按照层数来划分的，1～3层为低层住宅；4～6层为多层住宅；7～9层为中高层住宅；10层以上（含10层）为高层住宅。建筑总高度超过100m的，不论是住宅还是公共建筑、综合性建筑，均称为超高层建筑。

(4) 建筑结构。建筑结构有多种分类方法。一般分为钢结构、钢筋混凝土结构、砖混结构、砖木结构和简易结构。具体而言，如以组成建筑结构的主要结构形式来划分，可分为墙体结构、框架结构、深梁结构、筒体结构、拱结构、网架结构、空间薄壁结构、悬索结构、舱体结构。如以组成建筑结构的主要建筑材料来划分，可分为钢结构、混凝土结构、砌体结构、木结构、塑料结构和薄膜充气结构。

(5) 附属设备情况。指各类设备的质量和维修保养情况。

(6) 装修情况。指装修标准，毛坯房、初装修、普通装修、高档装修等及装修材料的情况，建筑物的内外装修情况和不同楼层、不同用途部分的装修情况。

(7) 平面格局。包括平面图、户型图等。

(8) 建成年月和使用保养情况。重点考察建筑物新旧程度和建成年月、使用保养情况之间的关系。

(9) 用途。建筑物的主要用途有居住、商业、工业、办公等。在房地产估价中，要考虑到不同用途建筑物的配套设备有很大不同，对建筑物的成本造价会有很大影响。

（10）产权状况。是指建筑物是所有权还是使用权，是独有产权还是共有产权，是否出租或抵押，及坐落土地的权利状况等。

（11）公共服务设施完备程度。对于住宅而言，公共服务设施主要是指教育、医疗卫生、文化体育、商业服务、金融邮电等公共建筑的完备程度。写字楼、工业等也要求有相应的公共服务设施。

（12）其他。如外观、通风、采光、隔声、隔振、隔热、层高、物业管理等一些需要明确的情况。

1.2 房地产的产权

房地产产权是以房地产为标的物的产权，是财产权在房地产中的具体化，是一种具有一系列排他性的绝对权，权利人对其所有房地产具有完全支配权。产权清晰、合法是房地产估价的基础，只有具有合法的产权才能评估出合理的价格。

1.2.1 所有权 使用权 他项权

按一定的分类标志和统一规定的原则，把房地产的各种类型有规律地分层次排列组合成一个系统，即房地产产权类型体系。我国的房地产产权类型体系见图 1-1。

所有权，是指所有人依法对自己的财产所享有的充分、完整的支配权，包括对物的占有、使用、收益和处分等内容。它是物权制度的基础和前提。所有权的特点主要有：**全面性**，即对所有物于法令限制范围内的全面占有、使用、收益及处分的权利；**整体性**，指所有人对标的物有统一的支配力，并非仅为占有、使用、收益及处分等各种权能的总和；**弹性**，所有权的内部结构具有弹性，呈现出不同层次的多种权利，且权能可以分离组合；**永久性**，指所有权不因时效而消灭，也不得预定其存续期间。

使用权是指对他人之物于一定范围内，有使用和收益的定限权利，即使用权人在一定范围内，对标的物的占有、使用和收益的权利。如我国土地使用权，即是在一定限内对标的物占有、使用和收益的权利。

他项权是指在已经确认了他人所有的土地所有权和使用权的土地上保留的其他土地方面的权利。他项权的特点主要有：他项权是在他人土地上享有的权利；其主体是所有人、使用人以外的，与所有人、使用人存在着某种法律关系的民事主体；他项权不受一物一权主义的限制。他项权主要有役权（土地权、用益权和人役权）、空中权、地上权、地下权、租赁权、借用权、抵押权。

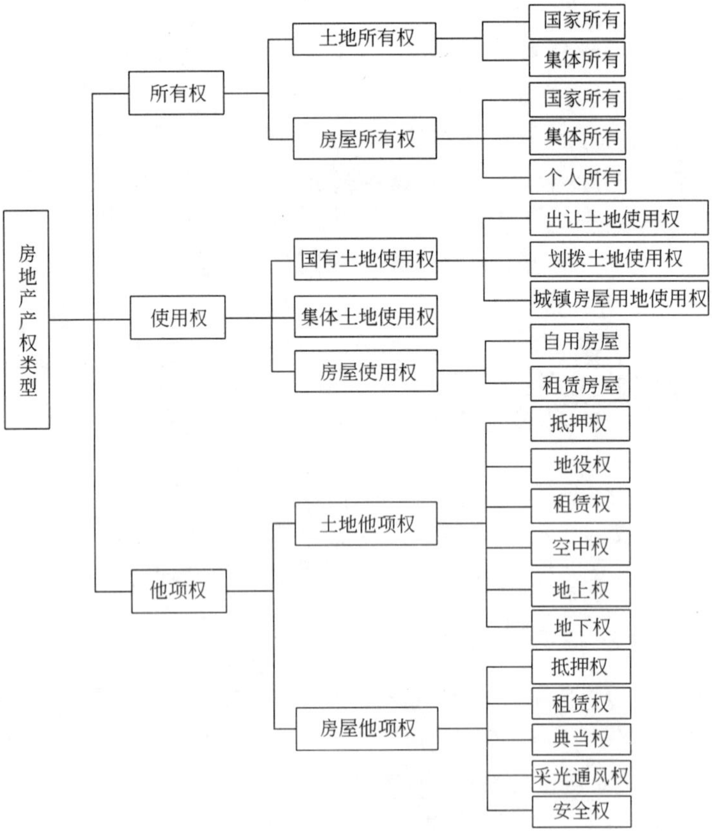

图 1-1 房地产产权类型体系示意图

1.2.2 我国的土地所有权和土地使用权

1. 土地所有权

土地所有权是土地所有权人对其拥有的土地所实行的占有、使用、收益和处分的权利，是土地所有制关系在法律上的体现。我国的土地所有权是以社会主义公有制为前提的，土地所有权在法律上分为国家土地所有权和集体土地所有权两种不同的类型。

土地所有权具有下列特征：

(1) 主体的特定性。我国法律规定，土地只能由国家或农民集体所有，国家和农民集体以外的民事主体，不能成为土地所有人。

(2) 交易的限制性。我国有关法律规定，土地所有权不能以任何形式进行交易，即土地所有权的买卖、赠与、互换，包括以土地所有权进行投资，都是非法的。

(3) 权属的稳定性。我国的土地所有权，由于其主体的特定性和交易的限制性，具有高度的稳定性。

(4) 权属的可分离性。我国的土地所有权和土地使用权在一般情况下都是相分离的。根据宪法和法律规定，国家土地使用权可以通过出让、划拨、转让等方式交由用地者使用，合法取得的土地使用权还可以进行转让、出租和抵押；集体经济组织可以对其所有的土地行使占有、使用、收益和处分的权利，也可以依法转让、抵押和租赁。

国家土地所有权，是国家代表全体人民对其所有的土地进行占有、使用、收益和处分，并排除他人非法干涉的权利。依照我国土地法有关规定，属于国家所有的土地有：城市市区的土地；农村和城市郊区中已经依法没收、征收、征购为国有的土地；国家依法征用的土地；依法不属于集体所有的林地、草地、荒地、滩涂及其他土地；因农村集体经济组织全部成员转为城镇居民而不再使用的原属于农村集体所有的土地；因国家组织移民、自然灾害等原因，农民成建制地集体迁移后不再使用的原属于迁移农民集体所有的土地。

集体土地所有权，是指农村集体经济组织依法对土地占有、使用、收益和处分，并排除他人非法干涉的权利。根据《中华人民共和国宪法》第 10 条规定，农村和城市郊区的土地，除由法律规定属于国家所有的以外，属于集体所有；宅基地和自留地、自留山也属于集体所有。

2. 土地使用权

土地使用权是指土地使用人根据法律、合同的规定，在法律允许的范围内，对国家或集体所有的土地，所享有的占有、使用、收益、处分权能的一种权利。土地使用权是从土地所有权中分离出来的一项权利，具体表现为土地使用人对土地享有使用权、出租权、转让权和抵押权。土地使用权分为国家土地使用权和集体土地使用权。目前房地产估价主要是针对国家土地使用权。随着土地制度改革的进一步深化，以及农村集体土地使用权市场的建立，农村集体土地使用权估价也将是一个很大的市场。

3. 土地使用权的出让

土地使用权出让，是指国家将国有土地使用权在一定年限内出让给土地使用者，由土地使用者向国家支付土地使用权出让金的行为。土地使用权出让是解决房地产开发用地问题的主要方式。集体所有的土地，经依法征收或征用转为国有土地后，该国有土地的使用权方可有偿出让。

土地使用权的出让既是有偿的，又是有期限的。按照房地产管理法的规定，土地使用权出让的最高年限，根据出让土地的用途不同而不同，分别为居住用地70年，工业用地50年，教育、科技、文化、卫生、体育用地50年，商业、旅游、娱乐用地40年，综合或其他用地50年。任何土地使用权出让合同约定的期限，都不得超过法定最高年限，否则合同无效。

4. 土地使用权的转让、抵押

土地使用权的转让是指土地使用者将土地再转移的行为，包括出售、交换和赠与。由于建筑物和土地使用权不可分，我国法律肯定土地使用权与地上建筑物、其他附着物所有权一同转让原则，即转让土地使用权，也转让地上建筑物、其他附着物所有权；反之亦然。这两种转让都涉及土地使用权的转让。这一原则也适用于土地使用权的抵押和租赁。土地使用权转让作为一种物权转让行为，必须签订转让合同，明确转让的价格、土地的转让时间等，同时受让人必须取得登记，在登记后才能取得受让的土地使用权，否则仅仅享有占有土地的债权而无权对抗已经取得登记的第三人。在估价时一定要注意审查土地使用权的合法性。

土地使用权的抵押是指土地使用者作为抵押人用其合法取得的土地使用权，以不移动占有的方式向抵押权人提供债务履行担保的行为。土地使用权是土地所有人设定的一种权利，所以，土地使用权抵押的客体是权利而不是土地，但是，其抵押的效力自然扩张于其上的建筑物。这主要是为了贯彻土地使用权与地上建筑物权属一致的原则。土地使用权抵押设定的实质要件是，抵押人拥有合法的可抵押的土地使用权，一般形式要件有两个：一是抵押人与抵押权人签订书面抵押合同，二是持土地使用权证书办理抵押登记。根据《担保法》的规定，办理抵押登记后，抵押合同才生效。抵押权因债务清偿或者其他原因而消灭的，应当依照规定办理注销抵押登记。

1.2.3 房地产转让

房地产转让是指房地产权利人通过买卖、赠与或者其他合法方式将其房地产转移给他人的行为。根据房地产的不可分离原则，房（房屋所有权）与地（土地使用权）需同时转让。房地产转让包括以下几种房地产转移行为。

1. 房地产买卖

在民法理论中，买卖是指一方当事人（卖方）转移标的物的所有权给另一方当事人（买方），由另一方当事人支付价金的协议。而房地产买卖，则是指从国家手中取得土地使用权的卖者将经过一定程度开发的土地或者具有土地使用权的地上建筑物、设施出卖给他人并由此将该土地使用权转移给他人的行为。显然，房地产转让中的土地使用权买卖与民法中的一般买卖行为是不同的。一般买卖行为必须将标的物的所有权转移给买受人，而土地使用权的买卖只能转移使用权，所有权仍属于国家。此外，房地产买卖不同于一般商品买卖之处还在于，房地产买卖不是房地产商品位置的移动，而是房地产权利的转移，即房地产权属证书上产权人的更换。

2. 房地产赠与

按照民法一般理论，赠与是赠与人一方自愿将自己的财产无偿交给受赠人一方的行为。一般意义上的赠与，是指出赠人必须转移出赠与物的所有权给受赠人。而房地产赠与，是指房地产权利人自愿将自己拥有的土地使用权或房屋所有权无偿转移给他人的行为。在房地产赠与中，土地使用权的赠与及房屋所有权的赠与均不涉及土地所有权转移问题，土地所有权仍属国家。

3. 房地产转让的其他合法方式

这里指除买卖、赠与以外的其他房地产权属转移行为。按照建设部《城市房地产转让管理规定》第 3 条规定，房地产转让的其他合法方式主要有：以房地产作价入股、与他人成立企业法人，房地产权属发生变更的；一方提供土地使用权，另一方或者多方提供资金，合资、合作开发经营房地产，而使房地产权属发生变更的；因企业被收购、兼并或规定的其他情形，如交换、继承、遗赠等，而使房地产权属转移的。

1.2.4 房地产抵押

房地产抵押，是指抵押人以其合法的房地产以不转移占有的方式向抵押权人提供债务履行担保的行为。债务人不履行债务时，抵押权人有权依法以抵押的房地产拍卖所得的价款优先受偿。

1. 房地产抵押权的设定

《城市房地产管理法》第 47 条规定，依法取得的房屋所有权连同该房屋占用范围内的土地使用权，可以设定抵押权；以出让方式取得的土地使用权，可以设定抵押权。但下列房地产不得设定抵押：权属有争议的房地产；用于教育、医疗、市政等公共福利事业的房地产；列入文物保护的建筑物和有重要纪念意义的其他建筑物；已依法公告列入拆迁范围的房地产；被依法查封、扣押、监管或者以其他形式限制的房地产；依法不得抵押的其他房地产。

设定房地产抵押权，首先抵押双方必须经协商确定其相互权利义务，并形成书面合同。其次，必须依法进行抵押登记。我国的《城镇国有土地使用权出让和转让暂行条例》第 35 条规定，土地使用权和地上建筑物、其他附着物抵押，应当依照规定办理抵押登记。《城市房地产管理法》第61条规定，房地产抵押时，应当在县级以上地方人民政府规定的部门办理抵押登记。《担保法》第41条也明确规定，当事人以本法第42条规定的财产抵押的，应当办理抵押物登记，抵押合同自登记之日起生效。抵押以登记为生效的要件是房地产抵押与其他财产抵押的一个重要区别：当事人以其财产抵押的，可以自愿办理抵押物登记，抵押合同自签订之日起生效；而房地产抵押是必须登记的，当事人未依法办理抵押登记的，不得对抗第三人。

2. 房地产抵押权实现

房地产抵押权的实现是指当债务人不能履行到期债务时，房地产抵押权人依法处分抵押的房地产，并就所得价金优先受偿的权利。它是特定条件下债权实现的一种方式。房地产抵押权因实现而归于消灭。

根据《城市房地产抵押管理办法》第40条规定，有下列情况之一的，抵押权人有权要求处分抵押的房地产：债务履行期满，抵押权人未受清偿，债务人又未能与抵押权人达成延期履行协议的；抵押人死亡，或者被宣告死亡而无人代为履行到期债务的，或者抵押人的合法继承人、受遗赠人拒绝履行到期债务的；抵押人被依法宣告解散或者破产的；抵押人违反本办法的有关规定，擅自处分抵押房地产的；抵押合同约定的其他情况。

一般抵押权实现的方式有折价、变卖和拍卖三种方式，但房地产抵押权实现的方式主要是拍卖。《城市房地产管理法》第46条规定，债务人不履行债务时，抵押权人有权依法以抵押的房地产拍卖所得的价款优先受偿。以拍卖为房地产抵押权实现的方式，透明度高，比较公平合理，有利于保护抵押权人的合法权益，更有利于房地产市场的健康发展。

1.2.5 房地产租赁

房地产租赁是指出租人按照约定将房地产交给承租人使用，承租人按照约定交纳租金并于合同终止时将房地产返还给出租人的法律行为。根据我国现行法律规定，我国的房地产租赁包括两大类：一类是土地使用权租赁，一类是房屋租赁。

1. 土地使用权租赁

土地使用权租赁是指土地使用者作为出租人将土地使用权随同地上建筑物、其他附着物租赁给承租人使用，由承租人向出租人支付租金的行为。租赁土地使用权并不改变土地使用权人与国家之间的土地使用关系，原受让人或土地使用权人仍然是土地使用权人，进行出租应当只是土地使用权人使用或经营其土地使用权的一种方式。所以应有两个结论：第一，出租人仍然是出让土地使用权人，土地使用权出租后，出租人必须继续履行土地使用权出让合同；第二，承租人所享有的土地使用权只是原土地所有权设立的一种用益权，它不可能超出原土地使用权人所享有的权利。这种土地使用权只具有占有、使用权能，而不具有转让或处分权能，也就是说租赁土地使用权只是静态地利用土地的权利。

土地使用权租赁既不同于土地出租，也不同于土地使用权的出让和转让。我国《城镇国有土地使用权出让和转让暂行条例》规定，土地使用权出租必须满足下列条件：

(1) 用于出租的土地必须是出租人基于国家出让而取得土地使用权的土地。对通过划拨方式取得的土地使用权的出租，必须符合：①土地使用者为公司、企业、其他经济组织或个人；②领有国有土地使用权证；③具有地上建筑物、其他附着物合法的产权证明；④签订土地使用权出租合同，应向当地市、县人民政府补交土地使用权出让金或以土地使用权出租所获得的收益抵交土地使用权出让金。

(2) 出租人对土地的开发利用达到法律规定或土地使用权出让合同规定的要求。

(3) 土地使用权出租期限，不得超过出租人基于土地使用权出让合同而取得的土地使用权期限扣除已使用期限后的剩余年限。

(4) 土地使用权与地上建筑物、其他附着物须一同出租。

2. 房屋租赁

房屋租赁是指房屋所有人作为出租人，在一定期限内，将其房屋出租给承租人使用，由承租人向出租人支付租金的行为。房屋租赁是房地产交易的主要形式之一，作为房屋租赁法律关系客体的房屋应是法律所允许出租的。根据我国有关房屋租赁管理的规定，有下列情形之一的房屋不得出租：未依法取得房屋所有权证的；权属有争议的；共有房屋未取得共有人同意的；不符合安全标准的；属于违章建筑的；已抵押，未经抵押权人同意的；不符合公安、环保、卫生等主管部门的有关规定的；司法机关和行政机关依法裁定、决定查封或者以其他形式限制房地产权利的；有关法律、法规禁止出租的其他情形。

1.2.6 房地产产权登记

房屋权属登记，是指房地产行政主管部门代表政府对房屋所有权以及由上述权利产生的抵押权、典权等房屋他项权利进行登记，并依法确认房屋产权归属关系的行为。房地产产权登记是世界各国普遍建立的一种不动产日常性管理制度。通过产权登记，可以审查和确认房地产产权归属，以确保房地产归属的有序状态，保障交易安全。房屋权属登记分为总登记、初始登记、转移登记、变更登记、他项权利登记、注销登记。

1. 总登记

总登记是指县级以上地方人民政府根据需要，在一定期限内对本行政区域内的房屋进行的统一的权属登记。登记机关认为需要时，经县级以上地方人民政府批准，可以对本行政区域内的房屋权属证书进行验证或者换证。凡列入总登记、验证或者换证范围内的，无论权利人以往是否领取房屋权属证书，权属状况有无变化，均应当在规定的期限内办理登记。总登记、验证、换证的期限，由县级以上地方人民政府规定。

2. 初始登记

初始登记是最初取得房地产所进行的登记。初始登记分为土地使用权的初始登记和新建房屋所有权的初始登记。

《房地产管理法》规定，以出让和划拨方式取得土地使用权，应当向县级以上地方人民政府土地管理部门申请登记，经县级以上地方人民政府土地管理部门核实，由同级人民政府颁发土地使用权证书。

新建商品房和非商品房，应当进行初始登记。登记的基本事项主要有：申请人名称、地址、房产性质、房产坐落、面积、用途、等级、价格、房产权属来源证明及其他登记事项。新建房屋，应于竣工后3个月内，凭土地使用权证书向县级以上人民政府房产管理部门申请登记，由县级以上人民政府房产管理部门核实并颁发房屋所有权证书。

3. 转移或变更登记

转移登记是指房地产转让、房地产所有权和土地使用权发生实质性变动时应当办理的登记。《城市房屋权属登记管理办法》规定，因房屋买卖、交换、赠与、继承、划拨、转让、分割、合并、裁决等原因致使其权属发生转移的，当事人应当自事实发生之日起三十日内申请转移登记。申请转移登记时，权利人应当提交房屋权属证书以及相关的合同、协议、证明等文件。

变更登记是指房屋所有权没有发生实质性的变动，仅房屋本身发生变动，或房主姓名更改而引起变化时应办理的登记。根据《城市房屋权属登记管理办法》规定，权利人名称变更和房屋现状发生下列情形之一的，权利人应当自事实发生之日起三十日内申请变更登记：房屋坐落的街道、门牌号或者房屋名称发生变更的；房屋面积增加或者减少的；房屋翻建的；法律、法规规定的其他情形。申请变更登记时，权利人应当提交房屋权属证书以及相关的证明文件。

4. 他项权利登记

他项权利登记是指在房地产上设定房屋抵押权、典权等他项权利时，权利人应当自事实发生之日起三十日内所办理的登记。申请房屋他项权利登记时，权利人应当提交房屋权属证书，设定房屋抵押权、典权等他项权利的合同书以及相关的证明文件。

5. 注销登记

注销登记是指因房屋灭失、土地使用年限届满、他项权利终止等，权利人应当自事实发生之日起三十日内所办理的登记。申请注销登记时，权利人应当提交原房屋权属证书，他项权利证书，相关的合同、协议、证明等文件。有下列情形之一的，登记机关有权注销房屋权属证书：申报不实的；涂改房屋权属证书的；房屋权利灭失，而权利人未在规定期限内办理房屋权属注销登记的；因登记机关的工作人员工作失误造成房屋权属登记不实的。注销房屋权属证书，登记机关应当作出书面决定，并送达权利人。

1.3 房地产的特性与类型

1.3.1 房地产的特性

房地产估价的必要性是由房地产的特性所决定的，因此，在房地产估价时必须考虑房地产的特征。房地产与其他一般商品相比而言，具有以下主要特性。

1. 不可移动性

建筑物通常和土地一样，具有不可移动性，因此，它受周围环境的影响。这一特性决定了房地产商品只能就地开发和使用，也决定了不同地区、不同地段的房地产价格由于房地产质量、功能、周围的自然地理位置和社会经济位置的不同而不同。即使在设计图纸、建筑技术、建筑材料以及房屋设备等都相同的情况下，由于地理位置的差异，决定了交通条件和社会经济状况的不同，房地产价格也会有重大的差异。因此，要求在进行房地产估价时，必须充分考虑房地产商品所处的地理位置和周边的环境。

此外，房地产的这种特性使得在房地产市场上交换、流通的不是房地产商品的物质形态，而是各种物权的转移，进行的是一种观念上的价值流通而非物质本身的物理运动。

2. 个别性

个别性，即没有两宗房地产是完全相同的。房地产的个别性在实物形态上表现为地理位置、建筑结构、房型、层次、朝向、新旧程度以及开发建设程度的不同；在权益状态上表现为所有权、使用权、抵押权以及典权等的区别。因为在不同的规划设计下开发、建设的房地产商品，其耗费必然不同，所以不能像工业产品那样进行批量生产；不同位置的房地产，假设采用标准设计，由于地形、地质、建筑材料等方面的差别，也不可能像对工业产品那样进行统一定价；即使是在同一幢楼中，由于楼层、朝向等的差别，其价格也存在差异；此外，土地资源的不可再生性和不可移动性也决定了不可能有相同房地产商品的存在。

3. 长期使用性

土地具有不可毁灭性，其寿命几乎是无限的。土地上的各种建筑结构寿命较长，少则几十年，多则几百年，因而相对一般商品而言，对它们的使用具有长期性。根据我国现行的土地使用制度，公司、企业、其他组织和个人通过政府出让方式取得的土地使用权，是有一定使用期限的。其土地使用权在使用年限内可以转让、出租、抵押或者用于其他经济活动，但土地使用期满，土地使用权应由国家无偿收回。

4. 昂贵性

房地产投资所需金额往往巨大。一平方米土地的价格少则数百元，多则数千元甚至数万元，土地开发费用和房屋建造价也很高。对于开发商而言，一个房地产项目的开发少则需要几百万，多则需要几亿元。对于置业者而言，往往需要几万、几十万甚至几百万，才能拥有自己的房地产。这是一个人几年、几十年甚至是一生的积蓄，是人一生中最大的投资。

5. 升值性

随着社会经济的发展和时间的推移，房地产商品呈现出一般商品所没有的特征，房地产特别是土地的价格不但不会降低，反而会随之增长，因而能在某种程度上抵消通货膨胀和其他风险的影响。造成房地产升值现象的原因可从如下四个方面进行分析：第一，对房地产本身进行投资改良；第二，通货膨胀；第三，房地产的稀缺性；第四，外部条件的改善。其中，对房地产本身进行投资改良所引起的房地产价格上升，不是房地产的自然增值；通货膨胀所引起的房地产价格上升，不是真正的房地产增值，而是房地产保值；房地产的稀缺性和外部条件的改善所引起的房地产价格上升，是真正的房地产自然增值。

6. 相互影响性

房地产的价值不仅与其本身的状况直接相关，而且与其周围房地产的状况密切相关，受其邻近房地产开发、利用的影响。一般物品的使用基本上是孤立的，而房地产的开发、利用会对其周围房地产产生影响。例如北京中央商务区周围的房地产价格要比其他区域高，这就是聚集效应的作用，许多国内国际大企业聚集于该区，从而提高了该区房地产的附加值。又如，在一个住宅小区附近修建一个公园或购物中心，可能使其价值上升；但如果在其旁边兴建一座化工厂，就可能导致该住宅小区价值下降。

7. 易受政策影响性

房地产涉及所有权和使用权，受政府法规和政策的影响甚大，任何国家对房地产的开发、使用和支配都有不同程度的限制，其主要受国家土地出让政策、税收政策、住宅政策、城市规划、利率、金融政策等的影响。政府对房地产的限制一般是通过下列四种特权来实现的：一、管制权，政府可以直接对房地产的使用作出限制，如通过城市规划对建筑高度、容积率、绿地率等作出规定，从而增进公众安全、健康和一般福利；二、征税权，为了提供财政收入，政府可以合理地对房地产征税或提高房地产征税；三、征收权，政府由于公共利用的需要，可以强制取得任何组织或个人的房地产，但需对被征收房地产的所有人给予合理补偿；四、充公权，在房地产业主死亡或消失而无继承人的情况下，政府可以无偿收回房地产。

1.3.2 房地产的类型

在房地产估价中，主要按照房地产的用途、开发程度、是否产生收益和经营使用方式对房地产进行分类，如图 1-2 所示。

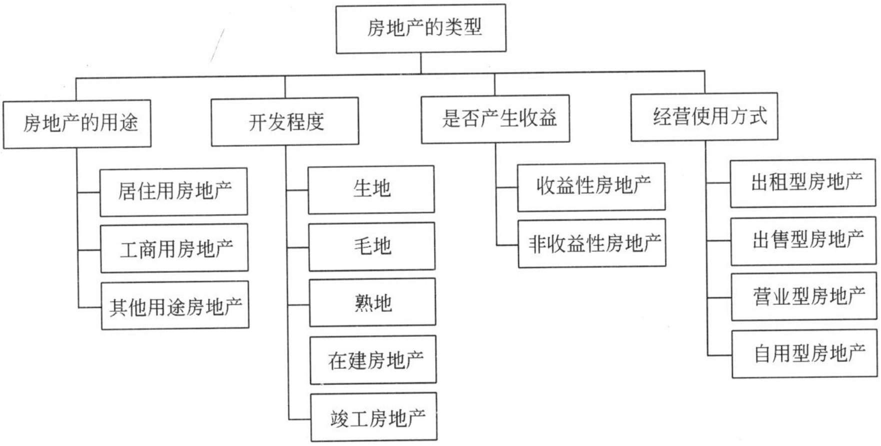

图 1-2 房地产类型示意图

1. 按用途划分的类型

房地产按其用途的不同，主要可分为居住用房地产、工商用房地产和其他用途房地产。

居住用房地产是指各种直接为居住使用的房地产，可分成住宅和集体宿舍两类。

工商用房地产按其具体用途，又可进一步分为办公用房地产、贸易用房地产以及工业用房地产。其中，办公用房地产主要包括商务写字楼、政府办公楼；贸易用房地产包括商业用房地产、旅店用房地产、餐饮用房地产、金融用房地产以及娱乐用房地产；工业用房地产则包括各类工厂、车间、手工作坊、发电厂、仓库以及油库等。

除上述两种用途外，我们将其余房地产都归入其他用途房地产一类。也就是说，其他用途房地产仍可进一步划分为农业用房地产、公共设施用房地产以及军用房地产等。需要指出的是，在实际工作中，大量房地产是同时具有多种用途的，这在估价时需要加以注意。

2. 按开发程度划分的类型

按房地产不同的开发程度，可将其分为生地、毛地、熟地、在建房地产以及竣工房地产。其中生地是指不具有城市基础设施的土地（如荒地）；毛地是指虽然具有一定的城市基础设施，但地上仍存在待拆迁及安置的旧建筑物的土地；熟地是指具有完善的城市基础设施，土地平整，能够直接在其上面进行房屋建造的土地；在建工程是指地上建筑物尚未完全建成，还没有达到交付使用的房地产；竣工房地产是指地上建筑物已经建成，可以直接使用的房地产，它可能是新的，也可能是旧的或经过装修改造的。

3. 按是否产生收益划分的类型

按是否产生收益来划分，可将房地产分为收益性房地产和非收益性房地产两大类。收益性房地产是指直接产生租赁或其他经济收益的房地产，如商店、商务办公楼、公寓、影剧院、农地、厂房等。非收益性房地产是指不直接产生经济收益的房地产，如行政办公楼、未开发的土地、教堂、寺庙等。

收益性房地产可以采用收益法估价，非收益性房地产则难以采用收益法估价。收益性房地产与非收益性房地产的划分标准，是看这种类型的房地产在本质上是否具有直接产生经济收益的能力，而不是看房地产目前是否正在直接产生经济收益。例如，某餐馆目前正在装修尚未开业，没有直接产生经济收益，但其仍然属于收益性房地产。因为同类的餐馆大部分正在营业，在直接产生经济收益。

4. 按经营使用方式划分的类型

房地产按其经营使用方式来划分，主要有出租型房地产、出售型房地产、营业型房地产和自用型房地产四类。有的房地产既可以出租、营业，也可以出售；有的房地产可以出租、出售，也可以自用；有的房地产主要是自用；有的房地产主要是营业。

房地产估价中，在选用估价方法时这种分类是尤其有用的。如出租型房地产可以采用比较法估价；出售型房地产可以采用市场法估价；出租或营业型房地产可以采用收益法估价；自用型房地产可以采用成本法估价。

1.4 房地产的价格

1.4.1 房地产价格的概念

房地产价格既是建筑物价格与土地价格的结合体，又是房地产开发、建设所耗费的社会必要劳动所形成的价值与土地所有权价格的综合货币表现。其中，社会必要劳动所形成的价值包括土地开发过程中耗费的社会必要劳动所形成的土地价值与房屋建筑物建设中社会必要劳动所形成的房屋建筑物价值。

从房地产估价的角度理解，房地产价格是和平地获得他人的房地产所必须付出的代价——货币额、商品或其他有价物。房地产价格作为为了获得他人的房地产所必须支付的经济代价，在实际工作中通常用货币表示，习惯上也是用货币形式来偿付，但并不排除实物、劳务等其他形式的应用，如以房地产作介入股份换取设备、技术等。

1.4.2 地价与一般物品价格的差异

地价与一般物品价格相比而言，其差异主要体现在供求变化、生产成本、折旧、市场性质、价格差异和价格形成时间六个方面。

1. 供求变化不同

由于土地不可移动，且数量难以增加或减少，其供给弹性较小。所以，地价受需求的影响较大，而且，对土地的需求是对土地上产品和服务的需求而引起的，即一种“引致”需求。从全社会的角度来看，土地的自然供给是完全无弹性的，不会随着地价的变化而增减。但对于某种特定用途的土地来说，土地的供给是有弹性的。因为土地往往可以在不同的用途之间进行选择，从而一种用途可以挤占其他用途的土地。

2. 生产成本不同

由于一般物品是劳动的产物，其价格必然含有生产成本因素。而土地本质上不是劳动创造的，是大自然的产物，因此，地价不一定含有生产成本因素。例如，一块地理位置和周边环境好的未开发土地，其价格可能很高，但在此之前可能未投入劳动。

3. 折旧不同

一般物品有使用寿命，可以大量重复生产，其价值通常随着时间的流逝而降低，因此有折旧。而土地由于具有不可毁灭性，不能再生产，其价格不仅无折旧，而且会自然增值。但中国的土地使用权是有出让年限的，在这种情况下土地应计提折旧。这种土地使用权的剩余使用年限随着时间的流逝而越来越短，最终会被国家无偿收回，因此，购地者必须在土地使用年限内将包括购地资本在内的所有投入收回。而如果是无期限的土地使用权，就无需计提折旧。

4. 价格差异不同

对于一般物品，人们可以进行大量生产，如家电、交通工具等，且同一品牌、同一型号的物品价格基本一致。但是，土地具有个别性，不存在两宗完全一致的土地，所以基本上每一宗土地的价格都不一致，而且有些不同的土地之间会存在很大的价格差异。

5. 市场性质不同

一般物品的市场为较完全市场，形成的价格受主观因素影响较小；而土地市场为不完全市场，形成的地价受主观因素的影响较大。

6. 价格形成时间不同

一般物品由于相同的很多，易于比较，而且价值不很大，因此，价格形成的时间通常较短。相比而言，土地由于具有个别性，不易于比较，而且价值量大，其交易一般需要经过长期反复地考虑后才能达成，因此，地价形成的时间通常较长。

1.4.3 房地产价格的特征

房地产与一般商品相比，具有相同的地方。但是房地产作为一种特殊的商品，其价格有自己的特征，主要体现在以下四个方面。

1. 受区位的影响大

一宗房地产的区位是该宗房地产与其他房地产或事物在空间方位和距离上的关系，除了其地理坐标位置，还包括它与重要场所的距离、从其他地方到达该宗房地产的可及性、从该宗房地产去往其他地方的便捷性，以及该宗房地产的周围环境、景观等。房地产的区位可以从位置、交通、环境、配套设施四个方面来认识。房地产的位置不可移动，因此，区位对房地产的价值的决定作用几乎是房地产所独有的。“location，location and location”是西方认为的房地产最重要的三点，即“区位，区位，还是区位”。

2. 本质上是房地产权益的价格

房地产的价格不仅与房地产的实体有关，还与房地产的权益有关。实体状况相同的房地产，由于房地产的权益状况存在差别，可能使得房地产的价格有很大差异。从房地产估价的实质来看，房地产估价是对这些房地产权益的分析。

3. 出售价格与出租价格并重

房地产由于价值量大、寿命长久，出现了买卖和租赁两种交易方式，两个市场并存。与房地产流通的形式相适应，房地产价格既可用出售价格表示，也可用出租价格表示。在一定条件下，出售价格与出租价格之间可以相互比较，产生一个合理的租售比价。

4. 形成基础是长期和综合考虑的结果

一方面由于房地产的价值量大，且具有个别性，人们在短时间内对影响房地产价格的各方面情况不易了解，因此，房地产的交易价格很难在短期内达成。另一方面，一宗房地产通常与其周围的房地产构成某一特定的地区，而该地区的情况并非固定不变，尤其是社会经济位置经常在变化，所以，房地产价格也是在综合考虑该房地产过去如何使用、预计将来可以做何种使用之后所形成的结果。可见，在作房地产估价时既要考虑过去的基础，又要兼顾以后的变化趋势。

1.4.4 房地产价格的形成条件

房地产价格是由房地产商品的有用性、房地产供给的相对稀缺性和人们对房地产商品的有效需求三个方面综合形成的。在现实中，不同的房地产的价格之所以有高低，同一宗房地产的价格之所以有变动，归总起来也是由这三者的程度不同及其变化所引起的。因此，房地产价格的形成需要具备有用性、稀缺性和有效需求三个条件。

1. 有用性

有用性是指物品能够满足人们的某种需要的特性。人们的需要是多方面的，例如人们为了生存，需要食品、衣服和住所。同时人们对某物品有需要也是有原因的，正如人们购买住宅的目的，是为了满足某种特定的需要，比如家庭感、安全感和成就感。假如房地产没有有用性，不能给人们带来利益的满足，人们就不会产生占有房地产的要求或欲望，更谈不上花钱去购买或租赁房地产，就不可能有市场，从而房地产也就不会有价格。

2. 稀缺性

稀缺性是指物品的数量没有多到使每个人都可以随心所欲地得到它，是相对缺乏的。如果一种物品是有用的，但该种物品的数量丰富，随时随地都能自由取用，这种物品就不会形成价格，如空气对人们至关重要，人们没有它就无法生存，但是它不会有价格。可见，一种物品仅具有有用性不一定能使其形成价格。因此，房地产要有价格还必须具有稀缺性。

3. 有效需求

有效需求是指对有能力购买并且愿意购买的某个具体产品的需要。只有需求而无购买能力，或者虽然有购买能力但不需要，都不能产生购买行为，从而不能使价格成为现实。许多人都想要一幢豪华别墅，但只有少数家庭具有支付能力。可见，需要不等于有效需求，需要只是一种要求或欲望，有购买能力支持的需要才是有效需求。假设对这幢豪华别墅，甲家庭需要，可是买不起；乙家庭买得起，但是不需要；丙家庭既需要，也买得起。在这种情况下，只有丙家庭对这套住房存在有效需求。

1.4.5 房地产价格的种类

在房地产估价中，可以参照不同的标准对房地产价格进行分类。

1. 根据实物形态不同的分类

房地产的实物形态有土地、建筑物、房地合一三种，因此按照房地产的实物形态来划分的房地产价格有土地价格、建筑物价格和房地价格。

土地价格（简称地价），是指该宗房地产中土地部分的价格。由于土地是自然产物，其不同的开发程度将导致不同的土地价格。一般而言，视土地的“生熟”程度，可将其分为下列五种：未征收补偿的农地，即取得该土地后还需要支付征地补偿费；已征收补偿但未做“三通一平”或以上开发的土地；已做“三通一平”或以上开发的土地；在现有城区内有待拆迁建筑物的土地，即取得该土地后还需要支付拆迁补偿安置费；已做拆迁安置的城市空地。

建筑物价格，是指建筑物部分的价格，不含建筑物所占用的土地的价格。人们平常所说的房价通常包括建筑物的价格和该建筑物所占用土地的价格，与这里所说的建筑物价格的内涵不同。

房地价格，是指建筑物连同其占用的土地的价格，俗称房价。

随着房地产市场的发展，房地产价格的内涵并不是一成不变的。事实上，房地产不局限于房与地两个方面，其本身的布局、配套设施等微观环境都相当程度地影响着房地产的价格。因此，房地产价格应是一个综合的概念，而不是机械的形式。

2. 根据不同用途的分类

根据用途不同，房地产价格可分为租赁价、买卖价、抵押价、课税价、典当价、保险价和征用价。

租赁价与买卖价，是房地产出租或出售时的价格。其中，租赁价常称为租金，用作土地租赁价格时称为地租，用作房地混合租赁价格时称为房租。买卖价是以买卖双方支付或收取的货币金额、实物或其他有价物表示。

抵押价，是指为了进行房地产抵押贷款而由估价人员确定的房地产价格。一般而言，抵押权人在放贷时需考虑债务人清偿的安全性和风险性，即当债务人不履行或不能履行其债务时，抵押权人从抵押房地产的处置变现价款中所得的优先受偿额不低于贷款额在处置变现时的现值。鉴于抵押贷款清偿的安全性，对抵押价格的评估应考虑两个因素：一是抵押价格应是抵押贷款到期不能清偿而需要强制出售该房地产时，其价值可达到的数额。因此，从理论上讲，抵押价格是一种预期价格。二是为了降低贷款人的风险，抵押价应该是扣除强制处置税费后的房地产价值。

课税价，是指政府为了课征与房地产有关的税收，而由估价人员评估的作为房地产课税基础的价格。课税价格的评定，与同时期的税收政策密切相关。

典当价，是在设立典权时，由典权人支付或出典人收取的货币额、商品或其他有价物。通常典当价低于房地产的实际价值。

保险价，是指将房地产投保时，为提供参考依据确定其保险金额而评估的价值。

征用价，是指政府强制征用房地产时给予被征用人或单位的补偿金额。

3. 根据形成基础不同的分类

根据形成基础，房地产价格可分为市场价格、成交价格、评估价格、理论价格和公开市场价格。

市场价格，是某种房地产在市场上一般的平均水平价格，是该类房地产大量成交价格的抽象结果。

成交价格，简称成交价，是房地产交易双方的实际成交价格。按成交时的情况，成交价又分为正常成交价和非正常成交价。正常成交价是指交易双方在正常情况下，即在没有外力影响和干涉下形成的价格。非正常价格是在外力的干涉和影响下形成的价格。外部的因素主要是指不了解市场行情、垄断和外部强制力等。

评估价格，是根据一定的估价理论和估价方法，依据一定的估价程序，评估出来的房地产的价格。根据估价方法不同，评估价格又有收益价格、比准价格、积算价格等不同的形式。

理论价格，是指将房地产放入完全公平合理的市场进行交易时应该实现的价格。它虽不是事实，却是客观存在的。在现代西方房地产估价著作中，将房地产的客观合理价格和价值，称为公开市场价值或市场价值。也就是说，房地产的公开市场价值，是在公开市场下房地产最可能形成的价格。

当然，还可以从其他不同的角度对房地产价格种类进行划分，如根据价格单位，有总价格、单位价格和楼面地价；根据价格管理，有基准地价、标定地价和房屋重置价格。

小　　结

房地产是土地、建筑物及其他地上定着物，包括物质实体和依托于物质实体上的权益的总称。房地产的概念中包括了物质和产权两个基本内涵。房地产估价的必要性是由房地产特性所决定的，房地产与其他一般商品相比而言，具有不可移动性、个别性、长期使用性、昂贵性、升值性、相互影响性、易受政策影响性等主要特性。在房地产估价中，估价方法的选择需考虑房地产的类型。

房地产价格既是建筑物价格与土地价格的结合体，又是房地产开发、建设所耗费的社会必要劳动所形成的价值与土地所有权价格的综合货币表现，地价与一般物品价格相比，主要在供求变化、生产成本、折旧、市场性质、价格和价格形成时间六个方面存在差异。房地产作为一种特殊的商品，其价格形成需要具备有用性、稀缺性和有效需求三个条件；其价格特征主要体现在受区位的影响大、本质上是房地产权益的价格、出售价格与出租价格并重、形成基础是长期和综合考虑的结果四个方面。

复习思考题

一、名词解释

房地产　土地　建筑物　所有权　使用权　他项权　土地所有权　土地使用权　房地产转让　房地产抵押　房地产租赁　房地产权属登记　生地　毛地　熟地　在建房地产　竣工房地产　土地价格　建筑物价格　房地价格　租赁价

买卖价　抵押价　课税价　典当价　保险价　征用价　市场价格　成交价格　评估价格　理论价格　公开市场价格

二、思考题

1. 房地产的实体状况与权益状况如何区别？实体状况好的房地产，其价值是否必定高？

2. 房地产有哪些存在形态？

3. 从房地产估价角度来看，对一宗土地的认识主要包括哪些方面？

4. 从房地产估价角度来看，对建筑物的认识主要包括哪些方面？

5. 简述房地产产权类型体系？

6. 引起房地产价格上升的原因有哪些？

7. 房地产的类型主要有哪些？

8. 房地产存在价格的前提条件有哪些？

9. 地价与一般物品价格的差异主要体现在哪些方面？

10. 房地产价格的特征主要有哪些？

11. 房地产价格的种类主要有哪些？

第2章 房地产估价

本章概要

房地产估价是房地产估价人员根据估价目的，按照估价程序，运用科学的估价方法，对估价对象的价值进行估算和判定的活动。房地产估价在房地产交易、典当、抵押、税收、征收、损害和赔偿等多方面有着非常重要的作用。房地产估价应以独立、客观、公正为基本行为准则，遵循合法性原则、最高最佳使用原则、估价时点原则和替代原则。目前，包括我国在内的许多国家和地区都建立了房地产估价制度，对房地产估价人员实行执业资格认证和注册登记制度，并根据其资质开展业务，房地产估价人员必须具有一定的职业道德和专业知识，才能满足房地产估价业务的需要。

2.1 房地产估价的概念

房地产估价全称为房地产价格评估，由于对房地产概念的不同理解，不同国家和地区对房地产估价也有着不同的概念描述，但是含义基本相同，比如，美国称之为“real estate appraisal”，英国称之为“property valuation”，韩国和日本称之为“不动产鉴定评价”，中国台湾地区称之为“不动产估价”，中国香港地区称之为“物业估价”或“物业估值”。

2.1.1 房地产估价的涵义

估价原本是对价格的估计，是任何人都可以做出的，房地产估价可以简单地理解为估测房地产的价格，从表面来看，只要稍具备房地产常识的人似乎都可以做出估价结果，但由于房地产价值较大，直接关系到公众利益和生命财产安全，估价人员必须具备必要的专业知识才能做出科学的估计，因此，房地产估价必须由专业人员做出。目前房地产估价已经发展成为一种经济鉴证行为、一种专门的职业、一个行业。

房地产估价是指专业房地产估价人员根据特定的估价目的，遵循公认的估价原则，按照严谨的估价程序，运用科学的估价方法，在对影响估价对象价值的因素进行综合分析的基础上，对估价对象在估价时点的价值进行估算和判定的活动。房地产估价的本质内容是估价人员对估价对象房地产评估价值，是对房地产客观价值的反映。由于房地产及其价格构成比较复杂，决定了房地产估价业务具有许多特点，许多学者形象地将房地产估价定义为：房地产估价是科学、艺术和经验三者的结合。

1. 房地产估价具有科学性

虽然房地产价格受多种因素影响，构成和变化都比较复杂，难以准确地确定，但通过估价人员的长期理论研究与实践探索，总结出了房地产价格形成与变化的基本规律，这些内容构成了房地产估价的基本理论。房地产估价的基本理论包括地租理论、房地产市场的供求理论、购买者行为理论、效用价值理论、生产费用价值理论、收益递增递减原理和生产要素组合的均衡原理等。在这些估价理论的基础之上，又形成了一整套系统而严谨的估价方法及评估步骤，使房地产估价有章可循。另外，在房地产估价过程中还广泛地涉及到规划、建筑、结构、概预算、法律以及宏观经济等有关理论和知识。房地产估价的实质是把房地产的客观实在价值通过评估活动正确地反映出来，具有很强的客观性和科学性，它是对房地产市场进行系统地分析后，推测、判断出的待估标的物在特定市场条件下最可能实现的价格，这一价格是客观存在的，只是要通过特定方法来测定而已，所以房地产估价建立在科学的估价理论与方法之上，具有科学性。

2. 房地产估价需要丰富的经验

房地产估价是一项专业性很强的业务，估价人员必须具备丰富的经验，房地产估价离不开对房地产价格变化趋势的分析，在经验基础上所形成的推理判断能力在一定程度上代表着估价师的水平，因此，估价人员在一定的理论和方法的基础上结合必要的经验才能做出合理的估价。

3. 房地产估价的艺术性

房地产价格形成的因素复杂多变，不是简单地套用某些数学公式就能够计算出来的。房地产估价虽然必须遵循一套科学严谨的估价理论和方法，但又不能完全拘泥于有关的理论和方法。因为房地产估价在一定程度上也要具有一定的估价技巧，房地产估价的技巧性一方面体现在估价过程中，另一方面则体现在如何保证评估结果的权威性上，必须保证委托人及有关当事人能够接受合理的评估结论。所以房地产估价也具有艺术性。

2.1.2 房地产估价定义中的关键术语

1.估价目的

房地产估价目的是指为何种需要而评估房地产，不同的估价目的来源于对估价的不同需要。具体来说，估价目的是指委托人将未来完成后的估价报告拿去做什么用，是为了满足何种涉及房地产的经济活动、民事行为或行政行为等的需要。估价目的不同，所采用的评估方法及具体操作过程也有所不同，导致估价结果也出现相应的差异。估价目的可以体现在地产与房产管理、房地产交易、企业经营和产权变动、房地产保险、损坏、赔偿和税收、房地产估价纠纷处理和房地产经营等方面。

2.估价技术原则

估价原则是指人们在对房地产价格形成和运动的客观规律认识的基础上，总结出来的一些简明扼要，并且在估价活动中应当遵循的法则和标准，以保证在采用适宜的估价方法和正确的处理方式的前提下，不同的估价人员在遵循规定的估价程序时，对同一估价对象的估价结果具有一致性。根据房地产估价规范的内容，估价原则主要是指房地产估价应遵循的技术原则，具体包括**合法性原则、最高最佳使用原则、替代原则**和**估价时点原则**。

3.估价对象

估价对象是指具体估价项目中需要估价的房地产。要评估的房地产到底是土地还是建筑物，或是建筑物与土地合一，或是其中的某一部分，是受理估价委托时必须明确的基本事项。除了要对估价对象的分类加以明确外，还要对估价对象的一些基本情况进行初步了解，若是土地，需了解是生地（无开发成本）、新开发地（有开发成本），还是其上附有影响地价的附属建筑物的土地；如果是房地合一的估价对象，需了解其建筑物是依然保存，还是将被拆除；若是单纯的房产估价，则要明确建筑物的含义，如为写字楼需了解是否包括其中配备的设备，如为酒楼需要了解是否包括其中的家具等。

4.估价时点

房地产价格具有很强的时间性，它只能是某一时点的价格，在不同的时点上，同一宗房地产往往会有不同的价格。估价时点又称评估基准日、估价期日、评估时日，是一个的具体日期，通常以年、月、日表示。估价时点一般是对估价对象完成实地勘查之日，若不是，应当在估价报告中说明，并在“估价的假设和限制条件”中假定估价时点的估价对象状况与完成实地勘查之日的房地产状况一致，提醒估价报告使用者注意如果实际状况不一致时抵押价值可能会有变化。

在房地产估价中还有涉及到估价的作业日期，估价的作业日期是指从何时开始估价至何时完成估价作业的日期，即进行估价的起止日期。完成估价的日期一般是委托估价者提出的，估价者应尽量满足这一要求。但当估价难度较大而委托人提出的时间太短以致不能保证较公平合理地评估出价格时，估价者应向委托人说明原因，商定一个较合适的时间。确定了完成估价的日期，估价人员必须按期保质地完成估价，以确保自身信誉。

5.客观合理价格或价值

房地产的客观合理价格（或价值），是指基于估价时点，在正常交易情况下，某宗房地产为某种估价目的所能实现的价格。房地产估价是对估价对象房地产的客观合理价格或价值的估算和判定，是一种“公平市价”，是为当事人提供的公平可信的价格参考依据，它不等于房地产交易双方的实际成交价格。需要指出的是，一宗房地产在市场上的实际成交价格，通常会随着时间的推移和房地产供求关系的变化以及交易双方的心态等而经常变动，它能为当事人或社会一般人所信服和接受。

6.估价方法

房地产估价应借助科学的估价方法，不能单纯依靠估价人员的经验。一宗房地产的价值通常可以从三个途径来求取：

（1）从市场角度来看，人们购买或出售房地产，总要调查了解同一市场和邻近或附近市场上同类房地产的市场行情，并在认真分析交易对象的特殊性的基础上通过买卖双方的谈判，形成交易价格。可见，房地产价格是在房地产交易双方理性经济行为下形成的为双方都能接受的价格，由这一理性经济行为出发而逐渐形成的以市场为基础的估价方法，称为**市场比较法。**

（2）从投资角度出发，房地产开发是一种投资，投资就期望将来产生收益（利润），并以满足利润最大化为目标。要达到这一目标，投资者就必须在所投资房地产区位、规模、布局、结构、类型等方面进行充分的分析、论证和规划，以满足项目开发完成后的市场需求，实现期望收益。这一基本思路即是商品价格的预期收益原理，由这一原理出发而逐渐形成的估价方法，称**收益法。**

（3）房地产投资与其他一切商品投资一样，投资过程中需要发生各种成本（费用）。作为开发商，在项目开发完成后，房地产在市场上的售价或租金必不能低于其投资过程中所发生的投资总费用（包括开发商利润），否则，开发商将不能实现其期望目标而不愿出售或出租。此外，从买方角度而言，购买者购买房地产商品的价格也不能高于他自己开发同样房地产所需的成本之和，否则，购买者宁可自己开发，因此，不论从买方角度或是从卖方角度而言，房地产开发过程中的成本（费用）均是应认真考虑的。这一基本思路即是商品价格的生产费用价值论，由这一基本原理出发而逐渐形成的估价方法，称**成本法。**

房地产还有其他估价方法，如**假定开发法、基准地价修正法、长期趋势法**和**路线价法**，其理论依据不外乎上述三种价格形成理论中的一种，其估价思路也相应融合上述三种基本估价思路，只不过形式有所变化，都是在上述三种基本方法的基础上衍生出来的，是针对特定应用条件而形成的，也是常用的估价方法。我们称这些基于某一基本估价原理而形成的方法为应用估价方法。

7.估价程序

房地产估价是一项比较复杂的专业性工作，房地产估价程序就是对某宗房地产进行估价时，从头到尾要做哪些工作，先做什么、后做什么的具体步骤。所以估价程序指估价全过程中的各项具体操作，是自接受估价委托至完成估价报告期间的工作程序，规定房地产估价程序是为了实现房地产估价的规范化，保证估价作业质量。房地产估价程序共分为明确估价基本事项（包括明确估价目的、估价对象、估价时点）、拟定估价作业方案、搜集估价所需资料、实地查勘估价对象、选定估价方法计算、确定估价结果、撰写估价报告、估价资料归档等八个步骤。至于目前有些程序，如在接受估价委托之前估价项目立项，以及争取估价业务、签订估价合同，在估价报告完成后进行估价结果确认等，未作统一规定。

2.1.3 房地产估价的必要性

20世纪80年代以来，我国进行了土地使用制度、住房分配制度和其他相关经济体制的重大改革，我国的房地产市场已经逐渐成熟，随之房地产估价行业也得以快速发展，政府制订和出台了一系列房地产估价相关政策、法规、条例，规范了房地产估价行业的管理，制订了比较科学的依据和标准，为房地产行业的发展、完善创造了条件。在我国的经济生活中，房地产交易、抵押、税收、征收、损害和赔偿等多方面形成对房地产估价的大量需求，具体来说，现实中房地产估价的必要性体现在以下几个方面。

1.房地产交易的需要

房地产交易一般包括**房地产转让和租赁、土地使用权出让等。**

房地产转让是指房地产权利人通过买卖、互换、赠与或者其他合法方式将其房地产转移给他人的行为。随着人民生活水平的不断提高，市民往往通过购买新的商品房或二手房来改善自身居住条件，由于位置固定性和个别性，房地产具有独一无二的特点，使得房地产不像一般商品那样存在一个统一的价格，因此，确定一个公平合理的参考价格是十分必要的。例如，在房地产转让过程中，对于卖者来说需要了解房地产市场价值，以确定合理的卖价，避免定价过低；对于买者来说也需要了解房地产市场价值，以确定合理的买价，避免付款过多。所以，确定合理的参考价格离不开专业人士对买卖的房地产进行估价。

土地使用权出让是指国家将国有土地使用权（以下简称土地使用权）在一定年限内出让给土地使用者，由土地使用者向国家支付土地使用权出让金的行为。土地使用权出让的方式有招标、拍卖、挂牌、协议四种。在这些土地使用权出让交易中离不开房地产估价业务，由于参与交易的个人或单位往往不是专业从事房地产业务的，他们对房地产的特性以及对房地产市场行情不太了解，因此，交易价格也只能通过专业人士的房地产估价来实现。

房地产估价业作为一个独立的中介行业，在使交易秩序正常化、交易价格合理化以及交易行为规范化方面有着不可替代的作用，它有效地保护了当事人双方的合法权益，也有力地维护了国家和集体的利益。

2. 房地产抵押的需要

从事房地产业务的单位或个人在房地产经营或交易的过程中往往要向银行借款，由于房地产不可移动、不可隐藏、寿命长久、价值量大、具有保值增值性，因此，是一种用于履行债务的良好担保品。银行为了减少自身的风险，往往要求债务人或者第三人以其合法的房地产提供担保，一般来说，银行的贷款额要低于该用于抵押的房地产的价值，为了知道该用于抵押的房地产的价值，银行一般会要求借款人委托银行信任的估价机构来估价，并出具估价报告，以此作为放款限额的参考依据；有时银行也需要对该用于抵押的房地产进行估价，以核实其价值，房地产抵押由此产生。房地产抵押是指债务人或者第三人（即抵押人）以其合法的房地产以不转移占有的方式向债权人（即抵押权人）提供债务履行担保的行为。债务人不履行债务时，债权人有权依法以抵押的房地产折价或者以拍卖、变卖抵押的房地产的价款优先受偿。

3. 房地产典当的需要

近年来，我国恢复的典当业为房地产典当创造了条件，房地产典当是房地产权利特有的一种流通方式，它是指房地产权利拥有人（出典人）在一定期限内，将其所有的房地产，以一定典价将权利过渡给承典人的行为。设典时，承典人可以占有、使用房屋，也可以行为上不占有、使用该房屋，但将出典的房屋出租或将房屋典权转让。设典时，一般应明确典期，出典人应在典期届满时交还典价和相应利息，根据约定赎回出典的房屋。房屋出典后，承典人拥有对房屋占有、使用、收益的权利，但出典房屋的所有权仍然属于出典人。当事人未约定典期时，出典人可随时要求回赎；当事人约定典期时，在典契载明的典期届满、出典人逾期不赎的情况下即为绝卖，出典人丧失回赎权，出典房屋归承典人所有而无需再支付对价。在房地产典当中，典价的确定需要房地产估价来提供参考依据。

4. 房地产保险和损害赔偿的需要

房地产保险就是指在房屋设计、营建、销售、消费和服务等环节中以房屋及其相关利益与责任为保险标的的保险。房屋在上述环节中，面临着损失的可能，即房屋会因自然灾害和意外事故（如火灾、爆炸、岩崩、突发性滑坡或空中运行物体坠落等）而毁损，一旦出现这种意外灾害，必将给房屋的相关当事人带来损失。为了消除或减少这些可能的意外损失，房屋的相关当事人有必要参加保险。房地产保险对房地产估价的需要体现在以下两个方面，一是在投保时需要评估保险价值，为确定保险金额提供参考依据；二是在保险事故发生后需要评估所遭受的损失或重置价格、重建价格，为确定赔偿金额提供参考依据。

5. 房地产征用拆迁补偿的需要

随着经济建设的不断推进、文化和社会福利事业的不断发展，市政和开发区建设、旧城区改造等都需要占用土地资源，国家对土地资源的这些需要，除了部分靠已空闲的房地产来解决，还需要以征用、拆迁的方式强行使用城乡个人、集体、企业等正在使用的房地产。国家在征用房地产时，必须给予原房地产所有者或使用者合理的补偿，补偿额的确定要通过房地产估价来实现，合理确定补偿金额对征用与被征用双方都事关重大。估价不准确就会导致补偿不合理，进而损害征用者或被征用者的利益，引起双方的矛盾，影响建设的进程。

6. 房地产税收的需要

房地产是财政的主要税源之一，在许多国家的税收中，房产税占有30%左右的比重。随着我国房地产业的快速发展，房地产税收收入大幅增长，已成为我国财政收入的重要来源，房地产税收的宏观调控作用日益重要。目前，在土地使用权的出让和房地产开发、转让、保有等诸环节，需分别征收营业税及城市维护建设税和教育费附加（以下简称营业税及附加）、企业所得税、外商投资企业和外国企业所得税、个人所得税（以下统称所得税）、土地增值税、城镇土地使用税、房产税、城市房地产税、印花税、耕地占用税和契税等税种。这些税种的税收基础除土地增值税为房地产转让价格减去项目金额后的余额外，其余均为房地产价格本身，即一般是以房地产的价值为基础，因此，公正的房地产估价结论是计税的可靠依据。而为了掌握切实可靠的课税依据，保证税收收入的实现，并且避免税负不公平，防止偷税漏税，税务机关和纳税人都需要对房地产进行估价，税务机关应拿出科学公正的房地产评估价值来说服纳税义务人。

7. 处理房地产纠纷和司法鉴定的需要

目前，涉及到房地产估价问题的房地产纠纷主要有两类，一类是房地产交易的当事人对房地产价格看法不一致而产生的纠纷，解决这类纠纷无疑需要公正权威的房地产估价，以提供有说服力的、能让纠纷各方接受的价值、价格、租金、赔偿金额、补偿金额等参考依据。另一类是由遗产分配、离婚案而产生的共有财产分割等引起的纠纷，这种情况下采用简单的实物分配办法是不行的，如果这样做有可能会破坏房地产的使用价值，要做到合理的分配或分割，就必须进行房地产估价。另外，对于各类房地产违法行为，衡量违法情节轻重的参考依据之一，不仅应考虑房地产的实物量，而且应考虑房地产的价值量，这也需要房地产估价。

8. 企业发生有关经济行为的需要

企业发生的有关经济行为包括企业合资、合作、对外投资、合并、清算、租赁和托管经营等。其中，以土地、房屋作价或者为条件进行合资、合作的情形比较多，如一方出土地、房屋，另一方出资金、设备，然后依据一定比例确定双方的利益分配。当企业发生这些经济行为时，往往需要对所涉及的房地产进行估价。

9. 房地产管理的需要

市场经济条件下，我国国有资产管理部门对于各类资产应该从实物量和价值量两方面进行管理，因此，房地产的管理也不能仅停留在有多少数量的土地和房屋上，更需要搞清楚这些房地产的价值量以及它们的增值或贬值情况，这就需要房地产估价。

由于房地产交易总是伴随着巨额资金的流动，涉及到经济建设的许多方面，不真实的房地产价格不仅会对生产领域和消费领域产生影响，而且还会影响到政府对产业的宏观调控，因此，加强对房地产价格的管理显得尤其重要。近些年来，我国出台了一些房地产管理的法律法规，其中 1995 年 1 月 1 日起施行的《中华人民共和国城市房地产管理法》在法律上确立了房地产估价在房地产管理中的重要地位，在确定最低价估价、土地使用权相应补偿金额的估价、基准地价、标定地价和各类房屋的重置价格的估价、房地产实际成交价估价、拍卖房地产所得价款的估价、土地使用权出让金数额和收益金额估价、确定租金中所含土地收益的估价和调整土地使用权出让金估价等方面明确了房地产估价的任务和要求，这对于规范对房地产交易价格和估价行为的管理起到重要作用。

10. 其他方面的需要

除此之外，现实中对房地产估价的需要还来自许多方面，如设立公司时以房地产作价出资；一方出土地，另一方出资金联合建造房屋，然后依据一定比例分配建成的房屋；在房地产强制拍卖、抵债、拆迁补偿、损害赔偿等估价中，往往出现某一方对原房地产估价结果有异议的情况，这就需要对原房地产估价结果进行复核或鉴定，也即需要房地产估价。在房地产开发经营中，从房地产开发投资的可行性研究到开发完成后的房地产租售等，也都离不开房地产估价，有时还需要把房地产的购买价格在土地和建筑物之间进行分配，这也需要房地产估价。

2.2 房地产估价原则

人们在房地产估价的反复实践和理论探索中，总结出了一些简明扼要的、在估价活动中应当遵循的法则或标准，这些法则或标准就是房地产估价原则。

2.2.1 房地产估价的行为准则

对房地产估价总的要求是**独立、客观、公正**，这是房地产估价的最高原则，也是市场经济对资产评估中介服务活动的客观要求，保持独立、客观、公正的超然地位是注册房地产估价师安身立命的基础。独立、客观、公正地提供房地产估价中介服务，对于规范交易行为，保护交易双方利益，特别是保护国有房地产权益，维护社会主义市场经济秩序，具有十分重要的意义。

在这三个行为准则中，独立性尤为重要，没有独立性，就很难做到客观、公正。独立，是指房地产估价必须在不受任何干扰的情况下，根据对估价对象的比较和分析，采用科学的方法，独立地作出价格确定。

坚持独立原则必须首先做到估价人独立，作为估价主体，必须排除来自主、客观方面的各种干扰，实行“独立估价、独立负责、责权利统一”的个人负责制；其次还要做到估价机构独立，估价机构不应该与估价对象所属单位有隶属关系或者利害关系，在组织上保证估价机构的独立性。

2006年1月24日建设部、中国人民银行和中国银行业监督管理委员会三部门联合发出《关于规范与银行信贷业务相关的房地产抵押估价管理有关问题的通知》，从业务委托、房地产估价机构选聘、金融机构对房地产抵押贷款额的内部审核以及加强监管等多方面，规范抵押贷款估价，强调和细化对房地产估价机构和金融机构的独立性要求。

客观，是要求房地产估价时要尽可能地减少估价人员的主观意志对估价过程和估价结论的影响。房地产估价并非由估价人员主观地确定市场价格，而是估价人员客观地反映市场价格的过程和结果。房地产估价应力求客观、准确、合理地模拟市场的价格形成过程，将估价对象的客观、合理价格或价值反映出来。

房地产估价的目标在于确定一个客观、合理的价格。公正，是要求房地产估价时估价人员必须站在中立的立场上，不受被评估对象各方当事人利益的影响，不偏袒当事人的某一方，特别是不可有意无意地偏向委托方，根据房地产估价的科学性原则，科学、公正地开展估价业务。

2.2.2 房地产估价应遵循的技术原则

在具体估价作业中应当遵循的技术原则主要有以下四项。

1.合法原则

合法原则是指房地产估价的对象必须是由国家法律、法规确认和保障的合法使用的房地产。房地产权益合法是房地产交易的基础，合法权益包括合法产权、合法使用和合法处分等方面，在估价时，估价对象的权益必须有合法的依据。合法原则要求房地产估价应以估价对象的合法权益为前提进行，房地产估价业务必须遵循国家和所在地区的有关法律、法规、政策和城市土地利用规划，这是房地产估价业务必须遵循的前提条件。其原因在于：

（1）房地产作为一种不动产，首先应有合法产权，它的交易主要是产权权能的交易，而产权权能要通过法律、法规和契约来规范、确认和保障，一般情况下以房地产权属证书和有关证件为依据，现行的土地权属证书有《国有土地使用证》、《集体土地所有证》、《集体土地使用证》和《土地他项权利证明书》等，房屋权属证书有《房屋所有权证》、《房屋共有权证》和《房屋他项权证》等，目前，有些地方拟将土地权属证书和房屋权属证书合二为一。无论是地产的出让、转让还是房地产的买卖、租赁等，都要通过合法产权的流转来实现。另外，在具体工作中要注意区分：无争议产权和有争议产权，完全产权和部分产权，合法建筑和违章建筑，有偿出让地块和行政划拨地块等。

（2）房地产业的发展必须遵循国家及各级政府制定的土地利用规划、国民经济发展计划、土地的供给总量计划以及功能分区、使用结构、用途、内容、容积率、建筑高度、建筑密度等的规定限制，所以房地产估价也必须在国家法律、法规和当地政府相关政策规定的房地产使用条件下进行。具体表现在：一方面如果城市规划规定了某宗土地的用途、建筑高度、容积率、建筑密度等，那么对该宗土地进行估价就必须以其使用符合这些规定为前提；另一方面对于城市土地使用权进行估价，要以政府确定并公布的基准地价、标定地价为基础，当土地的出让方和受让方采取双方协议方式出让土地使用权时，协议商定的出让金不得低于按国家规定所确定的最低价。

（3）房地产处分方式包括出让、转让、买卖、租赁、抵押、典当、抵债和赠与等。在合法处分方面，无论是地产的出让、转让还是房地产的买卖、租赁等，都要通过合法产权的流转来实现，因此，在估价中如果涉及估价对象的交易或处分方式时，要求该交易或处分方式必须是合法的，应以法律、行政法规或合同等允许的处分方式为依据。在涉及到划拨土地使用权单独设定抵押的估价时，就必须考虑到划拨土地使用权后要在得到土地行政主管部门的批准并补交土地使用权出让金或向国家上缴土地收益的情况下才能设定抵押，此时该目的下的估价对象才具有合法性。

（4）房地产估价应该严格遵循国家和地方政府有关的法规进行，将有关法律、法规和政策贯彻到实际的评估操作中，评估出的价格必须符合国家的价格政策，如房改售房的价格，要符合政府有关该价格测算的要求；新建的经济适用住房的价格，要符合国家规定的价格构成和对利润率的限定；农地征用和城市房屋拆迁补偿估价，要符合政府有关农地征用和城市房屋拆迁补偿的法律、行政法规。

2.最高最佳使用原则

最高最佳使用原则也称为最有效使用原则，是指在合法的前提下，以待估房地产最有效使用的方式为估价基础进行估价。房地产可以有多种用途，每一种用途为使用者带来的收益不同，因此，人们都期望选择最佳用途，最大限度地发挥房地产的使用效果。最高最佳使用原则要求房地产估价在合法的前提下，以待估房地产最高最佳使用为前提进行估价。一般来说，最高最佳使用原则具体包括两个方面的内容：一是最有效的用途，二是最合适的集约利用度，即各种条件要素或其他因素配合得当。

最有效的用途是指法律许可范围内的有效用途，理论上讲，待估房地产应当处于最佳使用状态，但现实中许多房地产往往处于一种不合理的使用状态，使该房地产的效益不能充分发挥，因此，判断一宗房地产是否处于有效使用状态，就是考虑该房地产目前的使用方式是什么，是否为可获得最大经济效益的方式，如果不是，则需考虑最有效使用方式是什么，是否可以转变为最有效使用方式，转变为最有效使用方式的可能性如何。如城市中的某一块空地，虽然目前的收益可能为零或为负（如支付必要的管理费等），但并不意味着该宗土地没有价格，只是它目前尚未处于最有效使用状态，估价时应根据规划要求，确定最佳用途之后估价。

判断待估房地产是否处于最高最佳使用状态，还应看它内部是否处于均衡状态，衡量一宗房地产是否处于均衡状态，主要以集约利用度为依据来分析。最佳的集约利用度不是单纯地追求容积率或其他某些指标，而是包括生态环境、社会经济要素在内的综合集约利用度，这就要求土地、建筑物与周围环境，如绿化率、配套设施、相关于竞争性房地产的数量、分布等相协调，实现广泛意义下的最佳集约利用。

除此以外，对房地产价值的评定、估计，重要的并非过去，而是未来，过去收益能为推测未来的收益变化动向提供依据，而房地产的价格主要是由未来的收益所决定的，所以要考虑最高最佳使用效用的持续问题，必须对未来的效用进行预测，这就要求评估人员不仅要了解待估房地产过去的收益状况，更要对房地产市场现状、发展趋势、政治经济形势及政策变化对房地产市场的影响进行细致的分析和预测，掌握该房地产现在和未来将给产权人带来的收益。

运用最高最佳使用原则，要尽可能地事先设想出各种潜在的使用方式，然后从法律上的许可性、技术上的可能性、经济上的可行性和价值是否最大等四个方面来考虑。

3. 替代原则

一般来说，消费者的消费行为总是以使其消费效果的满足程度达到最大为目的，因此，在同一市场上，当两种或两种以上商品具有相同效用时，消费者总是愿意以较低价格购买具有一定效用的商品，反之，当消费者以一定价格去购买商品时，总是期望购买对他而言是最大效用的商品。房地产这一特殊商品，同样遵循这一基本原理，即当处于同一供需圈内的房地产市场上同时存在两宗或两宗以上效用相同或相近的房地产时，其价格将在市场机制的作用下趋于一致。就房地产这一特殊商品而言，上述替代原理在房地产市场中的应用也具有特殊性，主要表现为：房地产商品的替代关系具有不完全性；房地产市场必须处于同一供需圈。以替代原理为理论依据，指导房地产估价的实践活动，即形成房地产估价必须遵循的替代原则。

房地产的同一供需圈是指与估价对象具有替代关系，价格会相互影响的房地产所处的区域范围。城市各类房地产供需圈具有各自的不同特点。用于商业的房地，其供需圈可能是较为狭小的城市商业区，住宅用地供需圈一般可辐射到城市的交通、生活条件相近的市区，而工业用地的供需圈则可能会包括很多城市。

由于房地产的地域性和个别性，完全相同的房地产几乎是没有的，但具有大致相近效用和使用条件的房地产还是存在的，因此，可以利用与评价对象同类型的、具有替代性的房地产已经成交的价格，推测待估对象的价格，对其中的差别可作适当修正。

综上所述，替代原则要求房地产估价结果不得明显偏离类似房地产在同等条件下的正常价格。

4. 估价时点原则

估价时点是评估房地产价格的时间界限。任何一个国家或地区的房地产市场总是处在不断的发展和变化之中，与此相适应，决定和影响房地产价格的因素也在不断变化之中，这样，房地产价格也就不断变化，也就是说它的价格始终只是特定时点的价格，同一宗房地产在不同的时点，往往会有不同的价格，这就决定了估价时必须假定市场静止于某一时点。因此，房地产价格具有很强的时间性，即在这一时点的区位、周围社会经济环境、市政交通基础设施和市场供求等状况是确定的。如果没有了对应的时间，房地产价格也就失去了意义，而这个特定时间不是估价人员可以随意假定的，必须依据估价目的来确定，这个特定时间就是估价时点。在房地产估价过程中，必须十分强调估价的时点原则，这是能否科学、合理、公正地进行估价的重要条件。

估价时点原则说明，估价实际上只是也只能是求取某宗房地产在某特定时点上的价格，在评估一宗房地产价格时，必须假定市场情况静止于估价时点上，同时估价对象房地产的状况通常也是以其在该时点的状况为准。

强调估价时点原则的意义在于，估价时点是房地产权益责任的界限和评估时价值的界限。房地产交易是涉及众多法律、法规的权利交易，而法律、法规的颁布、更改、实施和权利的确认、登记和过户，都是有时间性的。房地产交易，无论是地产的出让、转让、抵押还是房产的买卖、租赁、继承和抵押等，都不像一般商品那样靠物质实体在当事人之间交付（流通）完成，即买主带走他所购商品，而主要靠法律、法规和契约来完成，而法律、法规、政策包括税收政策的颁布、更改、实施等，都是有明确的时间界限的，契约合同也是有明确的时间界限的，这样做就能确定市场的条件和交易双方的责任界限。因此在估价时，是采用某法律、法规、政策包括税收政策颁布、更改、实施日期之前还是之后的标准，就应该根据估价时点来确定。

实际估价中通常将估价人员实地查勘估价对象期间的某一个日期定为估价时点，但是估价时点并非总在“估价作业日期”（指从正式接受估价委托的日期至完成估价报告的日期，即进行估价的起止日期）期间，也可以因特殊需要将过去或未来的某一日期定为估价时点。因此，在估价中要特别注意估价目的、估价时点、估价对象和市场状况四方面的内在联系。

2.3 房地产估价制度概述

房地产估价制度，是对从事房地产估价的人员与机构就房地产估价的条件及行为进行某种约束，并令其对所估价的结果负相当责任的制度，借以维护房地产价格评估的正常秩序及相关者的权益。目前，世界上许多国家和地区都建立了较为完善的房地产估价制度，随着社会进步、经济繁荣，这种制度的重要性日益增加。

2.3.1 国外房地产估价制度简介

在市场经济较为发达的国家和地区，如英国、美国、韩国、日本、新加坡、新西兰、澳大利亚和我国港台地区等，房地产估价一直都是一个独立的专业和行业，已经形成了一套比较系统的理论学说和实务经验，成立了一系列的专业协会组织。由于房地产估价人员的估价结果关系到委托估价者及其他关系人的切身利益，对房地产价格水平等有重大影响，甚至影响国家的房地产政策，故必须对房地产估价人员或房地产估价机构进行严格规范，切实保证估价公正、廉洁、合法，所以这些国家和地区都制订了严格的行业管理和资格认证制度，构成了一套完善的房地产估价师和房地产估价制度，具体做法体现在以下几个方面。

1. 房地产估价行业资格认证与执业人员的专业教育背景密切相关

发达国家在实施执业资格制度时非常重视专业学历教育，很多发达国家以通过的专业学历作为申请执业资格的条件，如英国，高等教育专业要经过来自两方面的评估，一是政府教育部门对教学质量的评估，二是专业学会认证课程的评估，课程不经专业学会评估，该学校毕业生的学历就得不到社会的承认。在房地产估价行业资格认证方面，只有取得英国各大学估价相关学系如土地经济学系、土地管理与开发系、房地产管理系、土地行政系、市地经济系等的学士学位者，才有资格报考参加土地估价师的资格考试。德国地产估价人员的资格审查也非常严格，只有那些毕业于建筑学、建筑工程学、测量学或相关专业并已从事实际工作五年以上，或虽然没有受过上述专业高等教育，但已从事地产领域的实际工作十年以上的人，才有可能被聘用为地产估价员。在香港，要成为香港测量师学会的会员必须完成由香港测量师学会认可的大学测量专业学位课程，其后还必须在专业测量师指导下进行不少于两年的在职专业工作实习。在美国，不经过某专业本科或本科以上学历教育而取得相应专业领域执业资格的人士非常少，除非经过专业学会的特批。

2. 通过准入考试来获得资格认证

执业资格制度均实行准入控制，即政府对从事某些专业的人员提出必须具备的资质条件，其中要求专业人士在执业过程中须具备某一方面综合性的专业技能，即在专业学识、技术能力以及其他方面达到一定的标准和具备一定的条件，才能满足执业岗位的需要，因此，很多国家规定如果要获得房地产估价行业的资格认证就必须通过相应的准入考试。在美国，要想获得高级住宅估价师资格（SRA），就必须通过估价协会的产业估价委员会举办的三门或三门以上的课程考试，这些课程包括：估价原理、基本估价程序、资本化原理和方法、房地产估价实例研究、从业准则、估价分析和估价报告的书写等。英国估价人员的资格认证规定只有具有 A Level 成绩及两年以上的估价实务经验者才有资格参加为数三次的准入考试，且通过第一次考试者才可参加第二次考试，通过第二次考试者才可参加第三次考试，三次考试全部通过后，才可以取得土地估价师资格。日本的不动产鉴定师也需要参加三次考试。第一次考试考国语、数学、论文，但符合有关规定的可以免除第一次考试；第二次考试考民法、与不动产相关的行政法规、经济学、会计学及不动产估价理论；第三次考试考不动产评价实务，而且要具备不动产鉴定师补习资格，并接受一年以上的实务补习者才能应考。以上考试每年至少举行一次，由土地鉴定委员会举行。

韩国不论土地评价师还是公认鉴定师，均要经过两次考试，且有两年以上的实务经验。新西兰 1978 年制订了《估价师法》，该法规定土地估价人员分成市地估价师与农地估价师两种，这两种估价师均需要通过所规定的资格考试。在澳大利亚，房地产估价人员由技术学院及高等教育学院培训而成，通常须完成三年的专业学习或四到六年的兼业课程学习，通过学校的笔试及实务测验后，仍需两年以上的实务经验，具备这些条件后，由澳大利亚估价者协会考试局的两名会员主持一项测验，通过后才能成为该协会的会员。比利时的法庭鉴定师要经实务考试及格。菲律宾的估价师要通过市民服务考试。

3. 对房地产估价人员与估价机构的管理采取登记制度

在英、美等国和我国港台地区，对房地产估价人员与估价机构的管理，通常都是采取登记制度。如：1989 年 8 月美国颁布了《金融机构改革、复兴和强化法案(FIRREA)》，对估价行业重新组织并加强管理，建立了注册登记和许可证书制度，明确要求美国的所有估价师必须登记、注册，目的在于确保估价师的素质，使估价结果科学合理，同时要求各州都建立州一级的注册局，根据各州本身的法律制定注册的程序。日本加强政府对不动产价格评价行业的管理，要求有不动产鉴定师或不动产鉴定师补习资格者要向国土厅办理登记；欲经营不动产鉴定业者，如在两个以上的都道府县设立事务所，则应向国土厅登记，其他则向事务所所在地的都道府县登记，登记有效期为 3 年，期满后如继续营业则需重新登记。对于上述两种登记，规定未成年人、禁治产人或准禁治产人、破产而未复权者、受拘役以上的处分在执行终了后未满 2 年者和公务员受惩戒免职处分未满 3 年者不得登记。韩国的土地评价师开业前应向建设部长官办理事务所开设登记，公认鉴定师开业前应向财务部长官办理登记。新西兰的估价人员需向估价师登记委员会登记。法国的法庭鉴定师也需要办理登记。

4. 通过行业学会（协会）对房地产估价人员与估价机构进行管理

1985 年 12 月美国的一些职业评估组织成立了一个负责统一职业评估实务标准的特别委员会，1987 年在此基础上建立了评估基金会，执行职业评估实务统一标准，评估基金会是一个非盈利性教育组织，致力于提高评估行业的水平。评估基金会负责职业评估标准和评估师资格要求的制定和颁布。1991 年 1 月美国房地产估价师学会和美国估价师协会合并成为评估学会，评估学会是住房和商业房地产评估教育、研究、出版和专业成员选派方面的公认权威，是评估基金会最大的成员，目的是通过推行职业教育和支持道德标准，促进评估过程的标准化，目前评估学会有 20 000 多位成员和 103 个地方分会，约 20％的美国许可评估师或者注册评估师是评估学会的成员。评估学会按照评估师的专业水平和实践经验的高低授予评估学会成员不同头衔，它将评估师分为一般评估师和住宅评估师两类，一般评估师可以评估商业、工业、住宅和其他类型的物业，而住宅评估师只能评估独户住宅、排屋和不超过四个单元的居住物业。在授予这些头衔时，评估协会会参考评估师实际做过的评估报告水平、工作经历和参加培训课程等方面的情况。这样委托人在选择评估师时就可以以此为依据，根据评估业务的难易程度和自己所愿意付出的成本来选择合适的评估师。除此以外，评估学会及其分会还开设并举办各种符合刚进入评估行业的评估师或者资深从业者的需要的介绍性课程、高级课程和研讨会。

我国香港地区是由香港测量师学会对评估行业进行管理，香港测量师学会的专业会员，分为资深会员及会员，他们都是已取得测量师专业资格的人士。香港注重对评估人员的管理，管人不管机构，评估人员的职业道德、专业水平都由测量师学会自行进行管理和规定，政府不直接进行行政干预，学会会员必须严格遵守由学会制定的专业操守规则。

发达国家和地区的行业学会（协会）对于估价人员不仅要求有良好的专业知识和丰富的实务经验，而且要求有良好的职业道德和修养，并建立相应的制度和基本原则加以保障。

5.行业学（协）会注重对房地产估价师的继续教育和考核工作，防止估价师专业水平的下降

实行执业资格制度本身就要求执业人士不断学习，不断进步。在国外，取得执业资格后还需要继续注册而获得执业的权力，美国的评估协会和香港的测量师协会都非常注重对取得资格的估价师的继续教育和考核工作。如美国纽约州，估价师分会要求估价师在三年注册期的每一年中都必须在各自专业领域内完成有关部门认可的正式的继续教育面授课程，且不能少于规定的学时，撰写估价工作心得和论文，提交自己做过的优秀估价报告等，并严格执行这些规定，如估价师不能达到这些要求，协会就会对其进行惩罚，降低其头衔等级甚至取消其会员资格。这种机制激励估价师自觉接受多方面的教育，保持知识更新和较高水平，满足执业岗位的需要，因此，行业学（协）会对专业人士的综合素

质要求是一种贯穿始终的动态管理。

2.3.2 我国房地产估价制度的建立

我国房地产估价的历史比较悠久，据史料记载，4000多年以前我国就出现了关于房地产价值及其估价思想的萌芽。改革开放以来，我国以国有土地使用权有偿转让为核心、市场化运作为手段逐步建立和发展了房地产制度，市场机制在资源配置中的基础作用基本确立，对我国的城市建设发挥了积极作用。它对培育中国的房地产市场，促进房地产业成长做出了不可磨灭的贡献。

近20年来，我国城镇住房制度改革和城市土地使用制度改革不断推进，逐步走上住房商品化道路，房地产市场加速发展，市场规模日益扩大。但随着我国改革开放的不断深化和法治建设的不断完善，房地产市场发展中涉及的专门性问题越来越多，经济鉴证范围日益扩大。尤其是在直接涉及人民群众财产安全的房地产交易中，由于关系到买卖双方的权利和利益，对房屋合理价格的确定显得非常重要。因此，建立一个符合实际的公正、中立的房地产价格经济鉴定行业，按照一定的程序和规范进行房地产价格的确定，为保障"公正与效率"服务，为实现社会公平与房地产市场有序发展服务是非常必要的。20世纪90年代，房地产价值评估应运而生，我国房地产估价制度正式建立。

在国家有关部门的推动下，自1995年1月1日起，我国在全国范围内实施《中华人民共和国城市房地产管理法》，规定了房地产管理的五个基本制度，其中有两个是与房地产估价直接有关的，即"国家实行房地产价格评估制度"和"国家实行房地产价格评估人员资格认证制度"，即国家实行房地产估价人员执业资格认证和注册登记制度。凡从事房地产评估业务的单位，必须配备有一定数量的房地产估价师。这在法律上确立了房地产估价在中国经济建设和房地产业发展过程中的重要地位。

2.3.3 房地产估价市场与服务领域

房地产估价是房地产行业中的中介鉴证服务，是随着房地产经济的发展应运而生的，在当前中国不断发展市场经济的进程中起到非常重要的作用，其最初涉及的经济活动包括房地产估价、土地估价、土地使用权出让、房地产转让（包含买卖、交换、赠与和抵债等形式）等，随着房地产市场的快速发展，交易形式日趋多样化，房地产估价的服务领域也逐步拓宽。目前，房地产估价行业广泛服务于社会经济生活的各个领域，从主要为房地产交易提供价格参考依据，发展到房屋拆迁补偿评估、项目开发贷款评估、按揭贷款评估、项目可行性研究、房地产项目投资分析、课税评估等国民经济的众多领域。具体来说包括以下几方面：

1. 房地产项目可行性研究

内容涉及房地产项目立项可行性研究、房地产项目融资可行性研究、房地产项目转让可行性研究和房地产项目合作可行性研究。

2. 土地价值评估及城市土地运营顾问

内容涉及土地市值评估、政府招标、拍卖底价、收地补偿价值评估、土地投资价格分析、拍卖土地竞争及竞拍策略和城市及土地运营咨询。

3. 物业估值

内容涉及物业抵押贷款评估、市场价格评估、在建工程评估、个人消费贷款评估、二手房地产按揭评估、拍卖底价评估和资产并购或合作评估。

4. 拆迁评估

内容涉及政府征地、收地评估、旧城改造、物业拆迁评估、城中村改造和物业拆迁补偿评估等。

5. 房地产项目开发贷款评估

内容涉及项目开发贷款评估分析和房地产企业项目开发成本核算等。

6. 房地产按揭贷款

内容涉及按揭评估、预购商品房贷款抵押和房地产按揭合同研究。

7. 房地产专业房屋土地评估

内容涉及项目整体评估、动拆迁评估、外资银行抵押贷款房地产评估、银行不良资产招投标不动产评估、房地产价格评估、房地产租金评估、征地区片综合地价评估和集体土地宗地价格评估等。

2.3.4 房地产估价标准和指导意见

为了规范房地产估价行为，统一估价程序和方法，做到估价结果客观、公正、合理，根据《中华人民共和国城市房地产管理法》、《中华人民共和国土地管理法》等的有关规定，建设部制订了《中华人民共和国国家标准房地产估价规范》[以下简称《估价规范》(GB/T 50291—1999)]，并于 1999 年 6 月 1 日起执行。

《估价规范》总结了我国近年来房地产估价中的经验，充分借鉴了国外的先进经验，比较好地体现了房地产评估的技术要求。《估价规范》对房地产估价中的术语作了比较明确的定义，并要求房地产估价必须遵循一定的估价原则和程序，遵守一定的估价道德，最重要的是《估价规范》对估价方法和估价报告作出了具体的规定，包括估价方法使用范围和操作过程、估价报告的格式和用词等。

近年来中国的房地产业吸引的外国投资逐步增加，使得中国迫切需要一套在国际上认可的估价规则，以确保房地产估价的客观性和透明性。2006 年 7 月，英国皇家特许测量师学会（RICS）发行的房地产估价标准《红皮书》（中文版）在我国发行，RICS 是世界上最大的房地产、建筑、测量和环境领域的综合性专业团体，包括有房地产、建筑等十六个学部，目前，RICS 有 11 万多位会员分布在全球 120 多个国家，得到了全球 50 多个地方性协会及联合团体的大力支持。该学会以为公众提供最高质量的专业服务为宗旨，在商用房地产、规划与房地产开发、管理咨询、房地产估价理论、技术方法、估价标准和职业道德建设方面世界领先，在国际上享有崇高地位。RICS《红皮书》是世界上应用最为广泛的估价标准，可以保证房地产贷方、投资方投资、购买资产及对物业的估价在不同国家和地区都有一个统一的估价标准。《红皮书》（中文版）的发行标志着我国向国际房地产投资市场的进程又迈出了一大步，同时也为国际业主与投资者在我国进行房地产估价提供了一种新的工具，中国估价师将首次根据本国语言的指导，采用国际标准，对房地产进行估价。

除了《估价规范》和 RICS《红皮书》（中文版）之外，建设部还就一些特殊的房地产估价发布了一些指导意见，如 2003 年 12 月 1 日颁布了《城市房屋拆迁估价指导意见》，目的是为了规范城市房屋拆迁估价行为，维护拆迁当事人的合法权益；2006 年 3 月 1 日建设部、中国人民银行、中国银监会正式实施《房地产抵押估价指导意见》，目的是为了规范房地产抵押估价行为，维护房地产抵押当事人的合法权益，防范房地产信贷风险。

2.3.5 房地产估价师执业资格制度

实行执业资格制度是国家行使管理权的一种手段，对专业技术人员依法管理也是英、美、日等一些发达国家通行的做法，这些发达国家近百年的历史证明它对市场经济的有序发展起到了积极作用。实行这一制度是我国参与国际竞争，平等地进行国际间经济和技术交流合作的需要。现在我国已加入了 WTO，在一些行业中就涉及到了人员资格问题，如果我国在这个行业没有建立执业资格制度，其他国家就可以要求给予国民待遇，也就是一般人都可以到我国来执业，但如果我国建立了执业资格制度，对方就必须达到我国准入的水平；同时，如果我国的标准低，就不能进入对方的行业内活动，相反对方则可进入我国的行业；而均建立执业资格制度的双方可以通过协议互认或有条件互认对方的执业资格，允许到对方国执业。WTO 基础性文件之一——《服务贸易总协定》也敦促成员方承认其他成员方服务提供者所具有的学历和资格，鼓励各成员之间就资格互认进行谈判。虽然目前世界各国都在积极探索执业资格互认的途径，但出于保护本国市场的需要，各国都制定了许多准入的限制，使得执业资格互认非常困难。我国自 1992 年正式实施执业资格制度以来已在 8 大行业 40 多个专业领域建立了执业资格制度，与发达国家一般有五六十种执业资格比较接近。随着我国人才评价制度逐渐与国际接轨，我国将进一步加强人事制度改革，扩大执业资格制度实施范围，形成比较完整的执业资格体系。

房地产估价师执业资格制度，是按照国际惯例建立的一种社会化的专业人才评价机制和市场准入制度，是我国内地建立的第一个执业资格制度。1993 年 5 月，建设部和国家人事部经过严格评审，认定了首批 140 名中国房地产估价师，1994 年 4 月 20 日又公布了经认定的第二批 260 名房地产估价师名单，形成了我国房地产估价师基本队伍。随后，建设部和人事部制订了《房地产估价师执业资格制度暂行规定》、《房地产估价师注册管理办法》等相关规定。根据这些规定，自 1995 年开始，两部委共组织了 9 次全国房地产估价师执业资格统一考试。经过十多年的发展，我国已建立了有关房地产估价的法律制度，健全了考试、注册、自律、监管和继续教育等制度，完善了房地产估价技术规范，初步形成了行政监管、行业自律与社会监督有机结合的运行机制。以此为基础，我国房地产估价机构有了较快发展，目前，内地有近 30000 人取得房地产估价师执业资格，25000 多人注册执业；有房地产估价机构 5000 多家，从业人员超过 25 万，已经形成了具有一定规模和专业水准的房地产估价师队伍。从 2001 年起，房地产估价师执业资格考试开始接受港澳台地区和国外专业人士的申请，目前已有一批港澳专业人士取得了内地房地产估价师执业资格。

目前，取得房地产估价师执业资格必须要通过由国家组织的统一考试。房地产估价人员通过资格考试取得执业资格，取得《房地产估价师执业资格证书》的专业人员，表明已具备房地产估价师的水平和能力，该证书为依法从事房地产评估业务活动的依据。房地产估价师和其他执业资格一样，对从业人员的专业教育背景和房地产估价工作经历有一定的要求，房地产估价师的报考条件为：

凡属中华人民共和国公民，遵纪守法并具备下列条件之一的，可申请参加房地产估价师执业资格考试。

（1）取得房地产估价相关学科（包括房地产经营、房地产经济、土地管理、城市规划等，下同）中等专业学历，具有 8 年以上相关工作经历，其中从事房地产估价实务满 5 年；

（2）取得房地产估价相关学科大专学历，具有 6 年以上相关工作经历，其中从事房地产估价实务满 4 年；

（3）取得房地产估价相关学科学士学位，具有 4 年以上相关工作经历，其中从事房地产估价实务满 3 年；

（4）取得房地产估价相关学科硕士学位或第二学位、研究生班毕业，从事房地产估价实务满 2 年；

（5）取得房地产估价相关学科博士学位；

（6）不具备上述学历，但通过国家统一组织的经济专业初级资格或审计、会计、统计专业助理级资格考试并取得相应资格，具有 10 年以上相关专业工作经历，其中从事房地产估价实务满 6 年，成绩特别突出。

据了解，国外和我国台港澳地区房地产估价师的准入门槛很高，对从业人员的执业经历有较为严格的要求。随着我国房地产估价师执业资格制度的逐步发展和与境外相关执业资格的接轨，房地产估价师执业资格考试的门槛也会逐步提高。

2.3.6 房地产估价行业组织

1994 年 8 月，中国房地产估价师学会正式成立，随着房地产经纪业务的发展，2004 年 7 月又更名为中国房地产估价师与房地产经纪人学会，中国房地产估价师与房地产经纪人学会是由从事房地产估价或房地产经纪活动的专业人士、机构及有关单位自愿组成的全国性行业组织。

房地产估价师与房地产经纪人学会的主要宗旨是：开展房地产估价、经纪方面的研究、教育和宣传；拟订并推行房地产估价、经纪执业标准、规则；加强自律管理及国际间的交流与合作；提高房地产估价、经纪专业人员和机构的服务水平，并维护其合法权益；促进房地产估价、经纪行业规范、健康、持续发展。主要业务范围是：组织房地产估价与房地产经纪的理论、方法及其应用的研究和交流；拟订并推行房地产估价和房地产经纪执业标准、规则；指导全国高校房地产专业课程设置；协助行政主管部门组织实施全国房地产估价师、房地产经纪人执业资格考试；办理房地产经纪人执业资格注册；开展房地产估价与房地产经纪业务培训，对房地产估价师、房地产经纪人进行继续教育；建立房地产估价师和房地产估价机构、房地产经纪人和房地产经纪机构信用档案，开展房地产估价机构、房地产经纪机构资信评价；提供有关房地产估价与房地产经纪咨询和技术支持服务；编辑出版房地产估价与房地产经纪方面的刊物和著作，建立有关网站，开展行业宣传；代表中国房地产估价、经纪行业开展国际交往活动；反映会员的意见、建议和要求，支持会员依法执业，维护会员合法权益；办理法律、法规规定和行政主管部门委托或授权的其他有关工作。

中国房地产估价师与房地产经纪人学会的会员分个人会员和团体会员。凡获取国家建设部、人事部颁发的《房地产估价师资格证书》的人士，只要承认学会章程、遵守学会有关规定，均可申请加入学会，经学会审查同意后即可成为学会会员；团体会员指各地区成立的房地产估价师学会和具备房地产主管部门认可的房地产评估资格、从事房地产估价业务经申请并获同意的单位。

中国房地产估价师学会要求会员高度重视和维护学会的声誉，遵守学会制定的专业守则，遵循学会制定的有关标准，为社会提供高素质的专业服务。对于损害学会声誉、违反专业守则或为了个人利益向客户提供不符合学会专业标准的服务的会员，理事会有权暂停、终止或永久取消其会员资格。学会有关机构受理对会员专业责任的投诉，根据查明的情况，由理事会决定给予适当处分，并以书面形式在适当范围予以公布。

作为国民经济支柱产业的房地产业的重要组成部分，房地产估价广泛服务于社会经济的各个领域，与社会经济发展及社会大众的切身利益密切相关。中国房地产估价师与房地产经纪人学会自成立时起就肩负起了引领行业发展的重任，努力协助政府开展房地产估价行业管理工作，积极发挥了行业组织的自律管理作用，为行业发展和会员开展服务，包括：在建设部、人事部的领导下，承担了全国房地产估价师执业资格考试的具体工作；起草了国家标准《房地产估价规范》和《城市房屋拆迁估价指导意见》等技术法规；对房地产估价师普遍开展了继续教育；多次承担一级房地产估价机构资质专家评审工作；组织开展了《中国房地产估价业与经纪业规范管理研究》、《房地产估价机构、房地产经纪机构资信评价研究》等多项科研课题；出版了《房地产估价报告精选》等多部著作；组织专家对有关重大房地产估价案件进行了查处；开展了与国际测量师联合会（FIG）、美国估价学会（AI）、英国皇家特许测量师学会（RICS）等国际、国外相关组织以及香港地产代理监管局、香港测量师学会等的交流与合作，并于2004年8月完成了首批共208名内地房地产估价师和香港测量师的资格互认。

从国际惯例看，行业组织在组织管理和促进发展方面的作用远远大于政府管理机构。政府的任务就是制订有关的法律、法规，创造有利于行业发展的良好环境。随着组织机构的不断健全、工作经验的不断积累，中国房地产估价师与房地产经纪人学会的作用会越来越大。

2.3.7 房地产估价机构

房地产估价机构，是指依法设立并取得房地产估价机构资质，从事房地产估价活动的中介服务机构。为了规范房地产估价机构行为，维护房地产估价市场秩序，保障房地产估价活动当事人合法权益，2005年12月1日建设部正式施行《房地产估价机构管理办法》，明确国务院建设行政主管部门负责全国房地产估价机构的监督管理工作。

在我国境内从事房地产估价活动的房地产估价机构均实行资质管理制度，房地产估价机构资质等级分为一、二、三级。国务院建设行政主管部门负责一级房地产估价机构资质许可。省、自治区人民政府建设行政主管部门、直辖市人民政府房地产行政主管部门负责二、三级房地产估价机构资质许可，并接受国务院建设行政主管部门的指导和监督。房地产估价机构应当由自然人出资，以有限责任公司或者合伙企业形式设立。

《房地产估价机构管理办法》对各资质等级房地产估价机构的条件作了相应的规定，主要包括机构名称、从事房地产估价活动连续年限、注册资本、专职注册房地产估价师、年度完成估价标的物的业绩、法定代表人条件、经营服务场所和企业内部管理制度等方面。房地产估价机构必须向建设或房地产行政主管部门提出申请，并提交相关证明材料后，经过核定才能获得相应资质等级。

从事房地产估价活动的机构取得房地产估价机构资质后，应在其资质等级许可范围内从事估价业务。如一级资质房地产估价机构可以从事各类房地产估价业务；二级资质房地产估价机构可以从事除公司上市、企业清算以外的房地产估价业务；三级资质房地产估价机构可以从事除公司上市、企业清算、司法鉴定以外的房地产估价业务。

2000 年 6 月，国务院提出了经济鉴证类社会中介机构脱钩改制的要求。根据国务院的统一部署，建设部大力推进原有房地产估价机构与政府部门的脱钩改制工作，到 2001 年底，脱钩改制工作基本完成，原有的房地产估价机构已经改制为由房地产估价师出资设立的有限责任公司或合伙制企业。社会中介机构的脱钩改制推动并形成了一批与现代企业制度相适应的房地产估价市场的主体，打破了行业垄断和地区市场分割的局面，营造了公平竞争的市场环境，初步形成了统一开放、竞争有序的房地产估价市场。

2.3.8 房地产估价师应具有的知识结构

房地产估价业务涉及的相关知识面较广，包括经济学、金融、保险以及建筑工程等多学科知识，房地产估价师作为一种专业执业资格，需要估价师具有较高的专业水平和执业经验。从执业的要求来看，房地产估价师应具备以下知识和技能。

1. 掌握一定的建筑知识和建筑造价知识

房地产估价的对象主要是已经完工的建筑实体，房地产估价的每一种评价方法，都会涉及一定的建筑知识，具体包括：建筑基础方面的知识；一般的建筑结构和建筑方式，包括钢筋混凝土建筑结构、钢架结构和预制构件建筑结构等方面的内容；建筑设计方案方面的知识；建筑中有关的防护措施，包括保温、防震、隔音等的基础知识；建筑材料及其性能和应用；工程力学方面的知识；高层建筑的费用和高层建筑的建筑面积和容积标准；工程建设有关的规范和标准及建筑施工方面的知识。

2. 掌握一定的房地产经济理论

房地产估价是一门从经济学角度分析房地产的分支学科，因此，只有具备一定的经济理论基础，才能真正地做好估价工作，这就要求估价师了解并探索更多的经济方面的知识，如贴现、折旧、经济增长、机会成本、边际收益、收入与税收等。随着房地产估价业务范围的不断拓展，房地产估价师不仅要从事单一的房地产价值评估业务，还要能为大众提供房地产投资和置业咨询服务，或者为置业者出谋划策。这主要包括：预算不动产投资价值和投资回报率，测算投资和置业成本，安排购置资金，测算改造成本，改进物业收益水平，预测市场波动，确定投资和置业方向，测算租售、抵押（留置）成本，安排物业资产管理计划。

3. 具备丰富的房地产专业技术知识

房地产估价是对房地产标的物或者以房地产为主的标的物进行估价的一项技术工作，缺少房地产专业的基础知识，就谈不上做一名估价师。房地产估价的基本方法也可以佐证这一点，如成本法是以成本测算方式估算房地产价值，其中的社会平均利润率、资金占用成本如何确定，直接牵涉到估价结论的可靠性；市场法是以市场可比价格估算房地产价值，但是如果没有房地产专业基础知识，又如何选择“可比实例”，又如何进行“区域”、“个别”等因素的调整；收益还原法是以贴现原理测算房地产价值，如果不具备房地产基础知识，其中的客观收益便无法判定，特别是针对一个收益整体不可分的情况，若只评估其中部分房地产的价值从而必须确定分摊价值时，更离不开房地产专业知识。事实上，房地产专业知识的面很广，包括建筑、规划、土地、质量、计划、营销、物业管理等等。

4. 熟练掌握相关的法律、法规和规定

我们知道“无规不圆”，作为从事房地产估价业务的估价师，必须要熟悉诸如民法通则、合同法、担保法、房地产法、土地管理法及其实施规则、城市房地产抵押管理办法、国有资产管理办法及其实施细则、拍卖法、房地产估价规范、城镇土地估价规程等相关内容，对于这些基本内容要做到常看、常想、常推敲，反复学习，此外还要向有关部门咨询相关税法及税收方面等的有关政策。

5. 熟悉房地产市场及其交易的变化情况

市场比较法的原理就是市场检验，而成本法中的社会化评估成本等一般也用比较法取得，收益还原法的“年收益”也是主要以市场比较而定，假设开发法中的市场销售价格更是市场现值。因此，熟悉房地产市场及其交易的变化情况，对于估价师而言是非常重要的。在实际工作中，要非常注重了解、搜集、判断有关市场交易案例，包括买卖、抵押、租赁、拍卖、抵债等方面。事实上，只有具备大量的案例

并建库管理，才能在具体办理估价时得心应手。除此以外，还要与多家开发商、经济公司、拍卖公司以及相关部门保持良好的协作关系，通过当地的报纸及电台、电视、网络了解二手房价格信息，再从拍卖公告及拍卖成交价方面掌握当地真正有意义的房地产交易价格，以增加房地产案例库存量。房地产估价人员要注重平时搜集、整理和完善这些基础工作，这会给日常的房地产估价工作带来意想不到的效果。

2.3.9 房地产估价师应遵守的职业道德

房地产估价的职业道德，是从事房地产估价的估价人员和估价机构应遵守的行为准则或规范。房地产估价的职业道德规范主要有：估价人员和估价机构不得做任何虚伪的估价，应做到公正、客观、诚实；估价人员和估价机构应保持估价的独立性，必须回避与自己、亲属及其他有利害关系的估价业务；估价人员和估价机构在感到受自己的专业能力所限而难以对房地产进行估价时，不应接受该项估价委托；估价人员和估价机构应妥善保管委托方的文件资料，未经委托方书面许可，不得将委托方的文件资料擅自公开或泄漏给他人；估价人员和估价机构应执行政府规定的估价收费标准，不得以不正当的理由或名目收取额外的费用，或降低收费标准，进行不正当的竞争；估价人员和估价机构不得将资格证书借给他人使用或允许他人使用自己的名义，不得以估价者身份在非自己估价的估价报告上签名、盖章。具体来说，应该从以下几个方面逐步形成完善的估价道德品质。

1. 提高估价道德认识

这一点要求有目的、有组织、有计划地向估价人员传授估价道德知识，提高估价人员对估价道德的认识。估价人员任何时候都不能仅仅考虑个人的利益，还需要考虑整个行业的利益。在现实生活中，有一些估价机构和估价人员为了小集体或个人的利益，有一些违反估价道德的行为，这些都是对估价道德认识不够造成的，与对估价道德的认识密切相关，确立和提高估价人员对估价道德的认识是培养房地产估价师道德品质的第一步。

2. 培育估价道德情感

估价道德情感就是估价人员按照一定的估价道德观念，在心理上对估价道德要求和估价道德义务所产生的各种体验。可以说，没有估价道德情感，就没有也不可能有履行估价道德原则和估价道德规范的自觉行为。这是因为估价人员在理论上认识了估价道德义务后，并不一定按照估价道德要求行动，只有将对估价道德的认识转变为估价道德情感时，才能够对估价人员的行为举止产生影响，推动估价人员主动逐善避恶。同时，估价道德情感相对估价道德认识具有稳定性，有了这种情感，估价人员就能够正确对待估价职业，认清肩负的责任，完成自己在社会中的任务。

3. 锻炼估价道德意志

估价道德意志是估价人员为了履行估价道德义务而克服各种困难和障碍的能力和毅力。只要估价人员具有坚强的估价道德意志，就会忠于职守，不受他人的干预，克服各种困难，正确履行自己的职责。如遇到委托方示意高估或低估的情况，估价人员可以利用房地产估价师所具有的专业知识有意回避这个问题，通过适宜的方法摆脱这些干扰，按照估价原则选择方法、步骤，得到符合估价规范要求的结论。

4. 树立估价道德信念

估价道德信念是估价人员内心的对估价道德义务和估价道德理想的真诚信仰和强烈责任感。相对于估价道德认识、估价道德情感和估价道德意志来说，估价道德信念具有综合性、稳定性和持久性的特点。当某估价人员树立了估价信念时就能够自我调动、自我命令，长期、自觉、全面地根据自己的信念选择估价行为，从事估价工作，可以说，估价道德信念是估价道德品质的核心。

5. 养成估价道德习惯

所谓估价道德习惯，是根植于估价人员心理中的一种行为，它已经成为估价人员内心的需要，成为一种定型化的自然行为。养成估价道德习惯的目的是使估价道德规范真正深入到估价人员的血肉中去，成为他们生活中的一部分，变成估价人员的性格。可见，养成良好的估价道德品质是估价道德教育的归宿，只有估价人员养成了估价道德习惯，才能说他具备了估价道德品质。

在估价道德教育过程中，这五个环节相互影响、有机联系，构成了一个整体。其中，估价道德认识是前提，估价道德情感和估价道德意志是两个必要条件，估价道德信念是核心，估价道德习惯是归宿。

小　　结

房地产估价可以简单地理解为估测房地产的价格。但科学、准确且具有法律效力的评估，必须是由专业估价人员根据据估价目的，遵循房地产价格的形成规律与估价原则，按照估价程序，运用科学的估价方法，并结合估价人员的丰富经验所进行的评估。估价目的就是评估房地产的动机，即评估所服务经济行为的具体类型，如买卖、租赁、抵押或典当等。估价目的不同，所采用的评估方法及具体操作过程也有所不同，导致估价结果也出现相应的差异。估价原则是指评估人员在估价过程中应当遵守的标准或注意事项，主要包括房地产估价的行为准则和应遵循的技术原则，对房地产估价总的要求是独立、客观、公正，这是房地产估价的最高行为准则，也是市场经济对资产评估中介服务活动的客观要求。在房地产估价中应当遵循的技术原则，分别是合法原则、最高最佳使用原则、替代原则和估价时点原则。在充分借鉴国外房地产估价制度的基础上，我国也建立了房地产估价制度，形成了较为科学的估价理论与方法，实行了房地产估价执业资格认证和注册制度，经过十多年的发展，在我国经济建设和房地产业发展过程中发挥了重要作用，使房地产估价的服务领域越来越宽，估价人员的业务素质逐步提高，职业道德要求也愈加规范。除此之外，中国房地产估价师与房地产经纪人学会与国际的交流也越来越广，为我国房地产估价业务与国际惯例接轨奠定了基础。

复习思考题

一、名词解释

房地产估价　合法原则　最高最佳使用原则　替代原则　估价时点原则　估价目的　估价原则　估价对象　估价时点　房地产估价制度

二、思考题

1. 房地产估价业务有哪些特点?
2. 房地产估价的估价目的有哪些?
3. 现实中房地产估价的必要性体现在哪几个方面?
4. 房地产估价的行为准则是什么?
5. 房地产估价应遵循的技术原则有哪些?
6. 遵循合法原则，具体来说应当做到哪几点?
7. 最高最佳使用原则的具体内容有哪些?
8. 运用最高最佳使用原则的条件有哪些?
9. 最高最佳使用原则的估价前提有哪些?
10. 替代原则的经济学原理是什么?
11. 估价时点原则的意义在于什么?
12. 我国房地产估价制度是什么时候建立的?
13. 发达国家在哪些方面对房地产估价人员与估价机构进行管理?
14. 我国房地产估价市场与服务领域包括哪几方面?
15. 我国房地产估价标准和指导意见有哪些?
16. 房地产估价师的报考条件有哪些?
17. 我国的房地产估价行业组织是什么?是什么时候建立的?
18. 房地产估价师应具有的知识结构包括哪几方面?
19. 房地产估价师应遵守的职业道德规范主要有哪些?
20. 房地产估价师应该从哪几个方面加强估价道德品质?

第3章 市场比较法

本章概要

市场比较法是将估价对象与在估价时点近期有过交易的类似房地产进行比较，对这些类似房地产的已知价格作适当的修正，以此估算估价对象的客观合理价格或价值的方法，采用比较法求得的房地产价格又称比准价格。市场比较法是目前应用最为广泛的一种方法。采用市场比较法一定要注意房地产状况修正、交易日期修正、交易情况修正，以及三大交易系数的确定。

3.1 市场比较法的基本原理

3.1.1 市场比较法的概念

市场比较法，又称市价比较法、交易实例比较法、买卖实例比较法、市场资料比较法、交易案例比较法、现行市价法，是将估价对象与在估价时点近期有过交易的类似房地产进行比较，对这些类似房地产的已知价格作适当的修正，以此估算估价对象的客观合理价格或价值的方法，采用比较法求得的房地产价格又称比准价格。

市场比较法的关键是选择类似房地产，类似房地产是指与估价对象处于同一供求圈内，并在用途、规模、档次、建筑结构等方面与估价对象相同或相近的房地产。

同一供求圈是指与估价对象具有替代关系、价格互相影响的房地产所处的适当范围，包括邻近地区和类似地区。邻近地区是指待估房地产所隶属的地区，它一般以某一特定的用地类型为主要用地类型，且该类型在该地区内的空间分布是连续的，如商业区、住宅区、工业区；类似地区是指与待估房地产所隶属的地区具有相同或相似的土地利用类型和市场供需状况，但在空间上不连续的区域，如同为城市一级地的商业用地。

3.1.2 市场比较法的理论依据

市场比较法的理论依据是经济学中的替代原理。市场经济中，经济主体的行为普遍追求效用最大化，即以最小的费用（代价），取得最大的利润（或效用）。当同一市场上出现两种或两种以上效用相同或效用可相互替代而价格不等的商品时，购买者将会选择价格较低的商品；而当价格相同，效用不等时，购买者又将选择效用较大的商品。这种选择行为的结果，是在效用均等的物品之间产生相同的价格。

替代原理作用于房地产市场，表现为效用相同、条件相近的房地产价格总是相互牵引，趋于一致，即任何买者不会接受比市场上正常价格高的成交价格，任何卖者也不会接受比市场上正常价格低的成交价格，因此，我们在评估某一房地产的价格时，可以用类似房地产的已知交易价格，比较求得估价对象房地产的未知价格。当然，由于房地产市场的不完全性，房地产商品的个别性，交易实例房地产与待估房地产之间总是存在一定的差异，这些差异将会导致待估房地产与交易实例房地产之间的价格差异。另外由于交易双方个人爱好、知识水平、交易时情况下的不同，对市场上广泛认同的价格效用比也不一定把握准确，个别的交易也会偏离市场的正常交易。因此，采用比较法进行房地产估价时，必须将待估房地产与比较案例进行认真分析，比较两者的差异性，并定量估测由此而产生的价格差异，进而求得待估房地产的市场价格。市场比较法的基本原理可用图 3-1 表示。

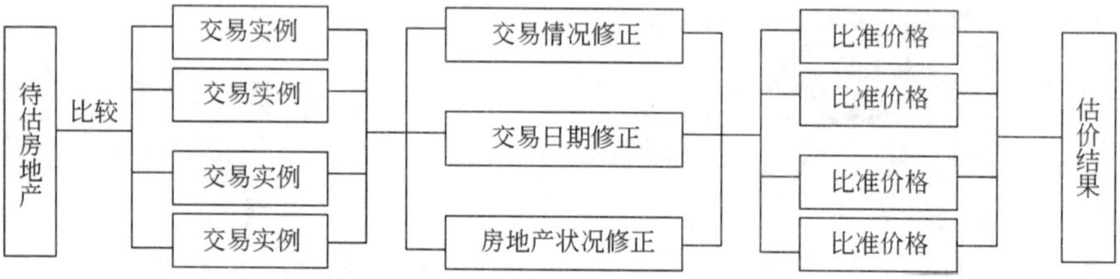

图 3-1 市场比较法原理示意图

3.1.3 市场比较法的估价公式

运用市场比较法时，需要进行交易情况、交易日期、房地产状况三方面的调整。经过修正，就把可比实例房地产的实际成交价格变成了估价对象房地产在估价时点的客观合理价格。把这三大方面的调整综合起来，计算公式为：

估价对象价格＝可比实例价格×交易情况调整系数×交易日期调整系数×房地产状况调整系数 (3-1)

其中交易情况、交易日期和房地产状况的调整，估价时可视具体情况灵活处理。

根据房地产状况调整方法不同，综合调整公式分为直接比较调整公式和间接比较调整公式。

1. 直接比较调整公式

$$估价对象价格=可比实例价格\times\frac{100}{(\quad)}\times\frac{(\quad)}{100}\times\frac{100}{(\quad)}$$

$$=可比实例价格\times\frac{正常市场价格}{实际成交价格}\times\frac{估价时点价格}{成交日期价格}\times\frac{对象状况价格}{实例状况价格} \quad (3\text{-}2)$$

上式中，交易情况调整以正常价格为基准，交易日期调整以成交日期时的价格为基准，房地产状况调整以估价对象的房地产状况为基准。

2. 间接比较调整公式

$$估价对象价格=\frac{100}{(\quad)}\times\frac{(\quad)}{100}\times\frac{100}{(\quad)}\times\frac{(\quad)}{100}$$

$$=可比实例价格\times\frac{正常市场价格}{实际成交价格}\times\frac{估价时点价格}{成交日期价格}\times\frac{标准状况价格}{实例状况价格}\times\frac{对象状况价格}{标准状况价格} \quad (3\text{-}3)$$

上式中，标准化修正分子为100，表示以标准房地产的状况为基准，分母是可比实例房地产相对于标准房地产所得的分数；房地产状况修正的分母为100，表示以标准房地产的状况为基准，分子是估价对象房地产相对于标准房地产所得的分数。

3.1.4 市场比较法的使用对象和条件

1. 市场比较法的使用对象

市场比较法适用于在房地产市场发达、活跃和完善的地区中具有广泛市场交易的房地产类型，如普通住宅、商铺、写字楼、厂房、空地等。这些房地产由于数量众多、交易频繁，可搜集到充足的交易实例资料，使市场比较法具有使用基础，因而经常采用市场比较法。

不宜采用市场比较法的情况一般有：在房地产市场发育尚不够充分的地方；在没有或较少有房地产交易（可能由于某种原因导致在较长一段时间内没有发生房地产交易）的地方；某些很少见的房地产类型，或交易实例很少的房地产（如古建筑），也难以采用市场比较法评估；另外，对于那些像教堂、寺庙以及公用建筑等难以成为交易对象的房地产，市场比较法也难以适用。总之，只有在同一地区或同一供求范围内的类似地区中，与估价对象房地产相类似的房地产交易较多时，市场比较法才是有效的方法，否则不宜采用。

2. 市场比较法的使用条件

市场比较法依赖于活跃的房地产市场所提供的市场资料和交易实例，以发育健全的房地产市场为基本条件，同时估价人员还应掌握充足的交易实例资料。具体来说，可选取的交易实例应数量充足，一般要求理想的交易实例资料有10个以上，其中与待估房地产状况最接近的实例至少要有3～4个。如果已成交的实例太少，则可能难以反映市场的真实情况，易产生主观性错误；如果成交的实例与待估房地产差异较大，则会加大比较的难度，进而影响比较的精度和准确性；同时采用市场比较法，交易实例资料应完整、准确，各种因素对价格的影响应易量化。因此，市场比较法对交易实例资料的数量和质量都有较高的要求。

3.1.5 市场比较法求取房地产价格的步骤

运用市场比较法求取房地产价格一般分为下列7个步骤：

(1) 搜集交易实例。

(2) 选取可比实例。

(3) 建立价格可比基础。

(4) 进行交易情况修正。

(5) 进行交易日期修正。

(6) 进行房地产状况修正。

(7) 求取比准价格。

3.2 市场比较法估价步骤

3.2.1 搜集交易实例

搜集大量的房地产市场交易实例资料，是运用市场比较法评估房地产价格的基础和前提条件，只有拥有了大量的真实、可靠的交易实例，才能把握正常的市场价格行情，才能评估出客观合理的价格。作为一个专业估价人员，搜集交易实例不应等到采用市场比较法估价时才进行，而应注意在平时搜集和积累，这样才能保证在采用市场比较法估价时有足够多的交易实例可供选用。

1. 收集交易实例的途径

活跃的房地产市场中，交易实例的搜集通常有以下几种途径：

（1）查阅政府有关部门的房地产交易登记等资料，如房地产产权转让时成交价格的资料、交易登记资料、近期政府出让土地使用权的地价资料、政府确定公布的基础地价、标定地价和房屋重置价格资料等。

（2）查阅报刊上有关房地产出售、出租广告、信息等资料。

（3）参加房地产交易会，了解房地产价格行情，搜集价格信息，索取有关资料。

（4）向房地产交易当事人、四邻、经纪人、金融机构、司法机关等调查了解有关房地产交易的情况。

（5）以房地产购买者的名义，与房地产出售者，如开发商、代理商等洽谈，取得真实的房地产价格资料。

（6）同行之间相互提供。估价人员、估价机构如能组成类似学会、协会、联合会之类的组织，可以约定相互交换所搜集的交易实例和经手的估价案例资料。

（7）其他途径。

2. 交易实例的搜集内容

运用市场比较法估价而必须进行市场交易资料、交易实例的搜集时，应针对性搜集如下内容。

（1）交易双方的基本情况及交易目的。交易双方的基本情况包括：交易双方的名称、性质、法人代表、住址等基本情况以及交易双方有无利害关系，以便进一步判断交易是否属正常交易。交易目的包括：转让、抵押和入股等。

（2）交易实例房地产状况。房地产状况包括：权益状况、实物状况、环境状况等，如坐落位置、面积、用途、交通、土地容积率、建筑物剩余使用年限和周围环境景观等。

（3）成交价格及付款方式。房地产价格有房地产总价格、房屋总价格、土地总价格及相应单价，同时还应注意价格类型，如土地拍卖价格、招标价格、协议价格，以及货币种类、货币单位等情况，如美元、港币、日元等。

（4）成交日期。以确定交易实例的可比性，对估价对象进行日期修正。

（5）付款方式。付款方式包括一次性付款、分期付款、抵押贷款的方式及比例等。

（6）交易情况。如交易税费的负担方式，有无隐价瞒价情况以及有无债务清偿、人为抬价或亲友间交易、合并土地的买卖等特殊交易情况。

搜集交易实例时应注意内容的完整性和统一性，以及资料归档的规范性。因此，在收集交易实例时，估价人员应针对不同类型的房地产（如居住房地产、商业房地产、工业房地产）编制交易实例调查表，调查表格式如表 3-1 所示。

交易实例调查表 表 3-1

房地产类型：

<table>
<tr><td colspan="2">名称</td><td colspan="5"></td></tr>
<tr><td colspan="2">坐落</td><td colspan="5"></td></tr>
<tr><td colspan="2">卖方</td><td colspan="5"></td></tr>
<tr><td colspan="2">买方</td><td colspan="5"></td></tr>
<tr><td colspan="2">成交价格</td><td></td><td>货币种类</td><td></td><td>成交日期</td><td></td></tr>
<tr><td colspan="2">付款方式</td><td colspan="5"></td></tr>
<tr><td rowspan="3">房地产
状况说明</td><td>区位状况说明</td><td colspan="5"></td></tr>
<tr><td>权益状况说明</td><td colspan="5"></td></tr>
<tr><td>实物状况说明</td><td colspan="5"></td></tr>
<tr><td colspan="2">交易情况说明</td><td colspan="5"></td></tr>
<tr><td colspan="3">坐落位置图</td><td colspan="4">建筑平面图</td></tr>
</table>

调查人员： 调查日期： 年 月 日

交易实例及其内容的真实性、可行性是提高估价准确性的可靠保证。因此，应注意查询每个交易实例的每项内容，确认其准确性并输入计算机，建立资料库，方便估价时查找、调用。

3.2.2 选取可比实例

估价时用于参照比较的实例称可比实例，可比实例的选取是针对具体的待估房地产而言的。对于某一待估房地产而言，平时日渐积累的交易实例中，只有少数在估价目的、估价时点、房地产状况等方面与待估房地产相吻合或相近，可以作为可比实例。可比实例选择的合适与否，是成功运用市场比较法的重要环节。实际工作中，一般要求选取 3 个以上（含 3 个）10 个以下（含 10 个）的可比实例，以保证估价结果的客观性、准确性。

1. 与估价对象类似的房地产

与估价对象类似的房地产具体应该包括以下几个方面的特征：

（1）与估价对象房地产的用途应相同，主要是指房地产的具体利用方式，可按大类和小类划分。大类用途指商店、办公楼（写字楼）、酒楼、旅馆、住宅、工业厂房、仓库等。小类是在大类用途的基础上再细分，例如住宅可细分为普通住宅、高档公寓和豪华别墅等。

（2）与估价对象房地产的建筑结构应相同，这里主要指大类建筑结构，一般分为钢结构、钢筋混凝土结构、砖混结构、砖木结构和简易结构；如果能在大类建筑结构下再细分出小类建筑结构则更好，如砖木结构进一步分为砖木一等、二等等。

（3）与估价对象房地产所处地段应相同，主要是指可比实例与估价对象房地产应处于相同特征的同一区域或邻近地区，或处于同一供求圈内或同一等级土地内。

2. 成交日期与估价对象房地产的估价时点应相近

一般选取的可比实例房地产的成交日期距估价时点的间隔越短，在进行交易日期修正时的准确性越高。因此，最好选择近 1 年内成交的交易实例作为可比实例。如果房地产市场相对比较稳定，可适当延长间隔时间，但最长不宜超过 2 年。总之，选取某一时点的交易实例作可比实例，必须以该可比实例的交易日期经修正后能反映估价时点的市场实际价格为前提。

3. 与估价对象房地产的价格类型应相同

要求交易实例与待估房地产的价格类型相同。这种价格类型主要指大类价格类型，如果小类价格类型也相同则为更好。房地产大类价格类型主要有买卖价格、租赁价格、抵押价格、入股价格、征用价格、典当价格、课税价格和投保价格等。

4. 成交价格为正常价格，或可修正为正常价格

所谓正常价格，是指在公开的房地产市场上，交易双方均充分了解市场信息，以平等自愿的方式达成的交易实例价格。这类交易实例应当首选为可比实例。如果市场上正常交易实例较少，不得不选择非正常交易实例作为可比实例时，也应选取交易情况明了、且可修正的实例作为可比实例。非正常交易因素我们将在以后讨论。

3.2.3 建立价格可比基础

在对可比实例进行修正前，应先把各可比实例的成交价格调整为在各可比实例之间、比较实例与待估房地产之间具有可比基础的价格。所谓具有可比基础是指：单价的含义统一、面积的内容统一、货币的单位统一。因为已选取的若干个可比实例之间及其与估价对象之间，可能在付款方式、成交单价、货币种类、货币单位、面积内涵和面积单位等方面存在不一致，无法进行直接的比较修正，因此，需要对它们进行统一换算处理，使其表述口径一致，以便进行比较修正，为后面进行交易情况、交易日期和房地产状况修正打下基础。

1. 统一付款方式

由于房地产具有价值高的特点，因此，往往采用分期付款方式进行房地产交

易，因而出现了名义价格和实际价格的不同。同一名义价格，付款期限的长短、付款金额在付款期限内的分布不同，实际价格也不同，这就需要将分期付款可比实例的成交价格修正为在其成交日期时一次付清的价格。

[例 3-1] 一套建筑面积 $100m^2$ 的住房，价格是 3000 元/m^2，成交价为 30 万元。双方约定，从成交日期起分期付清，首付 10 万元，余款一年内分两次付清，每隔半年支付 10 万元。假设年利率为 10%，则在其成效日期时一次付清的价格为多少？

[解] 由题意，其成效日期时一次付清的价格为

$$10+10/(1+10\%)^{0.5}+10/(1+10\%)=28.626\text{ 万元}$$

在进行价格换算时，应注意利率要和对应的周期相一致。

2. 统一采用单价

土地除了单价外，还可表示为楼面地价（楼面地价＝土地单价/容积率），特殊房地产，如保龄球馆通常按球道为比较单位，停车场通常按每个车位为比较单位。

3. 统一币种和货币单位

不同币种间价格的换算，应采用该价格所对应日期的市场汇价。在通常情况下，应采用成交日期时的市场汇价，但如果先按原币种进行了交易日期修正，则对进行交易日期修正后的价格，应采用估价时点时的市场汇价。在货币单位方面，如人民币、美元、港币等，通常都换算为人民币“元”。

4. 统一面积内涵和面积单位

面积内涵包括使用面积和建筑面积，进行价格换算的计算公式为：

$$\text{建筑面积下的价格}=\text{使用面积下的价格}\times\frac{\text{使用面积}}{\text{建筑面积}} \tag{3-4}$$

$$\text{使用面积下的价格}=\text{建筑面积下的价格}\times\frac{\text{建筑面积}}{\text{使用面积}} \tag{3-5}$$

[例 3-2] 搜集有甲、乙两宗交易实例，甲交易实例的建筑面积为 $200m^2$，成交总价 80 万元人民币，分三期付款，首期付 16 万元人民币，第二期于半年后付 32 万元人民币，余款 32 万元人民币于一年后付清。乙交易实例的使用面积为 2500 平方英尺，成交总价 15 万美元，于成交时一次付清。如果选取此两宗交易实例为可比实例，试进行有关内容的修正。

[解] 由题意，在进行有关的修正之前一般应先做如下处理：

(1) 统一付款方式。如果以在成交日期时一次付清为基准，假设当时人民币的年利率为 8%，则

$$甲总价=16+\frac{32}{(1+8\%)^{0.5}}+\frac{32}{(1+8\%)}=76.422\text{ 万元}$$

乙总价=15 万美元

(2) 统一采用单价

$$甲单价=\frac{764220}{200}=3821.1\text{ 元/平方米建筑面积}$$

$$乙单价=\frac{150000}{2500}=60\text{ 美元/平方英尺使用面积}$$

(3) 统一币种和货币单位

如果以人民币“元”为基准，则需要将乙交易实例的美元换算为人民币“元”。假设乙交易实例成交当时的人民币与美元的市场汇价为 1 美元=8.3 元人民币，则

甲单价=3821.1 元/平方米建筑面积

乙单价=60×8.3=498 元/平方英尺使用面积

(4) 统一面积内涵

如果以建筑面积为基准，另通过调查得知该类房地产的建筑面积与使用面积的关系为 1 平方米建筑面积=0.75 平方米使用面积。则

甲单价=3821.1 元/平方米建筑面积

乙单价=498×0.75=373.5 元/平方英尺建筑面积

(5) 统一面积单位

如果以平方米为基准，由于 1 平方米=10.764 平方英尺，则

甲单价=3821.1 元/平方米建筑面积

乙单价=373.5×10.764=4020.4 元/平方米建筑面积

3.2.4 交易情况修正

1. 交易情况修正的含义

交易情况修正指排除交易行为中的特殊因素所造成的可比实例成交价格偏差，将可比实例的成交价格调整为正常价格。我们所选取的可比实例的价格可能是正常的，也可能是不正常的，而我们所要求评估的估价对象的价格是客观合理的，经过交易情况修正，我们就将可比实例的实际而可能不是正常的价格变成了正常的价格。

2. 造成成交价格偏差的原因

由于房地产的不可移动性和个别性，不易实现完全的市场交易，其交易价格往往由个别交易而形成，在运用比较法时，必须排除掉个别交易行为中特殊因素造成的交易价格偏差，使其交易价格正常化。影响交易情况的因素主要有以下几个方面：

(1) 有特殊利害关系人之间的交易，例如：父子之间、兄弟之间、亲友之间、母子公司之间、公司与其职工之间的房地产交易，成交价格通常低于其正常的市场成交价格。

(2) 急于出售或急于购买的交易，前者往往造成价格偏低，后者往往造成价格偏高。

(3) 受债权债务关系影响的交易，一般交易价格偏低。

(4) 交易双方或一方对房地产市场信息了解不充分，如果买方对市场行情缺乏了解，盲目购买，往往导致价格偏高；反之，卖方不了解市场行情，盲目出售，则会导致价格偏低。

(5) 交易双方或者一方有特别动机或者偏好的交易。

(6) 相邻房地产的合并交易，如买方意在购买相邻房地产后与其原有房地产合并，并将提高其原有房地产的效用时，相邻房地产拥有者就会因此提高价格，所以成交价格往往高于该房地产单独存在时的正常市场价格。

(7) 特殊方式交易，如以拍卖、招标等方式成交的价格往往导致非正常价格。一般拍卖价格多高于市场正常价；招标则注重其整体方案效用的充分发挥，成交价格可能偏高，也可能偏低。

(8) 交易税费非正常负担的交易。正常的成交价格，是指在买卖双方各自缴纳自己应缴纳的交易税费下的价格，即在此价格下，卖方去缴纳卖方应缴纳的税费，买方去缴纳买方应缴纳的税费。需要评估的客观合理价格，也是基于买卖双方各自缴纳自己应缴纳的交易税费下的价格。如果土地增值税本应由卖方负担，却转嫁给了买方；交易手续费本应由买卖双方各负担一部分，却转嫁给了买方或卖方；契税本应由买方负担，却转嫁给了卖方等，就会造成交易价格不正常。

(9) 特殊政策造成房地产价格的偏差。新加坡、香港施行"居者有其屋"的政策，对低收入者购置居室实施优惠价格，而对高收入者则限定他们只能购买价格高的高级住宅；对于我国城镇的经济适用房，国家限定了利润率和提供了种种优惠条件，也低于房地产市场上的正常价格。

3. 交易情况修正的方法

在选取比较参照交易实例时，一般对非正常交易实例已予以剔除，但由于与估价对象类似的交易实例较少，或者有特殊原因而必须保留时，我们就不得不选用一些特殊情况下的交易实例。这样就需要对实例交易情况进行修正。进行交易情况修正需要估价人员具有丰富的经验，对交易情况有充分的了解，分析造成价格差异的原因，找出价格变动的规律从而进行修正。

(1) 测定种种特殊因素对房地产交易价格的影响程度，即分析在正常情况下和特殊情况下，房地产交易价格可能产生偏差的大小。测定方法为根据已掌握的同类型房地产的交易资料，分析、计算确定修正比例或系数，也可以由估价人员根据长期的经验积累，判断确定修正比例或系数。

（2）利用百分率法和差额法进行交易情况修正，求得可比实例的正常价格。实际估价中常采用百分率法进行交易情况修正，公式为

$$\text{可比实例的成交价格} \times \text{交易情况修正系数} = \text{正常价格} \tag{3-6}$$

特别强调的是，交易情况修正系数应是以正常价格为基准来确定的。假设可比实例的成交价格比其正常市场价格高、低的百分率为$\pm S\%$（当可比实例的成交价格比正常市场价格高时为$+S\%$，反之为$-S\%$）。则

$$\text{可比实例的成交价格} \times \frac{1}{1 \pm S\%} = \text{正常价格} \tag{3-7}$$

或者

$$\text{可比实例的成交价格} \times \frac{100}{100 \pm S} = \text{正常价格} \tag{3-8}$$

式中：$\frac{1}{1 \pm S\%}$、$\frac{100}{100 \pm S}$——交易情况修正系数。

交易情况修正系数的大小测定，依赖于估价人员对交易中特殊因素造成价格偏离程度的主观判断，由于缺乏客观统一的尺度，估价人员的丰富经验就非常重要。

对于交易税费非正常负担的交易，修正时应将交易税费非正常负担情况下的价格，调整为依照政府有关规定（无规定的依照当地习惯），交易双方负担各自应负担的税费下的价格，关键应把握以下两点：

$$\text{正常成交价格} - \text{应由卖方负担的税费} = \text{卖方实际得到的价格} \tag{3-9}$$

$$\text{正常成交价格} + \text{应由买方负担的税费} = \text{买方实际付出的价格} \tag{3-10}$$

其中

$$\text{应由买方负担的税费} = \text{正常成交价格} \times \text{应由买方缴纳的税费比率} \tag{3-11}$$

$$\text{应由卖方负担的税费} = \text{正常成交价格} \times \text{应由卖方缴纳的税费比率} \tag{3-12}$$

［例 3-3］ 一宗房地产的正常成交价格为 2500 元/m^2，卖方应缴纳的税费为正常成交价格的 7%，买方应缴纳的税费为正常成交价格的 5%，试计算卖方实际得到的价格和买方实际付出的价格。

［解］ 由题意：

$$\begin{aligned}\text{卖方实际得到的价格} &= 2500 - 2500 \times 7\% \\ &= 2325\ \text{元}/m^2\end{aligned}$$

$$\begin{aligned}\text{买方实际付出的价格} &= 2500 + 2500 \times 5\% \\ &= 2625\ \text{元}/m^2\end{aligned}$$

［例 3-4］ 某宗房地产交易，买卖双方在合同中写明，买方付给卖方 2325 元/m^2，

买卖中涉及的税费均由买方来负担。据悉，该地区房地产买卖中应由卖方缴纳的税费为正常成交价格的7%，应由买方缴纳的税费为正常成交价格的5%，试计算该宗房地产交易的正常成交价格。

［**解**］由题意：

正常成交价格－应由卖方负担的税费＝卖方实际得到的价格

应由卖方负担的税费＝正常成交价格×应由卖方缴纳的税费比率

正常成交价格＝卖方实际得到的价格÷（1－应由卖方缴纳的税费比率）

＝2325÷（1－7%）

＝2500元/m^2

［**例3-5**］某宗房地产交易，买卖双方在合同中写明，买方会给卖方2625元/平方米，买卖中涉及的税费均由卖方来负担。据悉，该地区房地产买卖中应由卖方缴纳的税费为正常成交价格的7%，应由买方缴纳的税费为正常成交价格的5%，试计算该宗房地产交易的正常成交价格。

［**解**］由题意：

正常成交价格 ＋ 应由买方负担的税费＝买方实际付出的价格

应由买方负担的税费＝正常成交价格×应由买方缴纳的税费比率

正常成交价格＝买方实际付出的价格 ÷（1＋应由买方缴纳的税费比率）

＝2625÷（1＋5%）

＝2500元/m^2

3.2.5 交易日期修正

1. 交易日期修正的含义

房地产市场的状况决定了不同时期房地产的价格水平，评估要求的是估价对象在估价时点的价格，可比实例的交易日期与估价对象房地产的估价日期（估价时点）往往有一定的差异，因此，应将可比实例在其成交日期时的价格调整为在估价时点的价格，以符合估价时的市场行情，这种调整称交易日期修正。交易日期修正，实际上是房地产状况修正，经过交易日期修正就将可比实例在某成交日期时的价格变成了在估价时点时的价格。

2. 交易日期修正的方法

在可比实例的成交日期至估价时点期间，随着时间的推移，房地产价格可能发生的变化有三种情况：平稳、上涨和下跌。当房地产价格为平稳发展时，可不进行交易日期修正，而当房地产价格上涨或下跌时，则必须进行交易日期修正。

实际估价中常采用百分率法进行交易日期修正，其公式为：

$$\text{可比实例在成交日期时的价格}\times\text{交易日期修正系数}=\text{在估价时点时的价格} \quad (3\text{-}13)$$

特别强调的是，交易日期修正系数应以成交日期时的价格为基础来确定。假设从成交日期到估价时点，可比实例价格涨跌的百分率为$\pm T\%$（从成交日期到估价时点，当可比实例价格上涨时为$+T\%$，下跌时为$-T\%$），则

$$\text{可比实例在成交日期时的价格}\times(1\pm T\%)=\text{在估价时点的价格} \quad (3\text{-}14)$$

或

$$\text{可比实例在成交日期时的价格}\times\frac{100\pm T}{100}=\text{在估价时点时的价格} \quad (3\text{-}15)$$

式中：$(1\pm T\%)$、$\frac{100\pm T}{100}$——交易日期修正系数。

交易日期修正的关键是要把握估价对象及类似房地产的价格随时间的变动规律，通过价格指数或价格变动率进行调整。在无类似房地产的价格变动率或指数的情况下，可根据当地房地产价格的变动情况和趋势做出判断，给予调整，一般有利用房地产价格指数进行修正、利用房地产价格变动率进行修正和估价人员根据市场情况及自己的经验积累进行判断修正。

(1) 利用价格指数进行修正

价格指数有定基价格指数和环比价格指数，在编制价格指数时，需要选择某个时期作为基期。如果是以某个固定时期作为基期，称为定基价格指数；如果是以上一个时期作为基期，称为环比价格指数。编制原理如表 3-2 所示。

价格指数的编制原理　　表 3-2

时　间	价　格	定基价格指数	环比价格指数
1	P_1	$P_1/P_1=100$	P_1/P_0
2	P_2	P_2/P_1	P_2/P_1
3	P_3	P_3/P_1	P_3/P_2
⋮	⋮	⋮	⋮
n	P_n	P_n/P_1	P_n/P_{n-1}

采用定基价格指数进行交易日期修正的公式为

$$\text{可比实例在成交日期时的价格}\times\frac{\text{估价时点的价格指数}}{\text{成交日期的价格指数}}=\text{估价时点的价格} \quad (3\text{-}16)$$

采用环比价格指数进行交易日期修正的公式为

$$\begin{matrix}\text{可比实例在成交}\\\text{日期时的价格}\end{matrix}\times\begin{matrix}\text{成交日期的下一}\\\text{时期的价格指数}\end{matrix}\times\begin{matrix}\text{再下一时期}\\\text{的价格指数}\end{matrix}\times\cdots\times\begin{matrix}\text{估价时点}\\\text{的价格指数}\end{matrix}=\begin{matrix}\text{估价时点}\\\text{的价格}\end{matrix} \quad (3\text{-}17)$$

(2) 利用价格变动率进行修正

房地产价格变动率有逐期递增或逐期递减的价格变动率和期内平均上升或下降的价格变动率两种。采用逐期递增或递减的价格变动率进行交易日期修正的公式为

$$\text{可比实例在成交日期时的价格} \times (1 \pm \text{价格变动率})^{\text{期数}} = \text{估价时点的价格} \tag{3-18}$$

采用期内平均上升或下降的价格变动率进行交易日期修正的公式为

$$\text{可比实例在成交日期时的价格} \times (1 \pm \text{价格变动率} \times \text{期数}) = \text{估价时点的价格} \tag{3-19}$$

在实际交易日期修正中，价格指数或变动率的选择非常关键，因为不是任何类型的房地产价格指数都可采用，适用的价格指数必须满足：①是可信赖的，至少经过评估人员解释后，能使评估各方的当事人感到该指数确实是比较合适的。②是与待估房地产相类似的房地产的价格指数，如待估房地产为普通住宅时，就应选用普通住宅的价格指数，而不能选用其他特殊类型房地产的价格指数。③是买卖实例房地产所在地区，或与该地区有相似价格变动过程的类似地区的房地产价格指数。原则上应使用买卖实例房地产所在地区的价格指数，只有在这些地区中不能求得这一指数时，才可采用与该地区有相似价格变动过程的地区（如周围地区）的价格变动指数。

[例.3-6] 某地区某类房地产 2006 年 4 月至 10 月的价格指数分别为 79.6，74.7，76.7，85.0，89.2，92.5，98.1（以 2006 年 1 月为 100）。其中某宗房地产在 2006 年 6 月的价格为 1800 元/m^2，试计算修正到 2006 年 10 月的价格。

[解] 由题意，2006 年 10 月的价格为

$$1800 \times \frac{98.1}{76.7} = 2302.2 \text{ 元}/m^2$$

[例 3-7] 某地区某类房地产 2006 年 4 月至 10 月的价格指数分别为 99.6，94.7，96.7，105.0，109.2，112.5，118.1（均以上个月为 100）。其中某宗房地产在 2006 年 6 月的价格为 2000 元/m^2，试计算修正到 2006 年 10 月的价格。

[解] 由题意，2006 年 10 月的价格为

$$2000 \times 1.05 \times 1.092 \times 1.125 \times 1.181 = 3046.8 \text{ 元}/m^2$$

[例 3-8] 评估某宗房地产 2006 年 9 月末的价格，选取了下列可比实例：成交价格为 3000 元/m^2，成交日期为 2005 年 10 月末。另调查获知该类房地产价格 2005 年 6 月末至 2006 年 2 月末平均每月比上月上涨 1.5%，2006 年 2 月末至 2006 年 9 月末平均每月比上月上涨 2%。试计算修正到 2006 年 9 月的价格。

[解] 由题意，修正到 2006 年 9 月的价格为

$$3000 \times (1+1.5\%)^4 \times (1+2\%)^7 = 3657.5 \text{ 元}/m^2$$

[例 3-9] 某个可比实例房地产 2006 年 2 月 1 日的价格为 1000 美元/m^2，该类

房地产以人民币为基准的价格变动，平均每月比上月上涨0.2%。假设2006年2月1日人民币与美元的市场汇价为1美元=8.26元人民币，2006年10月1日为1美元=8.29元人民币。试计算修正到2006年10月1日的价格。

[**解**] 由题意，修正到2006年10月1日的价格为

$$1000\times8.26\times(1+0.2\%)^{8}=8393.1\text{元/m}^2$$

3.2.6 房地产状况调整

1. 房地产状况调整的含义

房地产本身的状况是影响房地产价格的一个重要因素，所以，对可比实例进行交易情况修正和交易日期修正后，还应进行房地产状况修正。房地产状况修正，是将可比实例在其房地产状况下的价格调整为在估价对象房地产状况下的价格。因此，经过了房地产状况修正后，就将可比实例在其房地产状况下的价格变成了在估价对象房地产状况下的价格。

2. 房地产状况调整的内容

房地产状况调整包括区位状况调整、权益状况调整和实物状况调整。

(1) 区位状况调整

区位状况是指对房地产价格有影响的房地产所处的区位环境状况，区位状况修正，是将可比实例房地产在其区位状况下的价格调整为在估价对象房地产区位状况下的价格。

区位状况比较修正的内容包括：繁华程度、交通便捷程度、环境景观、公共设施配套完备程度（指估价对象以外的部分）、临街状况、经济区位等。修正时应根据不同类型房地产分别选择有关因素。

(2) 权益状况调整

权益状况是指对房地产价格有影响的房地产权益因素的状况，权益状况修正，是将可比实例房地产在其权益状况下的价格调整为在估价对象房地产权益状况下的价格。

权益状况比较修正的内容主要包括：土地使用权年限、城市规划限制条件（如建筑容积率）等。在实际估价中，遇到最多的是土地使用权年限修正，其修正的具体方法参见“收益法”的有关内容。

(3) 实物状况修正

实物状况是指对房地产价格有影响的房地产实物因素的状况。实物状况修正，是将可比实例房地产在其实物状况下的价格调整为在估价对象房地产实物状况下的价格。

实物状况比较修正的内容，对于土地来说主要包括：面积大小、形状、基础设

施完备程度（指属于估价对象的部分）、土地平整程度、地势和地质水文状况等；对于建筑物来说主要包括：新旧程度、建筑规模、建筑结构、设备、装修、平面布置和工程质量等影响房地产价格的因素。

3. 房地产状况调整的方法

房地产状况调整的方法是：首先列出对估价对象这类房地产的价格有影响的房地产状况各方面的因素，包括区位方面的、权益方面的和实物方面的；其次判定估价对象房地产和可比实例房地产在这些因素方面的状况；然后将可比实例房地产与估价对象房地产在这些因素方面的状况进行逐项比较，找出它们之间的差别造成的价格差异程度；最后根据差异程度对可比实例价格进行修正。总的来说，如果估价对象房地产优于可比实例房地产，则应对价格做增价调整，反之，则应做减价调整。

实际估价中，常采用百分率进行房地产状况调整，公式为

$$\begin{matrix}\text{可比实例在其房地产}\\\text{状况下的价格}\end{matrix}\times\begin{matrix}\text{房地产状况}\\\text{调整系数}\end{matrix}=\begin{matrix}\text{在估价对象房地产}\\\text{状况下的价格}\end{matrix}\tag{3-20}$$

特别强调的是，房地产状况修正系数应是以估价对象的房地产状况为基准来确定的。假设可比实例在其房地产状况下的价格比在估价对象房地产状况下的价格高、低的百分率为$\pm R\%$（当可比实例在其房地产状况下的价格比在估价对象房地产状况下的价格高时为$+R\%$，低时为$-R\%$），则

$$\begin{matrix}\text{可比实例在其房地产}\\\text{状况下的价格}\end{matrix}\times\frac{1}{1\pm R\%}=\begin{matrix}\text{在估价对象房地产}\\\text{状况下的价格}\end{matrix}\tag{3-21}$$

或

$$\begin{matrix}\text{可比实例在其房地产}\\\text{状况下的价格}\end{matrix}\times\frac{100}{100\pm R}=\begin{matrix}\text{在估价对象房地产}\\\text{状况下的价格}\end{matrix}\tag{3-22}$$

式中：$\frac{1}{1\pm R\%}$、$\frac{100}{100\pm R}$——房地产状况修正系数。

具体进行房地产状况调整的方法，有直接比较调整和间接比较调整两种。

直接比较调整一般是采用评分的办法，以估价对象的房地产状况为基准（通常定为 100 分），将可比实例的房地产状况与它进行逐项比较打分。如果可比实例的房地产状况劣于估价对象的房地产状况，打的分数就低于 100；相反，打的分数就高于 100。然后将所得的分数转化为修正价格的比率。

采用直接比较进行房地产状况调整，则

$$\begin{matrix}\text{可比实例在其房地产}\\\text{状况下的价格}\end{matrix}\times\frac{100}{(\quad)}=\begin{matrix}\text{在估价对象房地产}\\\text{状况下的价格}\end{matrix}\tag{3-23}$$

上式括号内应填写的数字，为可比实例房地产相对于估价对象房地产的得分。

间接比较调整是设想一个标准的房地产状况，以此标准的房地产状况为基准，将可比实例及估价对象的房地产状况均与它进行逐项比较打分，然后将所得的分数

转化为修正价格的比率。

如果采用间接比较进行房地产状况调整，则

$$\begin{array}{c}\text{可比实例在其房地产}\\\text{状况下的价格}\end{array} \times \overset{\begin{array}{c}\text{标准化}\\\text{调整}\end{array}}{\frac{100}{(\quad)}} \times \overset{\begin{array}{c}\text{房地产}\\\text{状况调整}\end{array}}{\frac{(\quad)}{100}} = \begin{array}{c}\text{在估价对象房地产}\\\text{状况下的价格}\end{array} \tag{3-24}$$

上式位于分母处的括号内应填写的数字，为可比实例房地产相对于标准房地产的得分；位于分子处的括号内应填写的数字，为估价对象房地产相对于标准房地产的得分。

3.2.7 比准价格的计算

所选取的若干个可比实例价格经过比较修正后，可选用下列方法之一计算综合结果。

1. 简单算术平均法

简单算术平均法是求取具有同等重要性的若干个价格之和，再除以其个数，求出综合价格的方法。例如：可比实例 A、B、C 经比较修正后的估价时点价格分别为 1080 元/m^2、1078 元/m^2 和 1110 元/m^2，如果认为这三个价格具有同等重要性，则可求得一个综合结果，即

$$\text{综合结果} = (1080 + 1078 + 1110)/3 = 1089.7\ \text{元}/m^2$$

2. 加权算术平均法

加权算术平均法是指将修正出的各个价格综合成一个价格时，考虑到每个价格的重要程度不同，先赋予每个价格不同的权数，然后求出综合价格的方法。通常对于与估价对象房地产最类似的可比实例房地产所修正出的价格，赋予最大的权数，反之，赋予最小的权数。例如：上例中，若认为可比实例 C 与估价对象房地产的情况最为接近，A 次之，B 最差，则相应赋予权数为 45%、35%、20%，则可求得一个综合结果，即

$$\text{综合结果} = (1080\times35\% + 1078\times20\% + 1110\times45\%)/100\% = 1093.5\ \text{元}/m^2$$

3. 中位数法

中位数法是指将多个经修正后的可比实例价格数额按大小顺序排列，当项数为奇数时，位于正中间位置的那个价格为综合价格；当项数为偶数时，位于正中间位置的那两个价格的简单算术平均数为综合价格的方法。例如：上例中的三个可比实例的价格按大小顺序排列分别为 C、A、B，即 1110、1080、1078，位于中点位置上的为 B，则可确定综合结果为 1080 元/m^2。

4. 众数法

众数法与中位数法一样，是一种位置平均数法，是指将各总体单位按某一标志排序后整理成分布数列，如果其中某一标志值出现的次数最多，即为众数值。在房地产估价中，需要选择 10 个以上的可比实例，才可能用这个方法确定综合结果，目前采用较少。

5. 其他方法

还可以采用其他方法将修正出的多个价格综合成一个价格，如分别去掉一个最高的价格和一个最低的价格，求余下价格的简单算术平均数作为综合价格。

[**例 3-10**] 为评估某写字楼 2006 年 10 月 1 日的正常市场价格，在该写字楼附近地区调查选取了 A、B、C 三宗类似写字楼的交易实例作为可比实例，有关资料见表 3-3。试利用此资料估算该写字楼 2006 年 10 月 1 日的正常市场价格。

可比实例交易资料 表 3-3

项　目	可比实例 A	可比实例 B	可比实例 C
成交价格	5000 元/ m^2	600 美元/ m^2	5500 元/ m^2
成交日期	2006 年 1 月 1 日	2006 年 3 月 1 日	2006 年 7 月 1 日
交易情况	+2%	+5%	−3%
房地产状况	−8%	−4%	+6%

[**解**] 由题意：

在表 3-3 的交易情况中，正（负）值表示可比实例的成交价格高（低）于其正常价格的幅度；房地产状况中，正（负）值表示可比实例的房地产状况相对于估价对象房地产状况的优（劣）而导致的价格差异幅度。另假设人民币与美元的市场汇价 2006 年 3 月 1 日为 1∶8.5，2006 年 10 月 1 日为 1∶8.3；该类写字楼以人民币为基准的市场价格 2006 年 1 月 1 日至 2006 年 2 月 1 日基本保持不变，2006 年 2 月 1 日至 5 月 1 日平均每月比上月下降 1%，以后平均每月比上月上升 0.5%。

估算该写字楼 2006 年 10 月 1 日的正常市场价格如下。

(1) 计算公式：

比准价格＝可比实例价格×交易情况修正系数×交易日期修正系数×房地产状况修正系数

(2) 比准价格 $A=5000\times\frac{100}{100+2}\times(1-1\%)^3\times(1+0.5\%)^5\times\frac{100}{100-8}$

$=5300.51$ 元/ m^2

(3) 比准价格 $B=600\times8.5\times\frac{100}{100+5}\times(1-1\%)^2\times(1+0.5\%)^5\times\frac{100}{100-4}$

$=5084.06$ 元/ m^2

(4) 比准价格 $C=5500\times\frac{100}{100-3}\times(1+0.5\%)^3\times\frac{100}{100+6}$

$=5429.79$ 元/m²

(5) 将上述每个比准价格的简单算术平均数作为比较法的估算结果，则

估价对象价格（单价）＝（5300.51＋5084.06＋5429.79）÷3

$=5271.45$ 元/m²

［**例 3-11**］为评估某商品住宅 2006 年 10 月 24 日的正常市场价格，在该商品住宅附近地区调查选取了 A、B、C 三宗类似商品住宅的交易实例作为可比实例，有关资料见表 3-4～表 3-7。

可比实例的成交价格 表 3-4

	可比实例 A	可比实例 B	可比实例 C
成交价格（元/m²）	3700	4200	3900
成交日期	2006 年 5 月 24 日	2006 年 8 月 24 日	2006 年 9 月 24 日

表 3-5 中交易情况的分析判断以正常价格为基准，正值表示可比实例的成交价格高于其正常价格的幅度，负值表示低于其正常价格的幅度。

交易情况的分析判断结果 表 3-5

	可比实例 A	可比实例 B	可比实例 C
交易情况	−2%	0	+1%

表 3-6 中的价格指数为定基价格指数。

该类商品住宅 2006 年 4 月至 10 月的价格变动情况 表 3-6

月份	4	5	6	7	8	9	10
价格指数	100	92.4	98.3	98.6	100.3	109.0	106.8

房地产状况的比较判断结果 表 3-7

房地产状况	权重	估价对象	可比实例 A	可比实例 B	可比实例 C
因素 1	0.5	100	90	100	80
因素 2	0.3	100	100	110	120
因素 3	0.2	100	125	100	100

试利用上述资料估算该商品住宅 2006 年 10 月 24 日的正常市场价格。

［**解**］估算该商品住宅 2006 年 10 月 24 日的正常市场价格如下。

(1) 计算公式：

比准价格＝可比实例价格×交易情况修正系数×交易日期修正系数×房地产状况修正系数

(2) 交易情况修正系数：

$$\text{可比实例 A：}\frac{100}{100-2}=\frac{100}{98}$$

$$\text{可比实例 B：}\frac{100}{100-0}=\frac{100}{100}$$

$$\text{可比实例 C：}\frac{100}{100+1}=\frac{100}{101}$$

(3) 交易日期修正系数：

$$\text{可比实例 A：}\frac{106.8}{92.4}$$

$$\text{可比实例 B：}\frac{106.8}{100.3}$$

$$\text{可比实例 C：}\frac{106.8}{109.0}$$

(4) 房地产状况修正系数：

$$\text{可比实例 A：}\frac{100}{90\times0.5+100\times0.3+125\times0.2}=\frac{100}{100}$$

$$\text{可比实例 B：}\frac{100}{100\times0.5+110\times0.3+100\times0.2}=\frac{100}{103}$$

$$\text{可比实例 C：}\frac{100}{80\times0.5+120\times0.3+100\times0.2}=\frac{100}{96}$$

(5) 计算比准价格（单价）：

$$\text{比准价格 A}=3700\times\frac{100}{98}\times\frac{106.8}{92.4}\times\frac{100}{100}=4363.90\text{ 元/m}^2$$

$$\text{比准价格 B}=4200\times\frac{100}{100}\times\frac{106.8}{100.3}\times\frac{100}{103}=4341.93\text{ 元/m}^2$$

$$\text{比准价格 C}=3900\times\frac{100}{101}\times\frac{106.8}{109.0}\times\frac{100}{96}=3941.09\text{ 元/m}^2$$

(6) 将上述三个比准价格的简单算术平均数作为市场比较法的估算结果：则

估价对象价格（单价）＝（4363.90 ＋ 4341.93 ＋ 3941.09）÷3

$=4215.64\text{ 元/m}^2$

3.3 市场比较法运用举例

在房地产市场发育完善，交易实例资料比较丰富的地区，市场比较法除可直接用于评估房地产的价格或价值外，还可用于运用其他估价方法时对有关参数的求取。例如，可用市场比较法先求取估价对象房屋的单位售价，再采用假设开发法估算其土地价格；又如，先用市场比较法求取估价对象房地产的租金水平或净收益，再用收益法估算房屋或土地的价格或价值。

1. 待估房地产概况

估价对象房地产为××居住区内别墅，宗地面积 305.76m²，建筑面积 346.16m²，建筑物层数为二层。批准国有土地使用权类型为划拨，土地及房屋用途为住宅。

土地使用权年限为 50 年，从 1998 年 5 月起计。

2. 估价要求

需要评估该宗房地产 2006 年 5 月的买卖价格。

因素条件说明如表 3-8 所示。

因素条件说明表 表 3-8

估价对象及比较实例 内容 比较因素		估价对象房地产(别墅)	可比实例 A	可比实例 B	可比实例 C
交易地点		××路	××生活区	××大道	××山庄
交易日期		2006.5.10（基准日）	2006.03	2006.02	2006.03
成交价格（万元）		待估	127.00	250.00	85.8502
房产面积（m²）		364.18	262.00	462.20	162.73
成交单价（元/m²）		待估	4847.33	5408.91	5275.82
交易情况		正常	正常	正常	正常
价格类型		转让	转让	转让	转让
用途		别墅	别墅	别墅	别墅
区域因素	商服业繁华度	有部分商服店面繁华度稍好	有部分商服店面繁华度较差	稍优	优
	交通条件	较优	稍优	稍优	较优
	基础设施及公用设施完备度	五通一平，有幼儿园，距中小学、菜市场等较近	五通一平，有幼儿园，距中小学、菜市场等较远	五通一平，有幼儿园，距中小学、菜市场等较近	五通一平，有幼儿园，距中小学、菜市场等较近
	离市中心距离	近	较近	较近	近
个别因素	环境条件	稍好	较好	好	较好
	平面布置	较优	稍优	优	稍优
	建筑结构	砖混	砖混	砖混	砖混

3. 估价过程

（1）选择估价方法

根据估价对象特点和实际情况，认为该类房地产买卖转让实例较多，适合用市场比较法估价。

（2）采用市场比较法进行评估的测算过程

①市场比较法以替代原理为理论基础，其计算公式为

估价对象房地产价格＝可比实例价格×交易情况修正系数×交易日期修正系数×房地产状况调整系数

②因素选择

根据所搜集的资料进行分析，由于××市场近期房地产价格水平比较平衡，因此不需做交易日期修正。

③比较实例选取

因为估价对象为别墅，选取A、B、C三宗别墅房地产作为可比实例分别与估价对象进行比较，求其比准价格。比较因素及比较因素修正见表3-9和表3-10所示。

比较因素列表 表3-9

比较因素＼指数＼估价对象及比较实例		估价对象房地产	可比实例A	可比实例B	可比实例C
成交单价（元/m²）		待估	4847.33	5408.91	5275.82
交易情况			100	100	100
交易时间			100	100	100
区域因素	商服业繁华度		99	100	101
	交通条件		99	99	100
	基础、公用设施完备度		99	100	100
	离市中心距离		99	99	100
个别因素	环境条件		102	105	102
	平面布置		99	105	99

比较因素修正表 表3-10

比较因素＼内容＼估价对象及比较实例	估价对象房地产	可比实例A	可比实例B	可比实例C
成交单价（元/m²）	待估	4847.43	5408.91	5275.82
交易情况		100/100	100/100	100/100

续上表

比较因素＼内容＼估价对象及比较实例		估价对象房地产	可比实例 A	可比实例 B	可比实例 C
交易时间			100/100	100/100	100/100
区域因素	商服业繁华度		100/99	100/100	100/101
	交通条件		100/99	100/99	100/100
	基础、公用设施完备度		100/99	100/100	100/100
	离市中心距离		100/99	100/99	100/100
个别因素	环境条件		100/102	100/105	100/102
	平面布置		100/99	100/105	100/99
比准价格			4997.30	5005.65	5172.89

④将上述三个比准价格的简单算术平均数作为该宗房地产的买卖价格

$$(4997.30 + 5005.65 + 5172.89) \div 3 = 5058.61 \text{ 元/m}^2$$

小　　结

市场比较法是目前应用最为广泛的一种方法，是将估价对象与估价时点近期有过交易的类似房地产进行比较，对这些类似房地产的已知价格作适当的修正，以此估算估价对象的客观合理价格或价值的方法，由估价人员客观、公正评估出估价对象的市场价值价格。因此，运用市场比较法，一定要有一个完善的房地产交易资料库。针对具体的估价对象，可比实例的选取一定要注意用途、建筑结构、区位、估价时点，价格类型与估价对象吻合或接近。正确运用市场比较法，应特别注意交易情况的修正，交易日期的修正和房地产状况的修正以及公式的灵活运用。

复习思考题

一、名词解释

市场比较法　估价对象房地产　类似房地产　实例房地产　可比实例房地产　交易日期修正　交易情况修正　房地产状况修正

二、思考题

1. 什么是同一供求圈？试举例说明。

2. 市场比较法的理论依据是什么？

3. 市场比较法适用的条件是什么？

4. 市场比较法的操作步骤是什么？

5. 搜集交易实例的途径主要有哪些？

6. 估价对象房地产、类似房地产、实例房地产、可比实例房地产四者异同点和关系是什么？

7. 如何进行交易情况修正？

8. 如何进行交易日期修正？

9. 如何进行房地产状况修正？

三、计算题

1. 为利用市场比较法评估某房地产价格，现搜集有甲、乙、丙三宗交易实例：甲实例使用面积 $840m^2$，成交总价 150 万元，一次付清；乙实例建筑面积 $1000m^2$，成交总价 120 万元，分三次支付，首期支付 50 万元，第一年末支付 40 万元，余款于第二年中支付，据查，第一年月利率 1%，第二年月利率 1.05%；丙实例建筑面积为 14300 平方英尺，成交总价为 18 万美元，一次付清。估价时点人民币与美元的市场汇价为 1∶8.3，丙实例交易当时的人民币与美元的市场汇价为 1∶8.5。同时可以搜集到该类房地产近几年人民币价格的变动率。又知 $1m^2$＝10.764 平方英尺。建筑面积与使用面积比率为 1∶0.7。试将上述资料整理成一次付清每平方米建筑面积人民币单价。

2. 为评估某写字楼的价格，在该写字楼附近地区调查选取了 A、B、C 三宗类似写字楼的交易实例作为可比实例，有关资料如下表：

项　目	可比实例 A	可比实例 B	可比实例 C
成交价格（元/m^2）	5000	5200	4900
成交日期	2006 年 1 月 31 日	2006 年 3 月 31 日	2006 年 7 月 31 日
交易情况	+2%	−2%	−3%
房地产状况	−1%	+3%	+1%

上表交易情况中，正（负）值表示可比实例价格高（低）于其正常价格的幅度；房地产状况中，正（负）值表示可比实例的相应因素优（劣）于估价对象的幅度。从 2006 年 1 月 1 日到 2006 年 6 月 30 日该类写字楼的市场价格基本不变，以后月均递减 1%。试利用上述资料估算该写字楼 2006 年 10 月 31 日的正常单价（如需计算平均值，采用简单算术平均法）。

3. 为评估某写字楼2006年10月1日的正常市场价格，估价人员在附近地区调查选取了A、B、C三宗类似写字楼的交易实例作为可比实例，有关资料如下：

（1）可比实例的成交价格与成交日期：

项　　目	可比实例A	可比实例B	可比实例C
成交价格（元/m^2）	6000	5800	6120
成交日期	2006年4月1日	2006年2月1日	2006年5月1日

（2）交易情况分析判断：

项　　目	可比实例A	可比实例B	可比实例C
交易情况	+3%	−1%	+2%

交易情况中的数据以正常价格为基准，正值表示可比实例的成交价格高于其正常价格的幅度，负值表示低于其正常价格的幅度。

（3）调查获知该类写字楼的价格，2005年11月1日到2006年6月1日平均每月比上月上涨1.2%，2006年6月1日至2006年10月1日平均每月比上月上涨1.8%。

（4）房地产状况分析判断：

项　　目	可比实例A	可比实例B	可比实例C
因素1	+2%	+4%	0
因素2	−3%	−1%	+5%
因素3	+6%	+2%	−3%

房地产状况中的三个因素对价格影响的重要程度是：因素1是因素3的4倍，因素2是因素3的1.67倍，房地产状况各因素的正值表示可比实例的状况优于估价对象状况的幅度，负值表示劣于估价对象状况的幅度。

试利用上述资料估算该写字楼2006年10月1日的正常市场价格（如需计算平均值，采用简单算术平均法）。

第4章 成本法

本章概要

成本法是通过求取估价对象在估价时点的重置价格或重建价格后扣除折旧，来估算估价对象的客观合理价格或价值的方法。成本法的实质是通过对估价对象房地产的各组成部分的市场价格的估算，最终确定估价对象整体的市场价格。在确定房地产各组成部分的市场价格时，我们是将估价对象房地产视为通过社会化生产的方式建造完成的，因此这里的“各组成部分”不仅包括土地、建筑物，还包括投资开发过程中的其他支出，如管理费用、投资利息、销售税费和开发利润等。成本法最常用于旧建筑物价格的估算，在实践中最常用的是重置价格和折旧的计算。

4.1 成本法的基本原理

4.1.1 成本法的概念

成本法是通过求取估价对象在估价时点的重置价格和重建价格后扣除折旧，来估算估价对象的客观合理价格或价值的方法。

这里的成本概念与会计中成本概念是不一样的，主要表现为以下两个方面：一是会计中的成本是会计账目上记载的建造时发生的历史成本，成本法中的成本是指估价时点的成本；二是成本法中的成本是一般社会生产方式下发生的社会平均成本，它可以高于、低于或等于某房地产开发企业开发过程中实际发生的成本。

4.1.2 成本法的理论依据

成本法的理论依据，可以从卖方的角度和买方的角度分别来加以阐述。

从卖方的角度来看，成本法的理论依据是生产费用价值论。对房地产商来说，开发的房地产的售价一定不能低于开发过程中所发生的成本——各项费用及正常的利润和税金。如果低于这一成本，开发商就要亏本，这是其所不能接受的。

从买方的角度来看，成本法的理论依据是替代原理，即买方愿意支付的最高价格，不能高于他所预计的重新开发建造该房地产所需花费的代价，如果高于该代价，购买者将不会从市场上直接购买这一房地产。如果该房地产为土地与建筑物合成一体的房地产时，买方在确定购买价格时总是会考虑，如果自己重新购买一块相当的土地，它的现时价格是多少，然后在该块土地上建造类似的建筑物，它的现时费用是多少，此两者之和可以确定为买价。当然，如果所购买的房地产中的建筑物是旧的，自然还要扣减建筑物的折旧。

由此可见，一方面是要求不低于开发建造已花费的代价，一方面是要求不高于预计重新开发建造所需花费的代价；经过市场的约束，房地产开发的社会成本是供求双方都能接受的价格，这一价格就是估价要求的价格。

4.1.3 成本法适用的对象、条件

一般而言，只要是新近开发建造、计划开发建造或者可以假设重新开发建造的房地产，都可以采用成本法估价，具体来说，成本法适用于以下几个方面：

在房地产市场发育之初，市场资料较少且透明度不高的情况下，往往采用成本法估价。

成本法特别适用于那些既无收益又很少发生交易的房地产的估价，如学校、图书馆、体育场馆、医院、政府办公楼、军队营房、公园等公用、公益房地产，以及化工厂、钢铁厂、发电厂、油田和码头等有独特设计或只针对个别用户的特殊需要而开发建造的房地产。

成本法适用于单纯建筑物的估价，也适用于市场不完善或狭小市场上无法运用比较法估价的房地产。

在房地产保险（包括投保和理赔）及其他损害赔偿中，通常也是采用成本法估价，因为房地产的损毁往往是局部的，从而需要将其恢复到原貌，对于发生全部损毁的，有时也需要用重置或重建的办法来解决。

运用成本法估价应该注意，在现实中房地产的价格直接取决于其效用，而非花费的成本，成本的增减一定要对效用有所作用才能形成价格；换一个角度讲，房地产成本的增加并不一定能增加其价值. 投入的成本不多也不一定说明其价值不高。价格等于“成本加平均利润”，是在长期内平均来看的，而且还需要具备两个条件：一是自由竞争（即可以自由进入市场）；二是该种商品本身可以大量重复生产。

成本法估价比较费时费力，估算重新购建价格和折旧也有相当的难度，尤其是那些较老、旧的建筑物，往往需要估价人员针对建筑物进行实地勘察，依靠其主观判断进行估算。因此，成本法估价要求估价人员有丰富的经验，特别是要具有良好的建筑、建筑材料、建筑设备和工程造价等方面的知识。

4.1.4 成本法求取房地产价格的步骤

运用成本法估价一般分为4个步骤，即搜集有关房地产开发的成本、税费、利润等资料；估算重新购建价格；估算折旧；利用相应的公式求取估算价格。

4.2 房地产价格的构成

4.2.1 房地产价格的基本组成

房地产价格的实际构成极其复杂，运用成本法估价，需要懂得房地产价格构成。下面以取得土地建成房屋销售这种典型的房地产开发类型为例，来说明房地产价格的构成。在这种情况下，房地产价格通常由**土地取得成本**、**开发成本**、**管理费用**、**投资利息**、**销售费用**、**销售税费**和**开发利润**构成。

1.土地取得成本

土地取得成本是为获取一定使用年限的土地使用权所发生的费用，主要包括征地费、拆迁安置补偿费和城市建设配套费等。土地取得成本视实际情况分三种情况：

(1) 征用农地（生地）。土地取得成本包括农地征用费和土地使用权出让金等。新征土地中，土地出让金相对较低，但城市建设配套费用相对较高。

(2) 征用旧城改造用地（毛地）。土地取得成本包括城市房屋拆迁补偿安置费和土地使用权出让金等。与新征土地相比，旧城改造用地中，拆迁补偿安置费较高，尤其是货币补偿的情况下，但城市建设配套费则相对较低。具体规定见“农地征用和城市房屋拆迁补偿的估价规定”中的内容。

(3) 征用可以直接利用的城市建设用地（熟地），如购买政府出让或其他开发商转让的已完成征用拆迁的熟地。土地取得成本包括购买土地的价款和在购买时应由买方缴纳的税费（如交易手续费、契税）等。

2.开发成本

理论上可以将其划分为土地开发成本和建筑物建造成本。土地开发成本是指将生地或毛地开发成可以直接利用的熟地所发生的费用，俗称“三通一平”费或“七通一平”费，主要包括以下内容：

(1) 勘察设计和前期工程费，包括可行性研究、规划、勘察设计等工程前期的费用。

(2) 基础设施建设费，包括道路、给排水、电力、通讯、燃气、热力等的建设费用。

(3) 建筑安装工程费，其构成如表 4-1 所示。

建筑安装工程费用的构成 表 4-1

建筑安装工程费	直接费	直接工程费	(1) 人工费
			(2) 材料费
			(3) 施工机械使用费
		措施费	(1) 环境保护
			(2) 文明施工
			(3) 安全施工
			(4) 临时设施
			(5) 夜间施工
			(6) 二次搬运
			(7) 大型机械设备进出场及安拆
			(8) 混凝土、钢筋混凝土模板及支架
			(9) 脚手架
			(10) 已完工程及设备保护
			(11) 施工排水、降水
	间接费	规费	(1) 工程排污
			(2) 工程定额测定费
			(3) 社会保障费
			①养老保险费
			②失业保险费
			③医疗保险费
			(4) 住房公积金
			(5) 危险作业意外伤害保险
		企业管理费	(1) 管理人员工资
			(2) 办公费
			(3) 差旅交通费
			(4) 固定资产使用费
			(5) 工具用具使用费
			(6) 劳动保险费
			(7) 工会经费
			(8) 职工教育经费
			(9) 财产保险费
			(10) 财务费
			(11) 税金
			(12) 其他
	利润		
	税金		

(4) 公共配套设施建设费：包括变电站、非营业性学校、绿地等非营业性的公共配套设施的建设费用，与项目大小、用地规模有关，且各地实际情况不同。

(5) 开发过程中的税费。

3. 管理费用

管理费用包括开发商的人员工资、办公费、差旅费等，通常可按土地取得成本与开发成本（土地开发成本和建筑物建造成本之和）的一定比率来计取。

4. 投资利息

从成本法概念可知，成本法中的成本是完成成本，不仅包括显性成本，也包括隐性成本，利息属于隐性成本。投资商对土地、建筑物的投资开发，不论是使用向金融机构借贷的资金，或者利用自有资金，均需计算其利息额。此外，从机会成本和机会收益的角度考虑，自有资金的利息额也需计算，因为如果投资商不将自有资金投入房地产开发，则他至少可将其存入银行而获得利息（机会收益）。

5. 销售费用

销售费用是销售开发完成后的房地产所需的费用，包括广告宣传费、销售代理费等。销售费用通常是按售价乘以一定比率来估算。

6. 销售税费

销售税费是开发商（卖方）因销售开发完成后的房地产而应缴纳的税费，可分为下列两类：

(1) 销售税金及附加，包括营业税、城市维护建设税和教育费附加。

(2) 其他销售税费，包括应由卖方负担的交易手续费等。

7. 开发利润

开发商投资的合理利润率是房地产投资的行业平均利润率，这一利润率一般是投资额或全部预付资本的一定比率，通常有总利润率和年利润率两种。

4.2.2 农地征用和城市房屋拆迁补偿的估价规定

征地估价是指在将集体所有的土地，经依法征用转为国有土地的过程中，对被征用土地的补偿价格进行的评估。

城市房屋拆迁估价（以下简称拆迁估价），是指为确定被拆迁房屋的货币补偿金额，根据被拆迁房屋的区位、用途、建筑面积等因素，对其房地产市场价格进行的评估。征地估价应依据《中华人民共和国土地管理法》以及当地制定的实施办法和其他有关规定进行，城市房屋拆迁估价应依据《中华人民共和国城市房地产管理法》、《城市房屋拆迁管理条例》及当地制定的实施细则和《城市房屋拆迁估价指导意见》进行。

征地和城市房屋拆迁补偿估价，是政策性、群众性很强的一项估价工作，除国家以法律、规章的形式制定的有关规定外，各个城市均制定有实施细则，详细规定了补偿的范围、补偿标准、补偿方式等。随着2004年《宪法》修正案的通过，国家将对土地管理法进行相应的修订，有关征地补偿的规定也会做出相应的调整，估价师应关注这些规定的调整，及时学习新的法律法规，并按新规定进行估价。

1.征地和房屋拆迁补偿估价使用的法律法规及文件

(1)《中华人民共和国城市房地产管理法》。

(2)《中华人民共和国土地管理法》。

(3)《城市房屋拆迁管理条例》。

(4) 建设部关于贯彻《城市房屋拆迁管理条例》的通知。

(5) 建设部关于印发《城市房屋拆迁估价指导意见》的通知。

(6) 各省、自治区、直辖市依据以上法律法规制定的相关地方法规规定。

2.征地补偿估价

《土地管理法》规定国有土地包括国家所有的土地和国家征用的原属于农民集体所有的土地。任何单位和个人进行建设，需要使用土地的，必须依法申请使用国有土地。

在集体所有的农业用地中，依使用情况可分为宅基地、菜地、粮田地、鱼塘地、藕塘地、果园地、苗圃地、苇塘地、砂石地、林地、积肥场地、场院地、牧场地和原地等，农地地上附着物包括房屋、农田基础设施、树木、青苗和坟墓等，集体所有的农业用地及其地上附着物为征地补偿估价对象。同时，《土地管理法》也明确规定，被征用土地的，应按照被征用土地的原用途给予补偿。征地估价内容及补偿标准如下。

(1) 土地补偿费：征用耕地的土地补偿费，为该耕地被征用前三年平均年产值的6至10倍。

(2) 征用耕地的安置补助费：征用耕地的安置补助费，按照需要安置的农业人口数量计算，每个需要安置的农业人口的安置补偿费标准，为该耕地被征用前三年平均年产值的4至6倍，每公顷被征用耕地的安置补偿费，最高不得超过被征用前三年平均年产值的15倍。

(3) 青苗补偿费和地上附着物补偿费：由省、自治区、直辖市自行规定。

(4) 征地房屋拆迁补偿费：征地房屋拆迁补偿费估价标准基本同城市房屋拆迁补偿标准。但集体土地上的房屋，其产权管理各地区不尽相同也不甚完善，在评估过程中要根据实际情况分别处理，重点考虑以下几点：

①宅基地的确定：农村村民一户只能拥有一处宅基地，其宅基地的面积不得超过省、自治区、直辖市规定的标准，农村村民自建住宅，应当由乡（镇）人民政府审核，由县级人民政府批准。关于宅基地及正式房屋的确定，以及集体土地上的宅基地面积，其管理标准各地不统一。通常会有三种情况：一是每户有测量准确的宅基地证，同时有正式房屋的建房批示；二是每户有测量准确的宅基地证，但没有房产证，也没有正式房屋的建房批示；三是每户既没有测量准确的宅基地证，没有房产证，也没有正式房屋的建房批示。不同情况的处理方式会有所不同。

②拆迁房屋使用性质的认定：《国务院批转国家土地管理局关于加强农村宅基地管理工作请示的通知》规定：对现有住宅进行出租、出卖或改为经营场所的，除不再批准新的宅基地外，还应按其实际占用土地面积，从经营之日起，核收土地使用费；原集体土地上农民宅基地上的房屋，拆迁补偿按照住宅房屋的评估标准来评估；如房屋为营业用房的，根据经营用途、营业面积等因素，按照当地政府确定的标准及补偿条件给予一定的营业补偿。

③《土地管理法》关于征地拆迁补偿估价的其他规定：征用其他土地的土地补偿费和安置补助费标准，由省、自治区、直辖市参照征用耕地的土地补偿费和安置补助费的标准规定。国务院根据社会、经济发展水平，在特殊情况下，可以提高征用耕地的土地补偿费和安置补助费的标准，如果依照《土地管理法》有关规定支付土地补偿费和安置补助费，尚不能使需要安置的农民保持原有的生活水平的，经省、自治区、直辖市人民政府批准，可以增加其安置补助费。但是土地补偿费和安置补助费的总和不得超过土地被征用前3年平均年产值的30倍。

3. 城市房屋拆迁补偿估价

(1) 城市房屋拆迁有关税费的组成

根据《城市房屋拆迁管理条例》的规定，在城市房屋拆迁中发生的有关税费包括：被拆迁房屋及附属物的补偿费、搬迁补助费、临时安置补助费或周转房费、拆迁非住宅房屋造成停产、停业的补偿费、拆迁服务费、拆迁管理费和政府规定的其他有关税费。

《城市房屋拆迁管理条例》是城市房屋拆迁和拆迁估价工作的指导性文件，与旧《条例》不同的是，其突出的特点表现在两个方面：其一是明确规定被拆迁人“是指被拆迁房屋的所有人”，其二是“货币补偿的金额，根据被拆迁房屋的区位、用途、建筑面积等因素，以房地产市场评估价格确定”，充分体现社会主义市场经济等价交换的原则，在一定程度上保护了被拆迁房屋所有权人的权益。

(2) 拆迁补偿估价对象

拆迁补偿估价对象为拆迁范围内土地、建筑物、构筑物和依托在其实体上的权益，估价人员在从事拆迁补偿估价时，要准确界定被拆迁房屋及其所占土地的权益性质，估价结果才会客观公正。关于拆迁补偿估价，特别需要指出的是对在集体土地上进行开发建设的集体土地及地上房屋的估价，应先行办理征用土地手续，将集体土地国有化，然后再进行房屋拆迁与补偿，这样既符合《土地管理法》规定，又不违反新的《城市房屋拆迁管理条例》。

（3）城市房屋拆迁补偿估价的标准与方法

《城市房屋拆迁管理条例》规定：货币补偿的金额，根据被拆迁房屋的区位、用途、建筑面积等因素，以房地产市场评估价格确定，具体办法由省、自治区、直辖市人民政府制定。另外，根据《城市房屋拆迁补偿估价指导意见》的规定，拆迁估价应优先选用能够反映市场价格、模拟市场交易过程、体现客观价格的市场比较法，不具备采用市场比较法条件的，可以采用其他估价方法，并在估价报告中充分说明原因。如在一些房地产市场尚不够发育的地区，就难以采用市场法估价，即使在总体上房地产市场比较发达的地区，在某些情况下市场比较法也可能不太实用。对于特殊用途的被拆迁对象，如学校、幼儿园、军事区等公益用房，或被拆迁房屋周边房地产市场不完善、不具备采用市场比较法条件的房地产，可采用其他方法进行评估。由于拆迁估价目的的特殊性，应尽量避免使用收益法和假设开发法，可以考虑采用成本法对估价对象的拆迁补偿价值进行评估。

在拆迁补偿估价中，各省、市结合本地实际情况，以估价原则、估价方法理论为基础，制定了各自的具体办法，估价人员在当地进行城市房屋拆迁补偿估价时应执行当地政府制定的估价标准，市、县人民政府或者其授权部门应当根据当地房地产市场交易价格，至少每年定期公布一次不同区域、不同用途和不同建筑结构的各类房屋的房地产市场价格。

拆迁估价应当参照类似房地产的市场交易价格和市、县人民政府或者其授权部门定期公布的房地产市场价格，结合被拆迁房屋的房地产状况进行。针对一些建设项目的特殊性，地方政府也往往制定相应的规定，估价人员在估价时必须遵从。

城市房屋拆迁补偿估价实践中要注意拆迁估价委托人必须是合法的，拆迁人是指取得房屋拆迁许可证的单位，拆迁房屋的单位取得房屋拆迁许可证后，方可实施拆迁；此外，拆迁估价对象也必须合法，估价对象应为拆迁许可证确定的拆迁范围内的土地和房屋，拆迁范围确定后，拆迁范围内的单位和个人，不得进行房屋租赁、新建、扩建和改建，不得改变房屋和土地用途，否则应视为估价对象不合法。

4.拆迁估价的工作方式

由于拆迁补偿评估政策性强、涉及面广、影响大，因而对估价人员的政策水平、综合评估及处理复杂评估事务的能力要求较高。估价人员在从事拆迁评估时，必须熟悉掌握国家相关法律、法规、政策以及当地政府的有关规定，准确界定拆迁房屋及其所占土地的权益性质，才能做出易于被委托方及其他相关利益主体所接受的评估结果。在评估工作过程中，评估人员作为最早直接接触被拆迁人的机构，协调好地方及被拆迁人的关系是后续拆迁及开发建设工作的基础，营造安定、和平和顺利的局面是评估人员义不容辞的责任。

估价人员应对被拆迁房屋进行入户调查，对事先收集的有关被拆迁房屋的坐落、四至、面积、用途和产权等资料进行实地核实，同时亲临现场感受估价对象的位置、周围环境、景观的优劣。具体来说，估价人员应详细查勘被拆迁房屋的坐落、区位、门牌号等状况，被拆迁房屋的产权人、房屋产别、产权证号、用途、面积等权属状况，被拆迁房屋的建筑形式、建筑结构、建成年代、装修情况、设备情况、使用状况、建筑面积等实物形态，并做好实地查勘记录，拍摄反映被拆迁房屋外观和内部状况的影像资料。

应根据不同的建筑形式制定相应的调查表格，调查相应的内容。

(1) 被拆迁房屋为平房，需要分别记录房屋的结构、装修和设备等情况并拍摄照片，记录的内容包括：房屋坐落与区位、房屋的产权人、房屋权属状况、房屋结构情况、房屋装修情况、设备情况和附属物情况等。

(2) 被拆迁房屋为楼房，需要分别记录房屋的结构、装修和设备等情况并拍摄照片，记录的内容包括：房屋坐落与区位、房屋的产权人、房屋权属状况、结构形式、房屋层高、建成年代、墙体类型和设备与装修等情况。

(3) 被拆迁房屋为厂房或其他房屋时，参照平房、楼房的项目进行现场勘察记录。

拍摄影像资料是指在实地踏勘时，用摄像机或照相机对被拆迁房屋外观和内部状况的不同部位（如房屋外立面、房屋入户门、客厅、卧室、卫生间、楼梯间、厨房等）进行拍摄，作为分户评估报告的附件。拆迁补偿估价值不应包括拆迁人对被拆迁人或者房屋承租人应付的搬迁补助费、安置补助费、临时安置补助费和拆迁非住宅房屋造成停产、停业的综合补助费等。

4.2.3 现行商品房和经济适用住房价格构成的有关规定

为便于对前述成本法中有关问题的理解及实际应用，下面将现行商品房和经济适用住房价格构成的有关规定作一综合介绍。

1. 商品住宅价格的构成

1992年7月20日，国家物价局、建设部、财政部和中国人民建设银行联合颁发的《商品住宅价格管理暂行办法》规定，商品住宅价格应以合理成本为基础，有适当利润，结合供求状况和国家政策要求制定，并根据楼层、朝向和所处地段等因素，实行差别价格。商品住宅价格由下列项目构成。

(1) 成本，主要包括：征地费及拆迁补偿安置费、勘察设计及前期工程费、住宅建筑、安装工程费、住宅小区基础设施建设费、住宅小区级非营业性配套公共建筑的建设费、管理费和贷款利息等。

(2) 利润，指开发商通过房地产开发应获取的利润，利润率暂由省、自治区、直辖市人民政府确定。

(3) 税金，指按国家税法规定应该缴纳的税赋。

(4) 地段差价，指由于开发房地产位置不同而形成的差价。

但是非住宅小区级的公共建筑的建设费用、住宅小区内的营业性用房和设施的建设费用不得计入商品住宅价格。

2. 经济适用住房价格的构成

2002 年 11 月 17 日，国家计委、建设部印发的《经济适用住房价格管理办法》规定，经济适用住房价格实行政府指导价。制定经济适用住房价格，应当与城镇中低收入家庭经济承受能力相适应，以保本微利为原则，与同一区域内的普通商品住房价格保持合理差价，体现政府给予的各项优惠政策。经济适用住房基准价格由开发成本、税金和利润三部分构成。

(1) 开发成本，包括征地拆迁安置补偿费、规划勘察设计、三通一平费、建筑安装工程费、基础设施建设费、管理费、贷款利息和有关行政事业性收费。

(2) 利润，指开发商通过房地产开发应获取的利润，一般情况下，经济适用住房利润率要比商品住宅的低一些，具体由省、自治区、直辖市人民政府确定。

(3) 税金，指按国家税法规定应该缴纳的税赋。

同商品住宅价格相比，不应该计入经济适用住房价格的费用较多，主要包括：住宅小区内经营性设施的建设费用，开发经营企业留用的办公用房、经营用房的建筑安装费用及应分摊的各种费用，各种与住房开发经营无关的集资、赞助、捐赠和其他费用，各种赔偿金、违约金、滞纳金、罚款和按规定已经减免及其他不应计入价格的费用。

4.3 成本法的基本公式

4.3.1 基本公式

成本法最基本的公式为

$$估算价格=重新购建价格-折旧 \tag{4-1}$$

上述公式可针对下列三类估价对象而作变化：

(1) 新开发的土地。

(2) 新建的房地产（此处指房地、建筑物两种情况）。

(3) 旧的房地产（此处指房地、建筑物两种情况）。

新开发的土地和新建的房地产采用成本法估价一般不扣除折旧，但应考虑工程质量、规划设计、周围环境、房地产市场状况等方面对价格的影响而给予适当的增减修正。

求取新开发土地的价格、新建房地产的价格和旧房地产的重新购建价格的基本步骤是：首先搞清房地产价格构成，其次估算各构成部分的金额，最后将各构成部分的金额累加。

4.3.2 适用于新开发土地的基本公式

所谓新开发土地是指包括填海造地、开山造地、征用农地后进行“三通一平”、“五通一平”、“七通一平”等开发而成的土地或将城市旧城区待拆迁改造的土地进行开发而成的可以直接利用的城市建设用地。在这些情况下成本法的基本公式为

新开发土地价格＝土地取得成本＋土地开发成本＋管理费用＋投资利息＋税费＋开发利润 (4-2)

上述基本公式，在具体情况下又会有具体形式。对新开发区土地的分宗估价，运用成本法估算是个有效的方法，因为新开发区在初期，房地产市场一般还未形成，土地收益也还没有。其公式为

新开发区某宗土地的单价＝(取得开发区用地的总费用＋土地开发总费用＋总管理费用＋总投资利息＋总销售费用＋总销售税费＋总开发利润）÷（开发区用地总面积×可转让土地面积的比率）×用途、区位等因素修正系数 (4-3)

可转让土地面积的比率＝开发完成后可转让土地总面积÷开发区总面积 × 100% (4-4)

实际估算时通常分为下列三大步骤进行。

(1) 计算开发区全部土地的平均价格。

(2) 计算开发区可转让土地的平均价格，即用第一步计算出的平均价格除以可转让土地面积的比率。

(3) 计算开发区某宗土地的价格，即将第二步计算出的平均价格，根据宗地的规划用途、具体位置、使用年限、容积率等进行适当的增减修正。

[例 4-1] 某成片荒地面积为 $2km^2$，取得该荒地的代价为 1.2 亿元，将其开发成“五通一平”熟地的正常开发成本为 2.5 亿元，正常开发利税为 0.8 亿元，开发完成后可转让土地面积的比率为 60%。试求该荒地开发完成后可转让熟地的成本

价格为每平方米多少元？

［解］由题意：

该荒地开发完成后可转让熟地的成本价格＝（取得该荒地的总代价＋土地开发总成本＋总管理费用 ＋ 总投资利息）÷（该荒地总面积×可转让土地面积的比率）
＝（120000000 ＋ 250000000 ＋ 80000000）÷ 2000000 ÷ 60％＝375 元/m^2

4.3.3 适用于新建房地产的基本公式

在新建房地的情况下，成本法的基本公式为

新建房地价格＝土地取得成本＋土地开发成本＋建筑物建造成本＋管理费用＋投资利息＋销售费用＋销售税费＋开发利润 （4-5）

在新建建筑物的情况下，上述公式中不含土地的有关费用，即

新建建筑物价格 ＝建筑物建造成本＋管理费用＋投资利息＋销售费用＋销售税费＋开发利润 （4-6）

新建房地产采用成本法估价时一般不应扣除折旧，但应考虑其工程质量和周围环境等因素的影响并给予适当修正。

4.3.4 适用于旧房地产的基本公式

在旧房地的情况下，成本法的基本公式为

旧房地价格＝土地的重新取得价格＋建筑物的重新购建价格－建筑物的折旧 （4-7）

必要时还应扣除由于旧建筑物的存在而导致的土地价值减损。

在旧建筑物的情况下，成本法的基本公式为

旧建筑物价格＝建筑物的重新购建价格－建筑物的折旧 （4-8）

在使用上述几种方法时应注意以下两点。

（1）成本不等于价格。尽管成本法中的成本是全部的、客观的和现时的，具有价格的含义，但并不等于价格。在一定条件下，成本增加，并不能增加房地产的效用，增加价值，反而出现相反的情况，房地产价格受许多成本以外的因素的影响，如人们的投资消费心理、当时当地的市场行情等。

（2）不一定符合最有效使用原则。采用成本法进行房地产估价，一般将土地与建筑物分离评估后相加。若土地与建筑物是相互协调均衡的，符合最有效使用原则，则所发生的成本能基本反映其价格；若土地与建筑物不相互协调和均衡，则所发生的成本不能客观反映其价格水平，在这种情况下，房地产价格可以采用成本法进行测算，但已不是估价本义上的估价了。

4.4 建筑物的重置价格

4.4.1 重置价格的概念

重新购建价格分为重置价格和重建价格两种。重置价格，是指在当前建筑及装修材料价格和人工劳务费用情况下，可以采用新的建筑材料、建筑技术与工艺，重新建造一栋与原建筑物在结构、功能、效用上相同的新建筑物的正常价格。重建价格，是指在当前建筑及装修材料价格和人工劳务费用情况下，采用原有的建筑材料、建筑技术与工艺，重新建造一栋与原建筑物完全相同的新建筑物的正常价格。

建筑物的重置价格与重建价格在概念上尽管很相近，但其内涵却有很大的区别。重置可以采用新的建筑材料、建筑技术与工艺，随着科学技术的不断发展，替代产品将越来越丰富，其成本及价格是相对减少的；相反，重建必须采用原建筑材料、建筑技术与工艺，随着环境的变化、自然原材料的减少、传统工艺的失传等，重建将越来越困难，其成本高，建筑难度大，价格是不断增加的。因此，对于一般建筑物的重新建造价格而言，多采用重置价格进行测算，只有那些具有非常特殊意义和保护价值的建筑物，如特殊性宗教建筑物等，才可能采用重建价格对其进行估价。

4.4.2 重置价格的成本构成

重置价格的成本构成可分为**直接成本**和**间接成本**两类。

直接成本是建筑物建造过程中直接投入的成本和费用，主要包括：人工费、材料费、施工机械费、措施费等四项费用。人工费是指用于建筑物建造施工过程中所支付的一切工资性支出，包括工资和各种津贴；材料费是指用于直接构成建筑物的各种物质、构件、零件以及房屋设备，如钢材、水泥、砖瓦、木材、涂料、照明装置等的费用；施工机械费是指建筑施工过程中使用施工机械所发生的费用；措施费是指为保证工程顺利进行而用于技术、管理等方面的费用，如环境保护费、文明施工费等。

间接成本是指建筑物建造过程中发生的与其有关的成本，它不直接构成建筑物的物质实体，主要有勘察、设计、规划费，建设贷款融资费，施工保险费，建筑承包商的管理费，投资者的利润，销售费用等。

4.4.3 重置价格的估算

建筑物重新购建价格的估算方法主要有单位成本法、分部分项法、工料测量法和指数调整法四种。各种方法的定义如下。

1.单位成本法

这是一种广泛运用的重置价格估算方法，它通过调查近期建成的与待估建筑物相类似的建筑物的单位面积或单位体积的造价资料，并依据它们在时间和物质实体上的差异进行相应修正，得到待估建筑物的单位价格，再乘以待估建筑物的面积或体积，即可求得待估建筑物的重置价格。

例如现有一栋建筑面积为 250m^2 的独立式住宅需要评估，经查阅资料得知类似建筑物（没有厨房和空调设备）的重置价格和待估建筑物的规模、形状修正系数，则运用单位成本法对该建筑物的重置价格进行评估的结果见表 4-2。

重置价格估算示例（单位成本法）　　表 4-2

单位重置价格	2000 元/m^2	修正项目	+11000 元
规模、形状修正系数	×0.973	其中：卫生设备	5000 元
修正后的单位重置价格	1946 元/m^2	电气设备	6000 元
基本价格	1946 × 250 = 486500 元	建筑物重置价格	497500 元

这一方法的思路实质上与市场比较法相一致，其结果的准确性依赖于所收集资料的准确性和估价人员对比较建筑物与待估建筑物相似程度的判断与修正程度。与市场比较法一样，运用这一方法需要估价人员具有丰富的建筑学知识和实践经验。

2. 分部分项法

分部分项法是以建筑物的各个独立构件或工程的单位价格或成本为基础来估算建筑物重新购建价格的方法。即先估算各个独立构件或工程的数量，然后乘以相应的单位价格或成本，再相加。

在运用分部分项法估算建筑物的重新购建价格时，应结合各构件或工程的特点使用计量单位，经常使用的计量单位有面积、体积、长度和容量（如千瓦）等，如基础工程的单位通常为体积，装修工程的单位通常为面积。另外，还要注意不要漏项或重复计算，以免造成估算不准。采用分部分项法估算建筑物重新购建价格的一个简单例子见表 4-3。

分部分项法估算建筑物重新购建价格示例　　表 4-3

项　　目	数　　量	单 位 成 本	成本（元）
基础工程	150m^3	200 元/m^3	30000
墙体工程	160m^2	400 元/m^2	64000
楼地面工程	150m^2	200 元/m^2	30000
屋面工程	150m^2	300 元/m^2	45000
给排水工程			25000
供暖工程			15000
电气工程			20000
合计			229000
正常利税、管理费		20%	45800
重置价格			274800

3. 工料测量法

工料测量法是先估算建造建筑物所需的各种材料（钢材、木材、水泥等）、设备的数量和标准人工数，然后逐一乘以估价时点相应的单价和人工费标准，再累加求和得到建筑物重置价格的方法，这一方法与建筑工程概预算的方法相类似。显然，采用这一方法需要估价人员掌握丰富的概预算知识，如果对建筑概预算不甚了解，各项费用累加后的误差将会很大，因此，这一方法在估价实务中应用较少。

4. 指数调整法

指数调整法是根据建筑成本指数或变动率，将建筑成本修正到估价时点，以求取建筑物重置价格的方法，这一方法以建筑物的历史成本为依据，估算精度较低，通常作为一种辅助性方法，其结果仅做参考。建筑物重置价格是房地产估价方法中较重要的一个参数，各地方政府一般根据当地当时的实际情况，定期或不定期公布各类建筑物的重置价格，为建筑物估价做参考。因此，在确定建筑物重置价格的过程中，应查阅政府有关部门最新公布的各类建筑物重置价格，并根据公布的时间与估价时点间的时间差异，进行适当的修正，以求得待估建筑物在估价时点的重置价格。

4.5 建筑物的折旧

4.5.1 建筑物折旧的概念和实质

折旧一词来源于会计学，是指固定资产在产品成本中的逐年分摊。建筑物折旧是指建筑物从建造完成以后，随着时间的推移而发生价值减损的现象，建筑物在使用年限内减少的建筑物价值的货币表现称折旧额，房地产估价中折旧是指在估价时点待估建筑物相对于全新建筑物的价格差异，是对建筑物的一种减价修正。因此，建筑物的折旧与会计上的折旧是有区别的。为了便于概念上的理解和应用上的方便，一般仍用折旧一词。

1. 物质折旧

物质折旧是由物理因素引起的折旧，又称物质磨损、有形损耗，是建筑物在实体方面的损耗所造成的价值损失。进一步可以归纳为四个方面：（1）自然老朽；（2）正常使用中的磨损；（3）意外的破坏损毁；（4）延迟维修的损坏残存。

自然老朽主要是由自然力的作用引起的，如风吹、日晒、雨淋等引起的建筑物腐朽、生锈、老化、风化、基础沉降等，与建筑物的实际经过年数（指建筑物从建成之日到估价时点的日历年数）正相关，同时要看建筑物所在地区的气候和环境条件，如酸雨多的地区，建筑物的损耗就大。

正常使用中的磨损主要是由于人工使用引起的，与建筑物的使用性质、使用强度和使用年数正相关，如居住用途的建筑物的磨损要低于工业用途的建筑物的磨损。工业用途建筑物的磨损又可分为有腐蚀性的和无腐蚀性的，有腐蚀性的磨损是指在使用过程中产生的对建筑物有腐蚀作用的废气、废液等对建筑物的磨损，显然，有腐蚀性的建筑物的磨损要严重于无腐蚀性的建筑物的磨损。

意外的破坏损毁主要是因突发性的天灾人祸引起的，包括自然方面的，如地震、水灾、风灾；也包括人为方面的，如失火、碰撞等意外的破坏损毁。

延迟维修的损坏残存主要是由于没有适时地采取预防、保养措施或修理不够及时，造成不应有的损坏或提前损坏，或已有的损坏仍然存在，如门窗有破损，墙或地面有裂缝或洞等。

2. 功能折旧

功能折旧又称无形损耗、精神磨损，是指由于消费观念变更、设计更新、技术进步等原因导致建筑物在功能方面的相对残缺、落后或不适用所造成的价值损失。如建筑式样过时，内部布局过时，设备陈旧落后，缺乏现在人们认为的必要设施、设备等。拿住宅来说，现在时兴“三大三明”式住宅，即客厅、厨房和卫生间大，明厅、明厨和明卫，过去建造的卧室大、客厅小、厨房小、卫生间小的住宅，相对而言就过时了。

3. 经济折旧

经济折旧又称外部性折旧，是指建筑物本身以外的各种不利因素所造成的价值损失，包括供给过量、需求不足、自然环境恶化、噪声污染、空气污染、交通拥挤、城市规划改变和政府政策变化等。例如，在一个高级住宅区附近建设一座工厂，使该住宅区的价值下降，这就是一种经济折旧。在经济不景气时期，以及高税率、高失业率等的情况下，房地产的价值降低，这也是一种经济折旧。但这种现象不会永久持续下去，当经济复苏后，这方面的折旧也就消失了。

［例 4-2］ 某旧住宅，估计其重置价格为 40 万元，破旧地面、门窗等引起的物质折旧为 3 万元，户型不好、没有独用厕所和共用电视天线等导致的功能折旧为 8 万元，位于城市衰落地区引起的经济折旧为 7 万元。试求该旧住宅的折旧总额和现值。

［解］ 由题意：

$$该旧住宅的折旧总额=3+8+7=18\ 万元$$

$$该旧住宅的现值=重置价格-折旧=40-18=22\ 万元$$

功能折旧和经济折旧属于无形折旧，是一种无形损耗。

4.5.2 房屋折旧和完损等级评定的有关规定

(1) 建设部、财政部制定的《房地产单位会计制度——会计科目和会计报表》对经租房产折旧作了有关规定，这些规定虽然是针对会计上的折旧和"经租房产"的，但一些参数，如房屋的耐用年限（寿命）、残值率等，对于估价上求取建筑物的折旧也有重要参考价值。经租房产折旧的有关规定如下。

①经租房产根据房屋结构分为四类七等，详见表4-4。

房屋结构分类 表4-4

序号	结构类型	定义
1	钢筋混凝土结构	全部或承重部分为钢筋混凝土结构，包括框架大板与框架轻板等结构的房屋。这类房屋一般内外装修良好，设备比较齐全
2	砖混结构一等	部分钢筋混凝土，主要是砖墙承重的结构。外墙部分砌砖、水刷石、水泥抹面或涂料粉刷，并设有阳台，内外设备齐全的单元式住宅或非住宅房屋
3	砖混结构二等	部分钢筋混凝土，主要是砖墙承重的结构。外墙是清水墙，没有阳台，内部设备不全的非单元式住宅或其他房屋
4	砖木结构一等	材料上等、标准较高的砖木（石料）结构。这类房屋一般是外部有装修处理、内部设备完善的庭院式或花园洋房等高级房屋
5	砖木结构二等	结构正规，材料较好，一般外部没有装修处理，室内有专用上、下水等设备的普通砖木结构房屋
6	砖木结构三等	结构简单，材料较差，室内没有专用上、下水等设备，较低级的砖木结构房屋
7	简易结构	如简易楼、平房、木板房、砖坯房、土草房、竹木捆绑房等

②计算折旧必须确定房产的价值、使用年限、残值和清理费用，计算公式为

$$年折旧额 = 原价 \times (1-残值率) \div 耐用年限 \tag{4-9}$$

各种结构房屋的耐用年限详见表4-5。

各种结构房屋的耐用年限（年） 表4-5

用途＼结构	钢筋混凝土结构	砖混结构一等	砖混结构二等	砖木结构一等	砖木结构二等	砖木结构三等
生产用房	50	40	40	30	30	30
受腐蚀的生产用房	35	30	30	20	20	20
非生产用房	60	50	50	40	40	40
简易结构	10					

房屋残值是指房屋达到使用年限而不能继续使用，经拆除后的旧料价值；清理费用是指由拆除房屋和搬运废弃物所发生的费用；残值减去清理费用，即为残余价值，其与房屋造价的比例为残值率。各种结构房屋的残值率一般为：钢筋混凝土结构和简易结构为0、砖混结构为2%、砖木结构一等为6%、砖木结构二等为4%、砖木结构三等为3%。

（2）现行房屋完损等级评定标准如下：

房屋完损等级，是用来检查房屋维修保养情况的一个标准，是确定房屋实际新旧程度和估算折旧的重要依据，房屋的完好程度越高，其现值就越接近于重新购建价格。房屋完损等级是根据房屋的结构、装修、设备三个组成部分的各个项目完好、损坏程度来划分的，分为完好房、基本完好房、一般损坏房、严重损坏房和危险房等五类。房屋结构的组成分为地基基础、承重构件、非承重墙、屋面和楼地面；房屋装修组成分为门窗、外抹灰、内抹灰、顶棚和细木装修；房屋设备组成分为水卫、电照、暖气及特种设备（如消防栓、避雷装置等）。房屋完损等级的判定依据和成新度见表4-6。

房屋完损等级的判定依据和成新度 表4-6

房屋完损等级	判断依据	新旧程度
完好房	结构构件完好，装修和设备完好、齐全、完整，管道畅通，现状良好，使用正常。或虽然个别分项有轻微损坏，但一般经过小修就能修复的	十、九、八成
基本完好房	结构基本完好，少量构部件有轻微损坏，装修基本完好，油漆缺乏保养，设备、管道现状基本良好，能正常使用，经过一般性的维修能恢复的	七、六成
一般损坏房	结构一般性损坏，部分构部件有损坏或变形，屋面局部漏雨，装修局部有破损，油漆老化，设备、管道不够畅通．水卫、电照管线、器具和零件有部分老化、损坏或残缺，需要进行中修或局部大修更换部件的	五、四成
严重损坏房	房屋年久失修，结构有明显变形或损坏，屋面严重漏雨，装修严重变形、破损，油漆老化见底，设备陈旧不齐全，管道严重堵塞，水卫、电照管线、器具和零部件残缺及严重损坏，需进行大修或翻修、改建的	三成以下
危险房	承重构件已属危险构件，结构丧失稳定及承载能力．随时有倒塌可能，不能确保住用安全的	

4.5.3 建筑物折旧的计算方法

求取建筑物折旧的方法很多，可归纳为年限法、实际观察法和综合法。

1. 年限法

年限法是把建筑物的折旧建立在建筑物的寿命、经过年数或剩余寿命之间关系的基础上，有平均年限法、双倍余额递减法和年数总和法，在估价中应用最多的是平均年限法。

（1）平均年限法（也称直线折旧法）

$$\text{年折旧率} = (1 - \text{预计净残值率}) / \text{折旧年限} \tag{4-10}$$

$$\text{年折旧额} = \text{固定资产原值} \times \text{年折旧率} \tag{4-11}$$

［例 4-3］ 某建筑设备的资产原值为 2500 万元，折旧年限为 10 年，预计净残值率为 5%，按平均年限法计算折旧额。

［解］ 由题意：平均年限法折旧，10 年中每年折旧额相同。

$$\text{年折旧率} = (1 - 5\%) / 10 = 9.5\%$$

$$\text{年折旧额} = 2500 \times 9.5\% = 237.5 \text{ 万元}$$

（2）双倍余额递减法

$$\text{年折旧率} = 2 / \text{折旧年限} \tag{4-12}$$

$$\text{年折旧额} = \text{固定资产净值} \times \text{年折旧率} \tag{4-13}$$

实行双倍余额递减法的固定资产，应当在其固定资产折旧年限到期前两年内，将固定资产净值扣除预计净残值后的净额平均摊销。

［例 4-4］ 同例 3，按双倍余额递减法计算折旧。

［解］ 由题意：

$$\text{年折旧率} = 2/10 \times 100\% = 20\%$$

因每年折旧额不同，计算见表 4-7。

双倍余额递减法计算折旧（万元） 表 4-7

年限	1	2	3	4	5	6	7	8	9	10	残值
资产净值	2500	2000	1600	1280	1024	819	655	524	419	272	125
年折旧额	500	400	320	256	205	164	131	105	147	147	

$$\text{最后两年的折旧额} = (419 - 2500 \times 5\%) / 2 = 147 \text{ 万元}$$

$$\text{总折旧额} = 2500 - 125 = 2375 \text{ 万元}$$

（3）年数总和法

$$\text{年折旧率} = (\text{折旧年限} - \text{已使用年限}) / \text{折旧年限} \times (1 + \text{折旧年限}) / 2 \tag{4-14}$$

$$\text{年折旧额} = (\text{固定资产原值} - \text{预计净残值}) \times \text{年折旧率} \tag{4-15}$$

[**例 4-5**] 同例 3，按年数总和法计算折旧。

[**解**] 由题意：

固定资产原值－预计净残值＝2500×（1 － 5%）＝2375 万元

计算结果见表 4-8。

年数总和法计算折旧 表 4-8

年限	1	2	3	4	5	6	7	8	9	10	合计
年折旧率（%）	18.18	16.36	14.54	12.73	10.91	9.09	7.27	5.45	3.64	1.82	
年折旧额（万元）	432	389	345	302	259	216	173	129	86	43	2374

比如：第一年的折旧率＝（10－0）/10×（1＋10）/2×100/100＝18.18%

第二年的折旧率＝（10－1）/10×（1＋10）/2×100/100＝16.36%

第一年的折旧额＝2500×（1－5%）×18. 18%＝432 万元

第二年的折旧额＝2500×（1－5%）×16. 36%＝389 万元

但是，直线折旧法是最简单的和迄今应用得最普遍的一种折旧方法，它在建筑物的经济寿命期间每年的折旧额相等。其年折旧额的计算公式为

$$D_i = D = (C - S)/N = C(1 - R)/N \tag{4-16}$$

采用直线法折旧的建筑物现值的计算公式为

$$V = C - D \times t = C - (C - S)(t/N) = C[1 - (1 - R)(t/N)] \tag{4-17}$$

式中：V——建筑物的现值；

D_i——第 i 年的折旧额，在直线法的情况下，每年的折旧额 D_i 是一个常数 D；

C——建筑物的重新购建价格；

S——预计的建筑物净残值，简称残值；

N——建筑物的折旧年限（按经济寿命折旧）；

t——建筑物的经过年数；

R——预计净残值率，是预计的建筑物净残值与重新购建价格的比率。

[**例 4-6**] 某建筑物的建筑面积 100 m^2，经过年数 10 年，单位建筑面积的重置价格 500 元/m^2，经济寿命 30 年，预计净残值率 5%，试用直线法计算该建筑物的年折旧额、折旧总额，并估计其现值。

[**解**] 由题意：

C＝500×100 ＝ 50000 元

R＝5%；N＝30 年；t＝10 年

年折旧额 D_i＝C（1－R）/N＝［50000×（1－5%）］/30＝1583 元

折旧总额＝1583×10＝15830 元

建筑物现值 V＝50000－15830＝34170 元

为了便于理解，把有关概念解释如下。

耐用年限指建筑物在受自然或人为作用而发生有形或无形损耗的情况下，所能维持正常使用的时间（年），根据折旧成因的不同，建筑物耐用年限分自然耐用年限和经济耐用年限。自然耐用年限，或称物理耐用年限、物理寿命，是指建筑物自建成到自然损坏而不堪使用的年数，与建筑结构、所用材料、施工质量、自然环境、维修保养等密切相关；经济耐用年限，或称经济寿命，是指建筑物自建成起预期产生的收益大于其运营费用的持续期。在房地产估价中，应采用建筑物的经济耐用年限。

建筑物的寿命分为自然寿命和经济寿命。建筑物的自然寿命是指建筑物从竣工验收合格之日起到不堪使用时所经历的年数。建筑物的经济寿命是指建筑物从竣工验收合格之日起预期产生的收入大于运营费用的持续年数。建筑物的经济寿命短于其自然寿命，可根据建筑物的结构、用途和维修养护情况，结合市场状况、周围环境、经营收益状况等进行综合判断。建筑物在其寿命期间如果经过了翻修、改造等，自然寿命和经济寿命都有可能得到延长。

建筑物的经过年数分为实际经过年数和有效经过年数。实际经过年数是建筑物从竣工验收合格之日起到估价时点时的日历年数。有效经过年数是建筑物在估价时点由其状况与效用所显示出的年数。有效经过年数可能短于也可能长于实际经过年数。在用成本法求取折旧的过程中，建筑物的寿命应为经济寿命，经过年数应为有效经过年数，剩余寿命应为剩余经济寿命。

在估价上一般不采用实际经过年数而采用有效经过年数或预计的剩余经济寿命，是因为采用有效经过年数或剩余经济寿命求出的折旧更符合实际情况。例如，有两座实际经过年数相同的同类建筑物，如果维修养护不同，其市场价值也会不同，但如果采用实际经过年数计算折旧，则它们的价值会相同。实际经过年数的作用是可以作为求取有效经过年数的参考，即有效经过年数可以在实际经过年数的基础上做适当的调整而得到。

2. 实际观察法

实际观察法是通过估价人员对待估建筑物结构、装修、设备等的完好情况进行实地观察，并对由物理、功能和经济因素等引起的各类价值的减损情况予以统计，判断建筑物总的折旧程度或成新度的方法。显然，前面提到的年限法过分依赖于建筑物的耐用年限、已使用年限，而实际观察法则可根据建筑物的实际维修保养情况对其折旧程度予以合理判断。实际观察法需要估价人员具有扎实的建筑物鉴定技术和丰富的估价实务经验。

我国原城乡建设环境保护部发布的《经租房屋清产估价原则》规定，根据建筑物的结构、装修、设备三个组成部分的各个项目的完好、损坏程度，可将建筑物划分为完好房、基本完好房、一般损坏房、严重损坏房和危险房五类，它们的成新度标准见表 4-6。

3. 综合法

年限法和实际观察法均有其各自的优缺点，年限法比较客观，但较机械，而实际观察法存在较大的主观性，需要估价人员具有丰富的建筑知识和经验。因此，在估价实务中，通常将年限法与实际观察法结合起来，综合测算建筑物的折旧情况和程度。

估价人员有时可以同时采用上述几种折旧方法求取建筑物的折旧，但不同的折旧方法求得的结果不尽相同，为此，可以采用简单算术平均或加权算术平均等方法将求得的结果综合成一个统筹兼顾的结果，这是一种综合运用。在估价实务上，通常先以年限法为基础计算折旧，然后根据实际观察法进行修正，这也是一种综合运用。

求取建筑物折旧的方法，还可以分为综合折旧法、分类折旧加总法和个别折旧加总法，这三种方法的估算程度是逐渐细致的。在估价实务上，宜先将建筑物区分为可修复项目和不可修复项目，对于可修复项目，估计其修复费用作为折旧额；对于不可修复项目，再将其分为短寿命项目和长寿命项目，如建筑物可分为结构、设备和装修，其寿命是不同的，即基础、屋顶、地板、空调和电梯之间寿命不同，然后采用年限法或成新折扣法分别计算其折旧额，最后将修复费用、短寿命项目的折旧额、长寿命项目的折旧额相加，便得到建筑物的折旧总额。

[例 4-7] 某建筑物的重置价格为 180 万元，经济寿命为 50 年，有效经过年数为 10 年。其中，门窗等损坏的修复费用为 2 万元；装修的重置价格为 30 万元，平均寿命为 5 年，已使用 3 年；设备的重置价格为 60 万元，平均寿命为 15 年，已使用 10 年。残值率假设均为零，试计算其折旧总额。

[解] 由题意，折旧总额的计算分为以下几个部分：

（1）可修复部分的折旧额：

$$门窗等损坏的折旧额 = 2 万元$$

（2）短寿命项目的折旧额：

$$装修的折旧额=30\times（1/5）\times3 = 18 万元$$

$$设备的折旧率=60\times（1/15）\times10=40 万元$$

（3）长寿命项目的折旧额：

$$长寿命项目的折旧额=（180-2-30-60）\times1/50\times10 = 17.6 万元$$

(4) 折旧总额:

$$该建筑物的折旧总额 = 2 + 18 + 40 + 17.6 = 77.6 万元$$

需要说明的是，无论采用上述哪种折旧方法求取建筑物的折旧或现值，估价人员都应亲临估价对象现场，观察、鉴定建筑物的实际新旧程度，根据建筑物的建成时间、维修保养和使用情况，以及地基的稳定性等，最后确定应扣除的折旧额或成新率。估价上的折旧实质上是一种经济角度的价值损失，其价值损失速率与土地使用权年限密切相关，因此，当土地使用权的总年限较短时，实际观察法可能失效。前面介绍的求取折旧的方法主要是针对物质折旧的，对于功能折旧和经济折旧需要采用其他方法求取。各种类型的折旧都体现在“价值损失”上，因此实际估价中，对租赁房地产可用租金损失资本化法求取估价对象的综合折旧额。

4.5.4 求取建筑物折旧应注意的问题

1. 房地产估价上的折旧与会计成本上的折旧的问题

房地产估价上的折旧与会计成本上的折旧是不同的，主要表现为：估价上的折旧注重的是市场价值的真实减损，科学地说不是“折旧”，而是“减价修正”；会计上的折旧注重的是原始价值的摊销或回收。在会计上，C为资产原值，不随时间的变化而变化，资产原值与累计折旧额的差被称作资产的账面价值，它无需与市场价值相一致。在估价上，C为估价时点时的重新购建价格，估价时点不同，C的值可能不同，重新购建价格与折旧总额的差被视为资产的实际价值，它必须与市场价值相一致。在估价上，常常出现这种情况：有些房地产，尽管在会计账目上折旧早已提足或快要提足，但估价结果却显示其仍有较大的现时价值；而有些房地产，尽管在会计账目上折旧尚未提足或远未提足，但估价结果却显示其现时价值已所剩无几。

2. 土地使用年限与建筑物耐用年限的问题

我国纳入市场的城市土地所属的是一定使用年限的使用权，而不是所有权，这一年限限制可能与建筑物的耐用年限相冲突。在耐用年限与实际年限相冲突时，应以时间较短者为建筑物的耐用年限。

总的来说，应注意土地使用年限对建筑物经济寿命的影响，在实际估价中，建筑物的经济寿命应从建筑物竣工验收合格之日起计，建造期不应计入。另外，由于土地所属的是有期限的使用权，建筑物的经济寿命与土地使用年限可能不一致，所以，计算建筑物折旧所采用的经济寿命有以下几种情况。

(1) 建筑物的经济寿命早于土地使用年限

建筑物的经济寿命早于土地使用年限而结束的，应按建筑物的经济寿命计算折旧。

如图 4-1 所示，某幢普通商品住宅是在出让土地使用权的土地上建造的，土地使用权出让年限为 70 年，建设期为 3 年，建筑物的经济寿命为 60 年，在计算建筑物的折旧时，其经济寿命为 60 年。

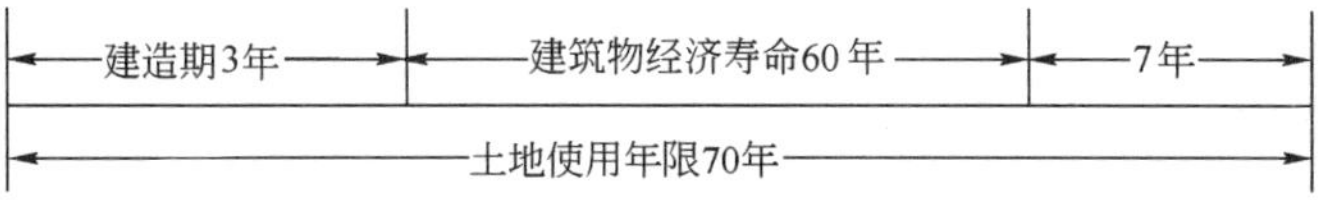

图 4-1

如图 4-2 所示，一座旧写字楼，建成以后 8 年补办了土地使用权出让手续，出让年限为 50 年，建筑物经济寿命为 45 年，计算建筑物折旧的经济寿命为 45 年。

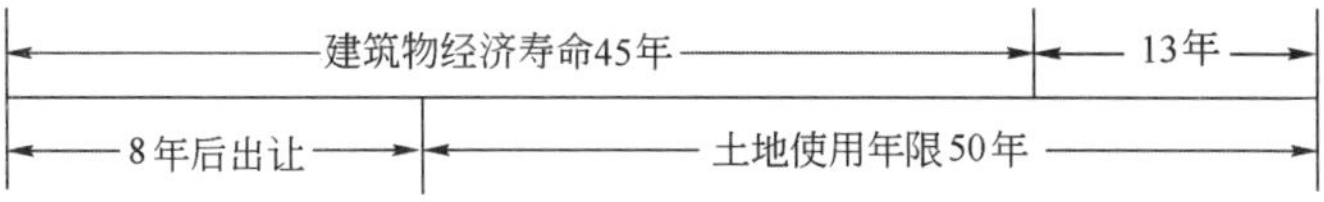

图 4-2

(2) 建筑物的经济寿命晚于土地使用年限

建筑物的经济寿命晚于土地使用年限而结束的，应按建筑物的实际经过年数加上土地使用权的剩余年限计算折旧。《中华人民共和国城市房地产管理法》规定，土地使用权出让合同约定的使用年限届满，土地使用者未申请续期或者虽申请续期但依照前款规定未获批准的，土地使用权由国家无偿收回。《中华人民共和国城镇国有土地使用权出让和转让暂行条例》也规定，土地使用权期满，土地使用权及地上建筑物、其他附着物所有权由国家无偿取得，而未考虑未来土地使用权期满后是否可以续期，可以续期的土地使用权人是否去办理续期，以及目前对地上建筑物、其他附着物由国家无偿取得存在不同意见等复杂情况。

如图 4-3 所示，某一商场是在出让土地使用权的土地上建造的，土地使用权出让年限为 40 年，建设期为 2 年，建筑物经济寿命为 60 年，其经济寿命为 40－2＝38 年。

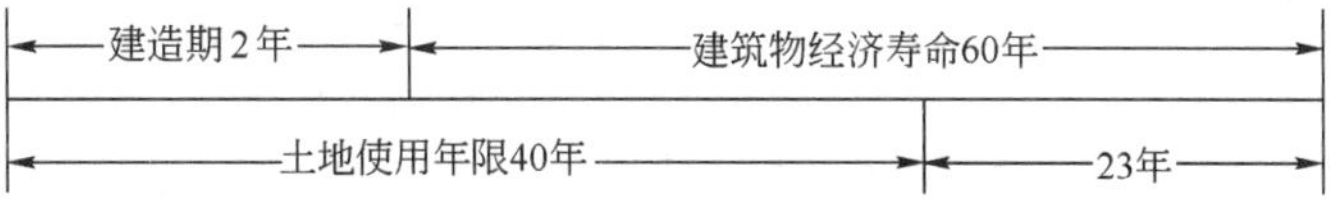

图 4-3

如图 4-4 所示，有一宗估价对象房地产是一座由旧厂房改成的超市，在该厂房建成 5 年以后补办了土地使用权出让的手续，土地使用权出让年限为 40 年，建筑物的经济寿命为 50 年，则建筑物折旧的经济寿命为 50－5＝45 年。

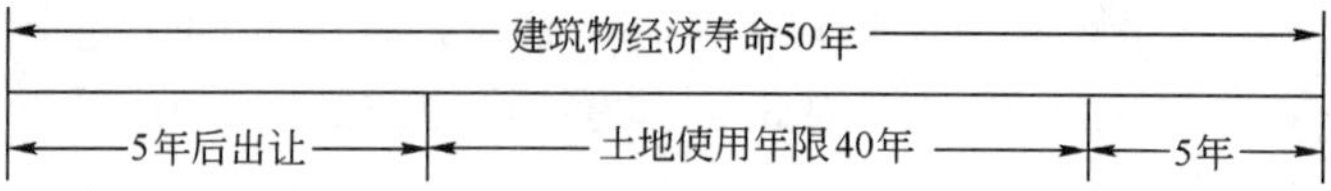

图 4-4

(3) 连体建筑物的使用年限

在估价实务中建筑物有主体、裙楼之分，有主体与附属设备之别，因此，在计算时，应分别计算。

最后，在计算折旧时，要区分经济寿命、有效经过年数、实际经过年数、剩余经济寿命的具体含义。

4.6 成本法运用举例

1. 待估房地产概况

待估对象为政府机关办公楼，坐落在某城市建成区内，交通比较方便，土地平整，土地总面积为 3000m^2，建筑总面积为 9000m^2，建筑物建成于 1981 年 7 月，建筑结构为钢筋混凝土结构。

2. 估价要求

要求评估该政府办公楼在 2001 年 7 月的市场价格。

3. 估价方法

该房地产为政府办公楼，既无经济收益，也少有交易情况，故采用成本法进行估价。

4. 估价过程

(1) 选择计算公式

该房地产估价属于成本法中旧房地产估价，需要评估的价值包括土地和建筑物的价值，故选择的计算公式为：

房地产价格＝土地的重新取得价格＋建筑物的重新购建价格－建筑物的折旧

(2) 求取土地的重新取得价格或重新开发成本

由于该土地坐落于城市建成区内，直接求取该土地的价格较困难，根据资料收集情况，采用比较法和成本法求取该土地的价格。

①采用比较法求取土地价格

首先调查收集了多宗与待估对象相类似的土地，并从中选择了 A、B、C 三宗可比实例（具体见表 4-9）；其次进行项目修正，根据收集的资料，对各比较案例修正如表 4-10；最后，根据修正结果采用算术平均法计算地价。

比较案例基本情况表　　表 4-9

项　目	待估对象	可比实例 A	可比实例 B	可比实例 C
土地面积（m^2）	3000	2800	3000	2500
交易日期		2000.05	2000.12	2001.05
交易价格（元/m^2）		610	705	600

比较案例修正情况表　　表 4-10

项　目	案　例　A	案　例　B	案　例　C
交易价格（元/m^2）	610	705	600
交易情况修正	100/100	100/100	100/95
时间差异修正	107.23/100	103.55/100	101/100
区域因素修正	100/95	100/98	100/102
个别因素修正	100/100	100/108	100/97
修正价格（元/m^2）	688.53	689.75	644.73

注：自 1999 年 5 月以来，该类土地的地价指数平均每月上涨 0.5%。

土地单价＝（688.53＋689.75＋644.73）/3＝674.34 元/m^2

②采用成本法求取土地价格

利用征用农地的费用加土地开发费和土地使用权出让金等，再加上地段差价调节的方法来求取土地价格。

在估价时点征用郊区农地平均每亩需要支付 10 万元的征地补偿、安置等费用，约合 150 元/m^2；向政府交付土地使用权出让金等 30 元/m^2；将土地开发成可直接供建筑使用的熟地需要五通一平，为此，还需投资（含开发土地的费用、税金、利润）110 元/m^2。以上合计 290 元/m^2，可以视为城市边缘熟地的价格。该城市土地分为十个级别，城市边缘视为最差级，即为第十级土地，而估价对象为第七级土地，因此，还需要进行土地级别修正。各级土地之间的价格差异如表 4-11 所示。

某城市各级土地之间的价格差异表　　表 4-11

土地级别	1	2	3	4	5	6	7	8	9	10
地价是次级土地的倍数	1.30	1.30	1.30	1.30	1.30	1.30	1.30	1.30	1.30	1
地价是最差级土地的倍数	10.6	8.16	6.27	4.83	3.71	2.86	2.20	1.69	1.30	1

根据表 4-11，估价对象土地的单价=290 × 2.20 = 638 元/m²。

该房地产估价以前者为基础，对于后者也充分考虑，决定土地的单价为 670 元/m²。因此，土地总价为 670×3000=20.10 万元。

(3) 建筑物的重置价格

经调查现在重新建造全新状态该建筑物的建造成本为 800 万元，建设期为 2 年，假定第一年投入建设成本的 60%，第二年投入 40%，均为均匀投入，管理费用为建造成本的 3%，年利息率为 6%，销售税费为 30 万元，开发利润为 91 万元。利用成本法计算建筑物的重置价格。

$$建造成本=800\ 万元$$

$$管理费用=800\times3\%=24\ 万元$$

$$利息=(800+24)\times60\%\times[(1+6\%)^{1.5}-1]+(800+24)\times40\%\times[(1+6\%)^{0.5}-1]$$
$$=54.90\ 万元$$

$$建筑物的重置价格=(800+24+54.9+30+91)\approx1000\ 万元$$

(4) 建筑物折旧

采用直线折旧法，根据有关规定，钢筋混凝土结构的非生产性用房的耐用年限为 60 年，残值率为 0，由于该房地产为政府办公楼，土地为行政划拨，无使用年限的限制，故耐用年限不受土地使用年限的限制，为 60 年。

$$待估对象建筑物的折旧总额=10\,000\,000\times20/60=333.3\ 万元$$

估价人员现场观察认为，待估对象建筑物的折旧程度约为三成，即约七成新，与上述计算结果基本吻合，故确定该建筑物的折旧总额为 330 万。

(5) 房地产价格

待估房地产价格=土地的重新取得价格+建筑物的重新购建价格-建筑物的折旧

$$待估房地产价格=20.10+1000-330=690.10\ 万元$$

取整为 690 万元，故待估房地产在 2001 年 7 月的价格为 690 万元，约766.7 元/m²。

小　　结

成本法的典型估价对象是现存土地与建筑物为合成体的房地产（即现房），其价值为土地价值加上建筑物的重新购建价格减去建筑物的折旧。其中，土地价值可采用市场法求取，也可采用成本法、基准地价修正法求取；建筑物的重新购建价格分为重置价格和重建价格，它们视建筑物的重要性而选定，求取方法有单位比较法、分部分项法、工料测量法和指数调整法等；建筑物的折旧包括物质折旧、功能折旧和经济折旧，求取方法有年限法、实际观察法和成新折扣法等。

相对于求取重置价格或重建价格而言，折旧的求取要难一些，这也是成本法的难点所在。折旧包括物质上的、功能上的和经济上的折旧，严格地说，这不是仅靠计算就可以确定的，而要靠市场来确定。市场认可的某类旧房的交易价格为同类新房价格的80%，则该旧房相对于新房的折旧率就是20%。由于折旧求取比较困难，相对于全新房地产的估价而言，采用成本法对旧房进行估价要更难一些。

复习思考题

一、名词解释

成本法　重新购建价格　重置价格　重建价格　物质折旧　功能折旧　经济折旧　直线折旧法　实际观察法

二、思考题

1. 成本法适用的对象是什么？
2. 客观成本与实际成本的含义及区别是什么？
3. 成本法估价的操作步骤是什么？
4. 房地产价格是如何构成的，各构成项目如何估算？
5. 新开发土地有哪几种情况？
6. 新开发土地估价的成本法基本公式是什么？
7. 新建房地产估价的成本法基本公式是什么？
8. 旧房地产估价的成本法基本公式是什么？
9. 求取土地的重新取得价格或重新开发成本的思路是什么？
10. 求取建筑物重新购建价格的思路是什么？
11. 重置价格与重建价格的关系如何？
12. 估价上的折旧包括哪三个方面？
13. 求取建筑物折旧的方法有哪几种？
14. 建筑物的自然寿命与经济寿命的含义是什么？
15. 建筑物的残值及残值率的含义是什么？其与建筑结构有何关系？
16. 直线法计算折旧的公式为什么？
17. 估价上的折旧与会计上的折旧有何异同？
18. 某旧建筑物现在的价值是否可能大于它原来在新的时候的价值？如果可能，出现这种情况的主要原因是什么？

19. 土地使用权年限与建筑物经济寿命之间的关系应如何处理?

20. 中国现行商品房价格的构成主要包括哪些项目?

21. 中国现行房屋折旧制度的主要内容是什么?

22. 中国现行房屋完损等级是如何划分的?不同的完损等级对应的新旧程度是什么?

三、计算题

1. 有一建筑物，建筑总面积100m^2，已使用10年，单位建筑面积的重置价格为500元/m^2，耐用年限为30年，残值率为5%。用直线折旧法计算该建筑物的年折旧额、折旧总额，并估计其现值。

2. 今有一建筑物，其建筑总面积为1200m^2，耐用年限为40年，在估价时点时，已使用12年。已知该类建筑物的重置价格为600元/m^2。经估价师现场勘察认为该建筑物剩余使用年限为30年，残值率为5%。请用直线折旧法计算其折旧额、折旧总额，并估计其现值。

第5章 收益法

本章概要

收益法是房地产评估的基础方法，实践中常应用于具有潜在或现实收益的房地产估价，收益法是从房地产的经济效用出发来评估房地产价格的方法，本章介绍收益法的基本原理和运用要点。通过本章的学习，应了解收益法的理论依据和适用范围，房地产纯收益、资本化率等概念的含义，熟悉求取不同类型房地产净收益的方法，掌握资本化率的求取方法，重点掌握收益法的计算公式及应用。

5.1 收益法的基本原理

收益法，又称收益还原法、收益资本化法、投资法或收益现值法，在土地经济理论和土地估价中又称为地租资本化法。收益法是预测估价对象未来的正常净收益，然后选用适当的资本化率或报酬率、收益乘数将其转换为价值来求取估价对象价值的方法。采用收益法估价求得的价格称为收益价格。

收益法的本质是以房地产预期净收益为导向求取估价对象的价值。

5.1.1 收益法的理论依据

收益法的理论依据是经济学中的预期原理，预期原理说明，决定房地产价值的，是房地产未来所能获得的收益，而不是过去已获得的收益。具体地说，房地产的价格基于市场参与者对其未来所能获取收益或效用的预期。由于房地产效用的长久性，在房地产耐用年限内，将会持续地给权利人带来经济收益。因而，房地产的价格可由房地产未来各期能给权利人带来的纯经济收益的现值来体现。因而购买收益性房地产可以视为一种投资，投资者购买收益性房地产，实质是以现在的资金去换取期望在未来可以获得的一系列资金。

例如某投资者拥有一宗房地产，每年能产生5万元的纯收益；同时，此投资者拥有100万元的资本金，将其存入银行。假设银行的年利率是5%，则此投资者每年可得 5 万元的资本利息额。那么房地产每年产生的净收益和 100 万元的资本金每年获得的利息是等价的，我们可以认为该房地产与 100 万元的货币等价。用公式表示为

$$\text{某一货币额} \times \text{利率} = \text{利息额（房地产的净收益）} \tag{5-1}$$

那么，这笔资金就是该宗房地产的价格，将上述等式变换一下便得到

$$\text{房地产价格} = \text{房地产的净收益}/\text{利率} \tag{5-2}$$

上述收益法的基本思想，是在假设房地产净收益和资本化率每年均不变，获取收益的年限为无限年，并且获取房地产收益的风险和获取银行利息的风险相当的条件下，求取房地产的收益价格。由于影响房地产净收益的因素很多，因此实际上，净收益往往经常变化，又由于我国的土地出让制度是有偿有限期的出让制度，不同类型房地产的收益年限有不同的期限，而收益折现率采用的资本化率等于银行利率也仅是特例，因而上述基本思想是比较朴实、简明、便于表达的，但并不十分贴切。鉴于此，普遍适用的收益法的基本思想表述如下：

将现在视为估价时点，那么在现在购买有一定收益年限的房地产预示着在其未来的收益年限内可以不断地获取净收益，若现在有一货币额与这未来预期净收益的现值之和等值，则这一货币额就是该房地产的价格。

现代的收益法建立在资金具有时间价值的观念上，资金的时间价值又称货币的时间价值，是指现在的资金比将来同样多的资金具有更高的价值；或者通俗地说，是指现在的钱比将来的钱更值钱。有了资金的时间价值观念以后，收益性房地产的价值就是该房地产未来净收益的现值之和，其高低取决于下列 3 个因素。

(1) 可获净收益的大小：未来净收益越大，房地产的价值就越高，反之就越低。

(2) 可获净收益期限的长短：获得净收益期限越长，房地产的价值就越高，反之就越低。

(3) 获得该净收益的可靠性：获得净收益越可靠，房地产的价值就越高，反之就越低。

5.1.2 收益法适用的对象和条件

收益法适用的对象是具有收益性的房地产。从广义上讲，绝大多数房地产都是可产生收益的，否则就不能存在下去。但房地产所产生的收益分为可以用货币来度量和无法用货币来度量（如住房给所有人带来的安全感、满足感）两类。收益法适用于有收益或有潜在收益，并且收益和风险都能够量化的房地产，如商业、旅馆、餐饮、写字楼、公寓、游乐场、厂房、农地等房地产；而对于收益或潜在收益难以量化的房地产价格的评估则不适用，如政府办公楼、学校、公园、图书馆、博物馆等公用、公益房地产的估价，收益法大多不适用。

收益法评估出的价值，取决于人们对未来的预期，那么错误和非理性的预期就

会得出错误的评估价值。因此，收益法适用的条件是房地产未来的收益和风险都能较准确地量化。对未来的预期通常是基于过去的经验和对现实的认识做出的，必须以广泛、深入的市场调研为基础。

另外，收益法还可用来检验市场比较法和成本法评估出来的价值的可靠性。

5.1.3 收益法求取房地产价格的步骤

运用收益法进行估价一般分为下列四个步骤进行。

(1) 搜集并验证与估价对象未来预期收益有关的数据资料。如估价对象及其类似房地产的收入、费用等数据资料。

(2) 预测估价对象的未来收益（如净收益)。其中又可细分为四步：

①估算潜在毛收入。

②估算有效毛收入。

③估算运营费用。

④估算净收益（潜在毛收入、有效毛收入、运营费用、净收益均以年度计)。

(3) 选用适当的报酬率或资本化率、收益乘数。

(4) 选用适宜的收益法计算公式求出收益价格。

5.2 收益法的计算公式

根据收益法的基本原理，在假设净收益和资本化率都已知的条件下，我们来讨论收益法的各种计算公式。有关净收益和资本化率的求取，我们将在以后的学习内容中讨论。

5.2.1 收益法最一般的公式

根据资金的时间价值，我们将收益法的基本原理公式化：

$$V=\frac{A_1}{(1+r_1)}+\frac{A_2}{(1+r_1)(1+r_2)}+\cdots+\frac{A_n}{(1+r_1)(1+r_2)\cdots(1+r_n)}=\sum_{i=1}^{n}\frac{A_i}{\prod_{j=1}^{i}(1+r_j)^i} \tag{5-3}$$

式中：V——房地产在估价时点的收益价格；

A_i——房地产第 i 年净收益；

r_j——房地产的第 j 期资本化率（折现率)；

n——房地产自估价时点起至未来可获收益的年限。

使用现金流量图将公式形象化，如图 5-1 所示。

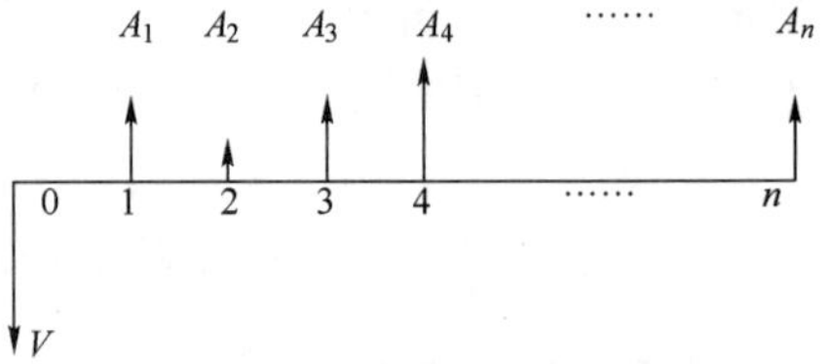

图 5-1　用现金流量图表示的报酬资本化法

因未来各年度的净收益无法准确预测，因此，该公式只有理论上的意义，在现时中难以操作。根据该公式可以推导出不同情况下实际应用的各种公式。

5.2.2　净收益每年不变的公式

净收益及其他因素不变的公式有两种：一是收益期限为无限年期，二是收益期限是有限年期。

1. 无限年期的公式

$$V=\frac{A}{r} \tag{5-4}$$

此公式的假设条件是：①净收益 A 每年不变；②资本化率 r 每年不变且大于零；③收益年限为无限年。

该公式可直接用于估价土地的收益价格，因为土地的收益是无限期的；对于房地合一的房地产，当建筑物提取折旧时，其收益价格也可运用该公式。

[例 5-1] 有一房地产正常情况下的年纯收益为 20 万元，资本化率为 10%，其经济耐用年限可视为无限年，试计算该房地产的收益价格。

[解] 由题意，该宗房地产的收益价格为

$$\begin{aligned}V&=\frac{A}{r}\\&=20/10\%\\&=200\text{ 万元}\end{aligned}$$

2. 有限年期的公式

$$V=\frac{A}{r}\left[1-\frac{1}{(1+r)^{n}}\right] \tag{5-5}$$

此公式的假设条件是：①净收益 A 每年不变；②资本化率 r 每年不变且大于零（当 $r=0$ 时，$V=A\times n$）；③收益年限为有限年 n。

此公式适用于有限期出让大块土地地价的评估；对于单纯的建筑物估价，如果净收益为折旧前的，也可近似采用此公式。

[**例 5-2**] 某房地产是在政府有偿出让的土地上开发建造的，土地出让年限为50年，现已使用了10年；该房地产正常情况下的年净收益为20万元，资本化率为10%，计算该房地产的收益价格。

[**解**] 由题意，该宗房地产的收益价格为：

$$V=\frac{A}{r}\left[1-\frac{1}{(1+r)^{n}}\right]$$

$$=\frac{20}{100\%}\left[1-\frac{1}{(1+10\%)^{50-10}}\right]$$

$$=195.58 \text{ 万元}$$

例5-1与例5-2中年净收益和资本化率都是相同的，但例5-1收益年限为无限年，例5-2收益年限为40年，两宗房地产的价格相差4.4万元。

上述公式除了直接计算房地产收益价格外，还有其他用途，如用于不同年限的价格换算；比较不同年限房地产价格的高低；用于比较法中土地使用权年期修正等等。

5.2.3 净收益在前若干年有变化的公式

净收益在前若干年有变化的公式具体有两种情况：一是收益期限为无限年期，二是收益期限为有限年期。

1. 无限年期的公式

$$V=\sum_{i=1}^{t}\frac{A_i}{(1+r)^{i}}+\frac{A}{r(1+r)^{t}} \tag{5-6}$$

该公式的假设前提是：①净收益在未来前 t 年（含第 t 年）有变化，分别是 A_1，A_2，…，A_t，在 t 年以后无变化，为 A；②资本化率 r 大于零；③收益年限为无限年。

2. 有限年期的公式

$$V=\sum_{i=1}^{t}\frac{A_i}{(1+r)^{i}}+\frac{A}{r}\left[1-\frac{1}{(1+r)^{n-t}}\right]\cdot\frac{1}{(1+r)^{t}} \tag{5-7}$$

式中：t——净收益有变化的年限。

此公式的假设前提是：①净收益在未来前 t 年（含第 t 年）有变化，分别是 A_1，A_2，…，A_t，在 t 年以后无变化，为 A；②资本化率 r 不等于零；③收益年限为有限年 n。

在实际估价中，一般很难准确预测在房地产的整个使用周期内每年的净收益，但可以根据估价对象的经营状况和市场环境，对其在未来3～5年或可以预测的更长时期的净收益作出估计，并且假设从此以后的净收益将不变，然后对这两部分净收益进行折现处理，计算出房地产的价格。

［例 5-3］某宗房地产，预测其未来 5 年的净收益分别为 20 万元、22 万元、25 万元、28 万元和 30 万元，从第 6 年到未来无穷远，每年的净收益将稳定在 35 万元左右，该类房地产的资本化率为 10%。试计算该宗房地产的收益价格。

［解］由题意，该宗房地产的收益价格为

$$V=\sum_{i=1}^{t}\frac{A_i}{(1+r)^i}+\frac{A}{r(1+r)^t}$$

$$=\frac{20}{(1+10\%)}+\frac{22}{(1+10\%)^2}+\frac{25}{(1+10\%)^3}+\frac{28}{(1+10\%)^4}+\frac{30}{(1+10\%)^5}+\frac{35}{10\%(1+10\%)^5}$$

$=310.22$ 万元

［例 5-4］某宗房地产的收益期限为 38 年，预测得到其未来 5 年的净收益分别为 20 万元、22 万元、25 万元、28 万元、30 万元，从第 6 年到未到 38 年每年的净收益将稳定在 35 万元左右，该类房地产的资本化率为 10%。试计算该宗房地产的收益价格。

［解］由题意，该宗房地产的收益价格为

$$V=\sum_{i=1}^{t}\frac{A_i}{(1+r)^i}+\frac{A}{r}\left[1-\frac{1}{(1+r)^{n-t}}\right]\cdot\frac{1}{(1+r)^t}$$

$$=\frac{20}{(1+10\%)}+\frac{22}{(1+10\%)^2}+\frac{25}{(1+10\%)^3}+\frac{28}{(1+10\%)^4}+\frac{30}{(1+10\%)^5}+\frac{35}{10\%(1+10\%)^5}\left[1-\frac{1}{(1+10\%)^{38-5}}\right]$$

$=300.86$ 万元

5.2.4 预知未来若干年后房地产价格的公式

预知房地产未来 t 年的净收益为 A_1，A_2，…，A_t；第 t 年末的价格为 V_t，则其现值的计算公式为

$$V=\sum_{i=1}^{t}\frac{A_i}{(1+r)^i}+\frac{V_t}{(1+r)^t} \tag{5-8}$$

此公式的假设前提是：①已知房地产在未来第 t 年末的价格为 V_t；②房地产在未来前 t 年（含第 t 年）的净收益有变化且已知；③期间收益和期末转售收益具有相同的报酬率 r。

如果 A_i 每年相同均为 A，则公式简化为

$$V=\frac{A}{r}\left[1-\frac{1}{(1+r)^t}\right]+\frac{V_t}{(1+r)^t} \tag{5-9}$$

实际估价中，常常对于待估房地产目前的价格难以知道，但根据城市规划的发展前景，或由于社会经济地理位置的改变，能够比较容易的预测待估房地产在未来某一时期的房地产价格水平，此时适宜采用该公式，特别是某地区在若干年后，将会出现可以预见的较大改观的情况下。

［例 5-5］ 某市郊有一宗房地产，年出租净收益为 100 万元，预计未来 3 年内仍然维持在该水平，但规划 3 年后该处开发为新的市中心，预测到时将其转卖的售价会高达 1500 万元，销售税费为售价的 6%。如果投资者要求该类投资的收益率为 10%，则求该宗房地产目前的价值。

［解］ 由题意，该宗房地产的收益价格为

$$V=\frac{A}{r}\left[1-\frac{1}{(1+r)^t}\right]+\frac{V_t}{(1+r)^t}$$

$$=\frac{100}{10\%}\left[1-\frac{1}{(1+10\%)^3}\right]+\frac{1500(1-6\%)}{(1+10\%)^3}$$

$$=1308.04 \text{ 万元}$$

5.2.5 净收益按照一定数额递增（递减）的公式

1. 净收益按等差级数递增的公式

具体有两种情况：一是收益期限为无限年期，二是收益期限为有限年期。

（1）无限年期的公式

$$V=\frac{A}{r}+\frac{b}{r^2} \tag{5-10}$$

式中：b——净收益逐年递增的数额，如净收益第一年为 A，则第二年为 $A+b$，第三年为 $A+2b$，第 n 年为 $A+(n-1)b$。

此公式的假设前提是：①净收益按等差级数递增；②资本化率 r 大于零；③收益年限为无限年。

［例 5-6］ 某宗房地产预计未来第一年的净收益为 20 万元，此后每年的净收益会在上一年的基础上增加 2 万元，收益年限可视为无限年，该类房地产的资本化率为 8%。试求该宗房地产的收益价格。

［解］ 由题意，该宗房地产的收益价格为

$$V=\frac{A}{r}+\frac{b}{r^2}$$

$$=\frac{20}{8\%}+\frac{2}{8\%^2}$$

$$=562.5 \text{ 万元}$$

(2) 有限年期的公式

$$V=\left(\frac{A}{r}+\frac{b}{r^2}\right)\left[1-\frac{1}{(1+r)^n}\right]-\frac{b}{r}\times\frac{n}{(1+r)^n} \tag{5-11}$$

此公式的假设前提是：①净收益按等差级数递增；②资本化率 r 不等于零；③收益年限 n 为有限年限。

[例 5-7] 某宗房地产预计未来第一年的净收益为 20 万元，此后每年的净收益会在上一年的基础上增加 2 万元，收益年限为 30 年，该类房地产的资本化率为 8%。试求该宗房地产的收益价格。

[解] 由题意，该宗房地产的收益价格为

$$\begin{aligned}V&=\left(\frac{A}{r}+\frac{b}{r^2}\right)\left[1-\frac{1}{(1+r)^n}\right]-\frac{b}{r}\times\frac{n}{(1+r)^n}\\&=\left(\frac{20}{8\%}+\frac{2}{8\%^2}\right)\left[1-\frac{1}{(1+8\%)^{30}}\right]-\frac{2}{8\%}\times\frac{30}{(1+8\%)^{30}}\\&=432.07\text{ 万元}\end{aligned}$$

2. 净收益按等差级数递减的公式

净收益按等差级数递减的公式只有收益年限为有限年期一种。公式为

$$V=\left(\frac{A}{r}-\frac{b}{r^2}\right)\left[1-\frac{1}{(1+r)^n}\right]+\frac{b}{r}\times\frac{n}{(1+r)^n} \tag{5-12}$$

式中：b——净收益逐年递减的数额，如净收益第一年为 A，则第二年为 $A-b$，第三年为 $A-2b$，第 n 年为 $A-(n-1)b$。

此公式的假设前提是：①净收益按等差级数递减；②资本化率 r 不等于零；③收益年限为有限年 n，且 $n\leqslant A/b+1$（当 $n>A/b+1$ 时，第 n 年的净收益为负，以后各年的净收益均为负值，任何一个“理性经营者”在 $A/b+1$ 年后都不会再经营）。

5.2.6 净收益按照一定比率递增（递减）的公式

1. 净收益按一定比率递增的公式

有两种情况，一是收益年限为无限年期，二是收益年限为有限年期。

(1) 无限年期的公式

$$V=\frac{A}{r-g} \tag{5-13}$$

式中：g——净收益逐年递增的比率。

此公式的假设前提是：①净收益按等比级数递增；②资本化率 $r>g$；③收益年限 n 为无限年。

［例 5-8］某宗房地产预计未来第一年的净收益为 30 万元，此后每年的净收益会在上一年的基础上增长 2%，收益年限可视为无限年，该类房地产的资本化率为 10%。试求该宗房地产的收益价格。

［解］由题意，该宗房地产的收益价格为

$$V = \frac{A}{r-g} = \frac{30}{10\%-2\%} = 375 \text{ 万元}$$

（2）有限年期的公式

$$V = \begin{cases} \dfrac{A}{r-g}\left[1-\left(\dfrac{1+g}{1+r}\right)^n\right] & (r \neq g) \\ \dfrac{A \times n}{1+r} & (r = g) \end{cases} \tag{5-14}$$

此公式的假设前提是：①净收益按等比级数递增；②收益年限 n 为有限年。

［例 5-9］某宗房地产预计未来第一年的净收益为 20 万元，此后在使用年限 50 年内每年的净收益会在上一年的基础上增长 2%；该类房地产的资本化率为 10%。试求该宗房地产的收益价格。

［解］由题意，该宗房地产的收益价格为

$$V = \frac{A}{r-g}\left[1-\left(\frac{1+g}{1+r}\right)^n\right] = \frac{20}{10\%-2\%}\left[1-\left(\frac{1+2\%}{1+10\%}\right)^{50}\right] = 244.27 \text{ 万元}$$

2. 净收益按一定比率递减的公式

净收益按一定比率递减的公式有两种情况：一是收益年限为无限年期，二是收益年限为有限年期。

（1）无限年期的公式

$$V = \frac{A}{r+g} \tag{5-15}$$

式中：g——净收益逐年递减的比率。

此公式的假设前提是：①净收益按等比级数递减；②资本化率 r 大于零；③收益年限为无限年。

［例 5-10］某宗房地产预计未来第一年的净收益为 20 万元，此后每年的净收益会在上一年的基础上降低 2%，收益年限可视为无限年，该类房地产的资本化率为

10%。试求该宗房地产的收益价格。

［解］由题意，该宗房地产的收益价格为

$$V=\frac{A}{r+g}=\frac{20}{10\%+2\%}=166.67\text{ 万元}$$

（2）有限年限的公式

$$V=\frac{A}{r+g}\left[1-\left(\frac{1-g}{1+r}\right)^{n}\right] \tag{5-16}$$

此公式的假设前提是：①净收益按等比级数递减；②资本化率 r 不等于零；③收益年限 n 为有限年。

［例 5-11］ 某宗房地产预计未来第一年的净收益为 20 万元，此后在使用年限 50 年内每年的净收益会在上一年的基础上降低 2%；该类房地产的资本化率为 10%。试求该宗房地产的收益价格。

［解］ 由题意，该宗房地产的收益价格为

$$V=\frac{A}{r+g}\left[1-\left(\frac{1-g}{1+r}\right)^{n}\right]$$

$$=\frac{20}{10\%+2\%}\left[1-\left(\frac{1-2\%}{1+10\%}\right)^{50}\right]$$

$$=166.15\text{ 万元}$$

5.3 净收益的确定

5.3.1 净收益的概念和种类

1. 净收益的概念

净收益是由有效毛收入扣除运营费用后得到的归属于房地产的纯收益。净收益的大小是决定房地产价格的一个重要因素。在实际估价中，只有全面了解有关收益性房地产的各种收益情况，才能客观地求取房地产的净收益，准确地估价房地产价格。

在经济活动中，收益性房地产总是与其他生产要素，如货币资金、人力和管理等一起发挥作用而产生收益。作为房地产估价依据的“收益”，应是指总收益中排除了其他生产要素所产生的收益部分，而仅属于房地产所带来的那部分收益，即净收益。净收益还有“客观收益”的含义，因为房地产是与其他生产要素结合在一起产生效益的，其他生产要素的优劣，会影响总收益的大小，因此运用收益法估价

时，要求所使用的收益是在其他生产要素均处在正常条件下，房地产所能产生的最大收益，也就是应用前面讲述的房地产估价最大最佳估价原则。

因此，对收益法中可转换为价值的未来收益要进行区分：潜在毛收入、有效毛收入、净运营收益、税前现金流量和期末转售收益。

（1）潜在毛收入是指假定房地产在充分利用无空置状态下可获得的收入。

（2）有效毛收入是指由将潜在毛收入扣除空置、拖欠租金以及其他原因造成的收入损失所得到的收入。

（3）净运营收益通常简称净收益，是指由有效毛收入扣除合理运营费用后得到的归属于房地产的收益。

（4）税前现金流量是指从净收益中扣除抵押贷款还本付息额后的数额。

（5）期末转售收益是指在房地产持有期末转售房地产可以获得的净收益。期末转售收益可以是减去抵押贷款余额之前的收益，也可以是减去抵押贷款余额之后的收益，在估价中，未减去抵押贷款余额的期末转售收益与净收益匹配使用；如果需要利用税前现金流量来评估房地产自有资金权益的价值，则应从净收益中减去抵押贷款还本付息额，并从期末转售收益中减去抵押贷款余额。

2.净收益的种类

房地产的收益有实际净收益和客观净收益两种。实际净收益是指待估房地产在目前使用状态下所取得的净收益，它与经营者的经营能力、房地产的用途等有密切的关系，如果根据实际净收益进行估价，那么所得结果缺乏客观合理性。客观净收益是指房地产在最合理使用状态下所取得的一般正常收益，它排除了实际收益中特殊和偶然的因素，因此可以作为求取净收益的依据。

5.3.2 净收益流量的类型

收益法本质上是现金流量折现法（或称折现现金流量法）。求取净收益时，应根据净收益过去、现在、未来的变动情况及可获净收益的年限，确定未来净收益流量，并判断该未来净收益流量属于下列哪种类型。

（1）每年基本上固定不变。

（2）每年基本上按某个固定的数额递增或递减。

（3）每年基本上按某个固定的比率递增或递减。

（4）其他有规则的变动情形。

5.3.3 净收益测算的基本原理

收益性房地产获取收益的方式，主要有租赁和营业两种。因此，净收益的测算途径也可分为两种：一种称作投资法，是以租赁收入为基础来测算净收益；另一种称作利润法，是根据营业收入来测算房地产的净收益。在实际估价中，只要是能够通过租赁收入测算净收益的，应通过租赁收入测算净收益来估价。因此，基于租赁收入测算净收益的收益法是收益法的典型形式。

1. 基于租赁收入测算净收益

租赁型房地产是采用收益法估价的典型，包括出租写字楼、商场、住宅、仓库和土地等，其净收益是根据租赁资料来求取的，基于租赁收入测算净收益的基本公式为：

$$年净收益=年租赁收入-年租赁费用 \tag{5-17}$$

上式中年租赁费用通常为维修费、管理费、保险费、房地产税和租赁代理等；年租赁收入包括有效毛租金收入和租赁保证金、押金等利息收入。在实际费用计算中，年租凭费用的各个组成部分是否要扣除要根据租赁契约的条款来决定。

2. 基于营业收入测算净收益

这种类型的房地产的所有者同时又是经营者，如旅馆、加油站和娱乐中心等，房地产租金与经营者的利润没有分开，其计算净收益的基本公式为：

$$年净收益=年经营收入-年经营费用 \tag{5-18}$$

上式中年经营收入通常为销售额、年产值等，年经营费用包括各种生产成本、销售费用、管理费用、税金等，要注意的是还应当扣除经营者的正常利润，原因在于归属于其他资本或经营的收益在房地产租金之外，即实际上基于租赁收入测算的净收益已经将其扣除。

5.3.4 不同类型房地产净收益的求取

净收益的具体求取方法因估价对象的收益类型不同而有所不同，可归纳为下列四种情况：出租的房地产、营业的房地产、自用或尚未使用的房地产和混合收益的房地产。

1. 出租房地产的净收益求取

出租的房地产是收益法估价的典型对象，包括出租的住宅、写字楼、商铺、停车场、标准厂房、仓库和土地等，其净收益通常为租赁收入扣除由出租人负担的费用后的余额。

租赁收入包括租金收入、租赁保证金或押金的利息收入。

出租人负担的费用，一般包括维修费、管理费、保险费、房地产税、租赁费用和租赁税费等。

在实际求取净收益时，通常是在分析租约的基础上决定所要扣除的费用项目。如果租约约定保证合法、安全、正常使用所需要的一切费用均由出租人负担，则应将它们全部扣除；如果租约约定部分或全部费用由承租人负担，则出租人所得的租赁收入就接近于净收益，此时扣除的费用项目就要相应减少。

2. 营业房地产的净收益求取

营业的房地产的最大特点是，房地产的所有者同时又是经营者，房地产租金与经营者利润没有分开，如商业用房、工业生产用房。

（1）商业经营的房地产，净收益为商品销售额扣除商品销售成本、经营费用、商品销售税金及附加、管理费用、财务费用和商业利润等。

（2）工业生产的房地产，应根据产品市场价格以及原材料、人工费用等资料测算净收益，净收益为产品销售收入扣除生产成本、产品销售费用、产品销售税金及附加、管理费用、财务费用和厂商利润等。

（3）农地的净收益，是将农地年产值扣除种苗费、肥料费、水利费、农药费、农具费、人工费、畜工费、机工费、农舍费、投资利息等。

3. 自用或尚未使用房地产的净收益求取

自用或尚未使用的房地产，可采用市场比较法，即根据同一市场上有收益的类似房地产的有关资料按上述相应的方式测算净收益，或者通过类似房地产的净收益直接比较得出其净收益。

4. 混合收益房地产的净收益求取

现实中包含上述多种收益类型房地产，求取净收益时，可将其看成是各种单一收益类型房地产的简单组合，先分别求取各自的净收益，然后将所有的净收益相加。

[例 5-12] 有一建筑面积为 $1000m^2$ 的写字楼，其月毛租金水平为 100 元/m^2，空置率为 13%，租金损失为毛租金收入的 2%，合理运营费用为有效租金收入的 30%，试求该写字楼的净收益。

[解] 由题意：

潜在毛收入＝$1000m^2$×100 元/（m^2·月）×12＝ 120 万元

有效毛收入＝120×（1－13%）×（1－2%）＝102.3 万元

合理运营费用＝102.3×30%＝30.7 万元

净收益＝102.3－30.7 ＝ 71.6 万元

[例 5-13] 对某商住楼一层 20 间商铺进行评估，平均每间商铺的月租金为

2000元，年均空房率为20%，该营业费用平均每月1万元；据调查，该地段同类商铺月租金为2500元，年均空租率为10%，正常营业每月总费用平均占每月总收入的15%；该类房地产的资本化率为10%。试选用所给资料估算该商铺的价值。

[解] 该题主要需注意实际收益与客观收益的问题，即应采用客观收益，在弄清了此问题的基础上，该商铺的价值估算如下：

$$年有效毛收入=20\times2500\times12\times(1-10\%)=54\ 万元$$

$$年运营费用=54\times15\%=8.1\ 万元$$

$$年净收益=54-8.1=45.9\ 万元$$

$$商铺价值=45.9\div10\%=459\ 万元$$

5.3.5 收益年限的确定

收益期限是估价对象自估价时点起至未来可以获得收益的时间。收益期限应在估价对象房地产自然寿命、法律规定（如土地使用权法定最高年限）、合同约定（如租赁合同约定的租赁期限）等的基础上，结合房地产剩余经济寿命来确定。主要分三种情况来确定收益年限。

(1) 对于单独土地和单独建筑物的估价，应分别根据土地使用权年限和建筑物经济寿命确定未来可获收益的年限，选用对应的有限年的收益法计算公式，净收益中不扣除建筑物折旧费和土地摊提费。

(2) 对于土地与建筑物合成体的估价对象，如果是建筑物的经济寿命晚于或与土地使用年限一起结束的，就根据土地使用年限确定未来可获收益的年限，选用对应的有限年的收益法计算公式，净收益中不扣除建筑物折旧费和土地摊提费。

(3) 对于土地与建筑物合成体的估价对象，如果是建筑物的经济寿命早于土地使用年限而结束的，先根据建筑物的经济寿命确定未来可获收益的年限，选用对应的有限年的收益法计算公式，净收益中不扣除建筑物折旧费和土地摊提费；然后再加上土地使用年限超出建筑物经济寿命的土地剩余使用年限价值的折现值。

5.4 资本化率的确定

确定一个合适的资本化率在收益法中是非常重要也是比较困难的事情。资本化率的稍微的变动将使收益价格产生重大的差别。因此确定资本化率是收益法中一个十分重要的问题。

5.4.1 资本化率的概念与种类

1. 资本化率的概念

资本化率是将房地产的净收益还原或转换成价格的比率，通常用 r 来表示。简单地说，资本化率就是前述各种收益还原法公式中的 r。在使用收益法时，由于估价对象不同，净收益的特性不同，所使用的公式也就不同。如：当净收益每年不变且收益年限无限时，收益价格的计算公式为式（5-4）：

$$V = A/r$$

当净收益每年不变而收益年限为有限年 n 时，公式为式（5-5）：

$$V = \frac{A}{r}\left[1 - \frac{1}{(1+r)^{n}}\right]$$

当净收益每年按等比级数递增且年期无限时，公式为式（5-13）：

$$V = \frac{A}{r-g}$$

2. 资本化率的实质

如果将购买房地产看成一种投资行为，投资额是房地产的价格，这笔投资在将来的预期收益就是房地产每年产生的净收益，因此，资本化率的本质是投资的收益率。经济学原理告诉我们，在市场正常条件下，资本投资收益率与项目投资的风险是正相关的，即某类项目投资的风险越大，其收益率也相应越高；风险越小，其收益率也越低。因此，选用的资本化率，应等同于与获取估价对象的净收益具有同等投资风险的收益率。收益率与投资风险的关系可见图 5-2 所示。

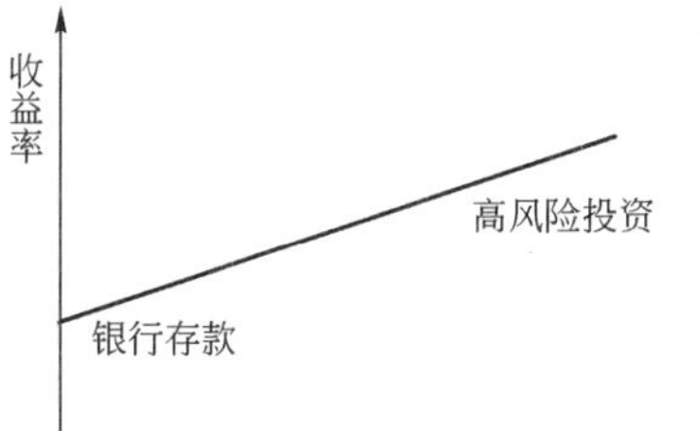

图 5-2 收益率与投资风险关系

由于房地产具有位置固定性等特点，其风险因不同地区而异，而且与房地产的类型或用途、投资者进入房地产市场的时机等因素相关。因此，在实际估价工作中，一定要依据估价对象所处的实际环境来确定资本化率。

3. 资本化率的种类

估价对象不同，采用的资本化率的性质也应不同，因此需要区分资本化率的类型。在房地产估价中应用最广泛的三种资本化率是：综合资本化率、建筑物资本化率和土地资本化率，这是与房地产估价对象的三种实物存在形态相应的。

(1) 综合资本化率

综合资本化率是应用于评估复合房地产时所采用的资本化率。采用综合资本化率估算复合房地产的收益价格时，所对应的净收益也是复合房地产的净收益，即土地和建筑物产生的年净收益之和。

(2) 建筑物资本化率

建筑物资本化率是运用收益还原法评估建筑物时所采用的资本化率。采用建筑物资本化率估算建筑物的收益价格时，所对应的净收益也是建筑物的年净收益，即从房地产的总年净收益中分离出建筑物的收益。

(3) 土地资本化率

土地资本化率是运用收益还原法评估土地时所采用的资本化率。采用土地资本化率估算土地的收益价格时，所对应的净收益是土地的年净收益，这个净收益不应包括其他方面带来的部分。如果在求取土地的价值时选用的资本化率不是土地资本化率，即使得出了一个结果，这个结果也不能说是土地价值。

综合资本化率、建筑物资本化率、土地资本化率三者虽然是严格区分的，但又是相互联系的。如果知道了其中两种资本化率，便可求出另外一种资本化率。此三种资本化率相联系的公式如下：

$$r_o = \frac{r_L V_L + r_B V_B}{V_B + V_L} \tag{5-19}$$

$$r_L = \frac{r_o(V_L + V_B) - r_B V_B}{V_L} \tag{5-20}$$

$$r_B = \frac{r_o(V_L + V_B) - r_L V_L}{V_B} \tag{5-21}$$

式中：r_o——综合资本化率；

r_L——土地资本化率；

r_B——建筑物资本化率；

V_L——土地价值；

V_B——建筑物价值。

如果运用上述公式就必须确切地知道土地价值和建筑物价值是多少，但是这有时难以做到。如果知道了土地价值占房地产价值的比率，建筑物价值占房地产价值的比率，也可以找出综合资本化率、建筑物资本化率和土资本化率三者的关系，其公式如下：

$$r_o = L \times r_L + B \times r_B = L \times r_L + (1-L) \times r_B = (1-B) r_L + B \times r_B \tag{5-22}$$

式中：L——土地价值占房地产价值的比率；

B——建筑物价值占房地产价值的比率，$L+B=100\%$。

［例 5-14］ 某宗房地产，土地价值占总价值的 30%，土地资本化率为 7%，建筑物资本化率为 9%，试求综合资本化率。

［解］ 由题意，综合资本化率为

$$r_o = L \times r_L + (1-L)r_B$$
$$= 30\% \times 7\% + (1-30\%) \times 9\%$$
$$= 8.4\%$$

最后需要指出的是，尽管有上述一些求取资本化率的方法，但这些方法对资本化率的确定都含有某些主观选择性，需要估价人员运用自己掌握的关于资本化率的理论，结合实际估价经验和对当地投资及房地产市场的充分了解等，来作出相应的判断。

5.4.2 资本化率的计算

合理确定资本化率是科学、准确地确定估价结果的关键，在房地产估价实践中，资本化率的计算方法很多，下面主要介绍三种方法确定资本化率。

1. 市场提取法

市场提取法又称实例法，是通过搜集市场上相类似房地产的净收益、价格等资料，反求出资本化率的方法。运用市场提取法求取资本比率时，所选取的实例必须是与待估房地产相类似的实例，为了避免偶然性所带来的误差，需要抽取多宗类似房地产交易实例来求取。如果房地产市场比较发达，容易获得可靠的房地产交易资料，则市场提取法是一种有效而实用的方法。具体要求是，选择近期发生的三宗以上与估价对象房地产相似的交易实例，搜集类似房地产的价格、净收益和交易情况等资料，分析净收益的现金流量，看实例租金是否偏离市场租金，确保其交易条件符合公开市场原则，若这些因素出现偏差都需要进行修正才可使用。最后选用相应的收益法计算公式，反求出资本化率。

(1) 在 $V=A/r$ 的情况下，通过 $r=A/v$ 直接求取，如表 5-1 所示。

选取的可比实例及相关资料 表 5-1

可比实例	净收益（万元/年）	价格（万元）	资本化率%
1	11	98	11.2
2	20	185	10.8
3	9	86	10.5
4	36	326	11.0
5	86	770	11.2

表 5-1 中的 5 个可比实例的资本化率的简单算术平均数为：(11.2%+10.8%+10.5%+11.0%+11.2%) ÷5=10.94%。

估价对象的资本化率可选取为 10.94%，此外，较为精确的计算可用加权平均方法。

(2) 在 $V=\frac{A}{r}\left[1-\frac{1}{(1+r)^n}\right]$ 的情况下，是通过 $V-\frac{A}{r}\left[1-\frac{1}{(1+r)^n}\right]=0$ 来求取 r。具体方法是采用试错法，计算到一定精度后，再采用线性内插法来求取，即 r 是通过试错法与线性内插法相结合的方法来求取，也可通过计算机来完成。

(3) 在 $V=\frac{A}{r-g}$ 的情况下，是通过 $r=\frac{A}{V}+g$ 来求取。

2. 安全利率加风险调整值法

安全利率加风险调整值法又称累加法，是以安全利率加上风险调整值作为资本化率的方法，其基本公式为：

$$资本化率=安全利率+风险调整值 \tag{5-23}$$

$$风险调整值=投资风险补偿+管理负担补偿+缺乏流动性补偿-投资带来的优惠 \tag{5-24}$$

安全利率又称无风险投资的收益率。通常选用同一时期的一年期国债年利率或中国人民银行公布的一年定期存款年利率。该方法的技术关键是风险调整值的确定。风险调整值是根据估价对象所在地区的经济现状及未来预测、估价对象的用途及新旧程度等各种风险因素所确定的增加或减小的风险利率。在不考虑时间和地域范围差异的情况下，风险调整值主要与房地产的类型相关，通常情况下，商业零售用房、写字楼、住宅、工业用房的投资风险依次降低，风险调整值也相应下降。

累加法的应用如表 5-2 所示。

累加法应用举例　　表 5-2

序号	项目	数值	序号	项目	数值
①	安全利率	4.0%	④	缺乏流动性补偿	2.0%
②	投资风险补偿	3.0%	⑤	投资带来的优惠	1.0%
③	管理负担补偿	0.2%	⑥	资本化率	8.2%

注：⑥=①+②+③+④-⑤。

3. 投资收益率排序插入法

这种方法的思想是：调查、收集估价对象所在地区的各类投资、相关投资及其收益率和风险程度的资料，如各种类型的银行存款、贷款、政府债券、保险、企业债券、股票，以及有关领域的投资收益率等。将所搜集的不同类型投资的收益率按从低到高的顺序排列，制成图表，估价人员将估价对象与这些类型投资的风险程度进行分析比较，考虑投资的流动性、管理的难易以及作为资产的安全性等，判断出具有同等风险的投资，确定估价对象风险程度应落的位置，再根据估价对象风险程度所落的位置，在图表上找出对应的收益率，从而就确定出了所要求的资本化率，如图 5-3 所示。

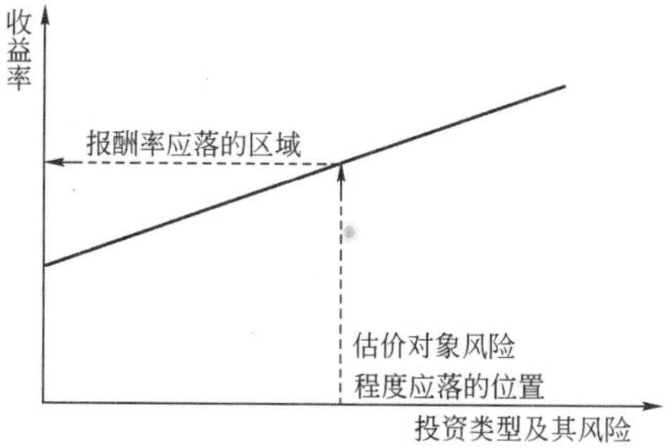

图 5-3　收益率按从低到高的顺序排列示意图

资本化率的确定同整个房地产估价活动一样，是科学与艺术的有机结合。这里需要说明的是，无论采取何种方法求取资本化率，都需要估价人员运用自己掌握的关于资本化率的理论知识，结合实际估价经验和对当地投资及房地产市场的充分了解等作出综合判断。

5.5　收益法的派生方法

根据房地产净收益求取相应价格是收益法的主要运用。除此之外，还有一些收益法的派生方法，如投资组合收益率法、残值法、购买年法、收益倍数法和收益分析法等。

5.5.1　投资组合收益率法

在收益法中，可以从房地产的物理构成（土地与建筑物）或资金构成（抵押贷款与自有资金）中求出各构成部分的资本化率，或者将其资本化率运用到各构成部分上以测算其价值。

投资组合技术（band of investment technique）主要有土地与建筑物的组合和抵押贷款与自有资金的组合两种。

1. 土地与建筑物的组合

运用直接资本化法估价，由于估价对象不同，例如评估房地产价值、土地价值、或是建筑物价值，采用的资本化率应有所不同，相应的三种资本化率分别是综合资本化率、土地资本化率、建筑物资本化率。

综合资本化率是求取房地产价值时应采用的资本化率，对应的净收益是土地与地上建筑物共同产生的净收益。也就是说，在评估土地与建筑物合成体的价值时，应采用土地与地上建筑物共同产生的净收益，同时选用综合资本化率将其资本化。

土地资本化率是求取土地价值时应采用的资本化率。这时对应的净收益应当是土地产生的净收益（即仅归属于土地的净收益），不包含建筑物带来的净收益。

建筑物资本化率是求取建筑物价值时应采用的资本化率。这时对应的净收益应当是建筑物产生的净收益（即仅归属于建筑物的净收益），不包含土地带来的净收益。

综合资本化率、土地资本化率、建筑物资本化率三者虽然有严格区分，但又是相互联系的。我们在前面已作了详细论述。

［**例 5-15**］某宗房地产年净收益为 30 万元，其中土地价值占总价值的 40%，建筑物价值占总价值的 60%，由可比实例房地产中所求出的土地资本化率为 6%，建筑物资本化率为 8%。试计算综合资本化率和该宗房地产的价值。

［**解**］综合资本化率为：

$$r_O = L \times r_L + B \times r_B$$
$$= 40\% \times 6\% + 60\% \times 8\%$$
$$= 7.2\%$$

该宗房地产的价值为：

$$V = A / r_o$$
$$= 30 / 7.2\%$$
$$= 416.67 \text{ 万元}$$

2. 抵押贷款与自有资金的组合

在房地产市场与金融市场紧密联系的现代社会，购买房地产的资金通常由两部分构成：一部分为抵押贷款，另一部分为自有资金（或称权益资本）。因此，房地产投资组合的资本化率必须同时满足这两部分资金对投资报酬的要求：贷款者（如贷款银行）要求得到与其贷款所冒风险相当的贷款利率报酬，自有资金投资者要求得到与其投资所冒风险相当的投资报酬。由于抵押贷款通常是分期偿还的，所以抵押贷款与自有资金的组合通常不是利用抵押贷款利率和自有资金资本化率来求取房地产的资本化率，而是利用抵押贷款常数和自有资金资本化率来求取综合资本化率，具体是综合资本化率为抵押贷款常数与自有资金资本化率的加

权平均数，即

$$r_o = M \times r_M + (1 - M) \times r_E \quad (5\text{-}25)$$

式中：r_o——综合资本化率；

M——贷款价值比率，即抵押贷款金额占房地产价值的比率，一般介于60%～90%之间；

r_M——抵押贷款常数；

r_E——自有资金资本化率。

在上述公式中，抵押贷款常数一般采用年抵押贷款常数，它是每年的偿还额（还本付息额）与抵押贷款金额（抵押贷款本金）的比率。如果抵押贷款是按月偿还的，则年抵押贷款常数是将每月的偿还额乘以 12，然后除以抵押贷款金额；或者将月抵押贷款常数（每月的偿还额与抵押贷款金额的比率）乘以 12。在分期等额本息偿还贷款的情况下，抵押贷款常数的计算公式为

$$\begin{aligned} r_M &= \frac{Y_M(1+Y_M)^n}{(1+Y_M)^n - 1} \\ &= Y_M + \frac{Y_M}{(1+Y_M)^n - 1} \end{aligned} \quad (5\text{-}26)$$

式中：r_M——抵押贷款常数；

Y_M——抵押贷款资本化率，即抵押贷款利率；

n——抵押贷款期限。

自有资金资本化率是从净收益中扣除抵押贷款还本付息额后的数额（税前现金流量）与自有资金额的比率，通常为未来第一年的税前现金流量与自有资金额的比率，可以由可比实例房地产的税前现金流量除以自有资金额得到。

综合资本化率必须同时满足贷款者对抵押贷款常数的要求和自有资金投资者对税前现金流量的要求，下列几点有助于理解抵押贷款与自有资金组合的公式。

（1）可以把购买房地产视作一种投资行为，房地产价格为投资额，房地产净收益为投资收益。

（2）购买房地产的资金来源可分为抵押贷款和自有资金两部分，因此有

$$\text{抵押贷款金额} + \text{自有资金额} = \text{房地产价格} \quad (5\text{-}27)$$

（3）房地产的收益相应地由这两部分资本来分享，即

$$\text{房地产净收益} = \text{抵押贷款收益} + \text{自有资金收益} \quad (5\text{-}28)$$

（4）于是又有

$$\text{房地产价格} \times \text{综合资本化率} = \text{抵押贷款金额} \times \begin{matrix}\text{抵押贷}\\\text{款常数}\end{matrix} + \text{自有资金额} \times \begin{matrix}\text{自有资金}\\\text{资本化率}\end{matrix} \quad (5\text{-}29)$$

（5）于是有

$$综合资本化率=\frac{抵押贷款金额}{产地产价格}\times 抵押贷款常数+\frac{自有资金金额}{房地产价格}\times \begin{matrix}自有资金\\资本化率\end{matrix}$$

$$=\begin{matrix}贷款价\\值比率\end{matrix}\times\begin{matrix}抵押贷\\款常数\end{matrix}+（1-贷款价值比率）\times\begin{matrix}自有资金\\资本化率\end{matrix} \quad (5\text{-}30)$$

［例 5-16］ 某房地产年净收益 10 万元，购买该类房地产，通常抵押贷款占 70%，抵押贷款年利率为 6%，贷款期限为 20 年，按月等额本息偿还，通过可比实例房地产计算出自有资金资本化率为 12%。试计算综合资本化率和该房地产的价格。

［解］ 由题意：

$$\begin{aligned}r_M &=\frac{Y_M(1+Y_M)^n}{(1+Y_M)^n-1}\\&=6\%+\frac{6\%}{(1+6\%)^{20}-1}\\&=8.72\%\\r_o &=M\times r_M+(1-M)\times r_E\\&=70\%\times 8.72\%+(1-70\%)\times 12\%\\&=9.70\%\\V &=A/r_o=10/9.70\%\\&=103.09 \text{ 万元}\end{aligned}$$

［例 5-17］ 某宗房地产的年净收益为 3 万元，购买者的自有资金为 10 万元，自有资金资本化率为 11%，抵押贷款常数为 0.07，试求该房地产的价格。

［解］ 由题意，该房地产的价格求取如下：

购买者要求的税前现金流量=10×11% =1.1 万元

偿还抵押贷款的能力=3−1.1 =1.9 万元

抵押贷款金额=1.9÷0.07 =27.14 万元

该房地产价格=10+27.14=37.14 万元

5.5.2 残余法

所谓残余法，就是从房地合为一体的房地产所产生的总收益中，扣除归属于土地（或建筑物）的收益，剩余部分即为归属于建筑物（或土地）的纯收益，再将此残余的纯收益进行资本还原，从而求得建筑物（或土地）的收益价格的估价方法。

在理解残余估价法时还应注意，对于从总收益中所扣除的那部分收益，必须是先根据收益法以外的其他估价方法，如市场比较法或成本法等求取某价格，再依相应的还原利率转换成收益。因此，残余法就是应用于土地或建筑物的部分估价的收益法，又可具体分为土地残余法与建筑物残余法两种。

1. 土地残余法

土地与地上建筑物共同产生收益，但如果采用收益法以外的方法（如成本法）能求得建筑物的价值时，则可利用收益法公式求得归属于建筑物的净收益，然后从土地与地上建筑物共同产生的净收益中扣除归属于建筑物的净收益，得到归属于土地的净收益，再除以土地资本化率或选用土地资本化率予以资本化，即可求得土地的价值。这种剩余技术称为土地残余法。

土地残余法的公式为：

$$V_L = \frac{A_O - V_B \times r_B}{r_L} \tag{5-31}$$

式中：V_L——土地价值；

A_O——土地与地上建筑物共同产生的净收益（通常是基于房租的净收益）；

V_B——建筑物价值（是采用收益法以外的方法，多数情况下是采用成本法求取的）；

r_B——建筑物资本化率；

r_L——土地资本化率。

另外，如果将土地价值与建筑物价值相加，还可以得到整体房地产的价值。

［**例 5-18**］某宗房地产每年净收益为 30 万元，建筑物价值为 150 万元，建筑物资本化率为 12%，土地资本化率为 10%。试计算该宗房地产的价值。

［**解**］由题意，该宗房地产的价值计算如下：

$$\begin{aligned}\text{土地价值} &= (30 - 150 \times 12\%)/10\% \\ &= 120 \text{ 万元} \\ \text{该宗房地产价值} &= \text{土地价值} + \text{建筑物价值} \\ &= 120 + 150 = 270 \text{ 万元}\end{aligned}$$

土地残余法在土地难以采用其他估价方法估价时，是一种有效的方法。例如，城市商业区内的土地，有时没有可参照的土地交易实例，难以采用市场法估价，成本法往往也不适用，但存在着大量的房屋出租和商业经营行为，此时可以采用土地残余法估价。另外，在需要对附有旧建筑物的土地进行估价时，虽然采用市场法可以求得设想该旧建筑物不存在时的空地价值，但对于因附有旧建筑物而导致的土地价值降低的情况，市场法通常难以解决，这时如果运用土地残余法便可以求得。

2. 建筑物残余法

土地与地上建筑物共同产生收益，但如果采用收益法以外的方法（如市场法）能求得土地的价值时，则可利用收益法公式求得归属于土地的净收益，然后从土地与地上建筑物共同产生的净收益中扣除归属于土地的净收益，得到归属于建筑物的净收益，再除以建筑物资本化率或选用建筑物资本化率予以资本化，即可求得建筑物的价值。这种剩余技术称为建筑物残余法。

建筑物残余法的公式为：

$$V_B = \frac{A_O - V_L \times R_L}{R_B} \tag{5-32}$$

另外，将建筑物价值与土地价值相加，可以得到整体房地产的价值。

［**例 5-19**］有一土地面积为 150m²，土地价格为 1250 元/m²（依市场比较法求得），总建筑面积为 80 m² 的位于一般街区的商业用房，其月租金为 2400 元，正常每月总费用占每月总收入的 30%。当建筑物的还原利率为 10%，土地的还原利率为 8%，耐用年限为 50 年时，以残余法估算建筑物的收益价格。

［**解**］由题意：

年房租收入＝2400×12＝28800 元

年运营费用＝28800×30%＝8640 元

年纯收益＝28800－8640＝20160 元

土地总价格＝1250×150＝187500 元

土地的年纯收益＝187500×8%＝15000 元

建筑物的年纯收益＝20160－15000＝5160 元

建筑物的收益价＝5160/10%＝51600 元

残余法能够作为相对独立的估价方法，不仅是因为它可以对房地产进行部分评估，其意义主要体现在对于附有建筑物的土地可运用这一方法检查土地与建筑物是否均衡，若不均衡，还可以确定出土地价值受建筑物的影响所产生的减价额。对此，若从土地投资的角度来看，即是检查建筑物的投资额是否合理。在一般情况下，残余估价法的应用范围是受到较大限制的，只有当建筑物比较新，并且处于最有效使用状态时，才能使用残余估价法。对于陈旧的或无法发挥最大效用的房地产，因其总体收益性明显降低，归属于土地或建筑物的收益都异常地低于一般水平，在这种情况下，若运用残余估价法进行评估，将会导致较大的误差。这是这种估价方法所存在的最突出的问题，在估价实务上，应特别注意。

5.5.3 购买年法

购买年法，简单的理解就是使用土地要支付地租，同时土地也具有价格，其价格和地租之间总可以表示为：价格 V＝地租×α。这个数值 α 就是购买年，即以多少年的地租为价格就可购买该土地。

对于某一地区来说，在一定时期内大部分土地的 α 值是比较接近的，因此我们可以用地租与 α 的乘积来计算土地价格，这种方法就是购买年法。即：地价等于地租乘以一定的数值，用数学公式可表示为：

$$V = A \times \alpha \tag{5-33}$$

式中：V——土地价格；

A——地租年额；

α——购买年。

购买年法是以地租与购买年的乘积来反映土地价格的，其中的地租即是土地的收益，因此，它与收益还原法相同，也是用是收益（在这里为地租）来反映价格的。虽然它不是直接以还原利率将土地的收益还原为价格，而是以“购买年”将土地的收益转换为价格，但是从后面的分析中我们可以看到购买年仍然是由还原利率决定的，是可以用还原利率表示出来的。因此购买年法在实质上也是收益法，是地租资本化的另一种表现形式。

这样，要想彻底说明购买年法是一种土地收益法，其关键问题就已转化为是否真正能够以还原利率来表示“购买年”。对此，我们可通过比较收益法公式与购买年法公式来加以说明。例如，假设地租每年不变，利息率每年也不变，所有者卖断土地时，若我们以地租来近似地代表土地的年纯收益，依收益法则土地的收益价格为 $V=A/r$（式中 V 为土地价格，A 为地租年额，r 为土地的还原利率）。在这种情形下购买年 α 即为还原利率的倒数，即 $1/r$；再如，假设地租每年不变，利息率每年也不变，所有者并非卖断土地，而仅是出让一定年限的使用权，若我们还是以地租来近似代表土地的年纯收益，这时，依收益法，土地的价格就可表示为公式（5-5）：

$$V = A \times \frac{(1+r)^n - 1}{r(1+r)^n}$$

式中：n——使用权出让年限。

在这种情形下，购买年 α 也是可用还原利率 r 表示出来的，即 $\alpha=[(1+r)^n-1]/r(1+r)^n$。对于其他情形我们也可利用收益还原公式来类似地以土地的还原利率表示出购买年。

5.5.4 收益倍数法

收益倍数法是将估价对象某一年（通常为未来第一年）的某种收益乘以相应的收益倍数转换成价值的方法。一般公式为

$$\text{房地产价格} = \text{年收益} \times \text{收益倍数} \tag{5-34}$$

收益倍数是房地产的价格除以其某年收益所得的倍数，它是采用市场提取法，从与估价对象具有相同的收益流量类型等的类似房地产的有关资料（通过这些资料可求得价格和年收益）中求得。收益倍数具体有：毛租金倍数、潜在毛收入倍数、有效毛收入倍数和净收益倍数。相应的收益倍数法有：毛租金倍数法、潜在毛收入

倍数法、有效毛收入倍数法和净收益倍数法。

1. 毛租金倍数法

毛租金倍数法是将估价对象一年毛租金乘以毛租金倍数得出估价对象价值的方法，其公式为

房地产价格＝毛年租金×毛租金倍数 (5-35)

毛租金倍数法方便易行，在市场上较容易获得房地产的售价和租金资料。同时由于在同一市场，同一房地产的租金和售价同时受相同的市场力量影响，因此毛租金倍数是一个比较客观的数值，避免了由于多层次估算可能产生的各种误差的累计。但是毛租金倍数法忽略了房地产租金以外的收入，忽略了不同房地产的空置率和运营费用的差异。

毛租金倍数法一般用于土地或出租型住宅（特别是公寓）的估价。但由于它的计算方法比较粗糙，往往作为比较法或其他收益法的一个部分。

2. 潜在毛收入倍数法

潜在毛收入倍数法是将估价对象一年的潜在毛收入乘以潜在毛收入倍数得出估价对象价值的方法，其公式为

房地产价格＝年潜在毛收入×潜在毛收入倍数 (5-36)

与毛租金倍数法相比，潜在毛收入倍数法相对全面一些，它考虑了房地产租金以外的收入，但同样没有考虑房地产的空置率和运营费用的差异。

如果估价对象与可比实例房地产的空置率差异是暂时的，并且运营费用比率相似，则使用潜在毛收入倍数法是一种简单可行的方法。但总的来说该方法也比较粗糙，适用于估价对象资料不充分或精度要求不高的估价。

3. 有效毛收入倍数法

有效毛收入倍数法是将估价对象一年的有效毛收入乘以有效毛收入倍数得出估价对象价值的方法。其公式为

房地产价格＝有效毛收入×有效毛收入倍数 (5-37)

有效毛收入倍数法不仅考虑了房地产租金以外的收入，还考虑了房地产的空置率。因此，当估价对象与可比实例房地产的空置率有较大差异，而且这种差异预计还将持续时，使用有效毛收入倍数法是更恰当的方法。因为投资者在估算房地产价值时，必须考虑空置率的差别。但是该方法没有考虑运营费用的差异，因而也只用于做粗略的估价。

4. 净收益倍数法

净收益倍数法是将估价对象一年的净收益乘以净收益倍数得出估价对象价值的方法，其公式为

房地产价格=净收益×净收益倍数　　(5-38)

净收益倍数法能提供更可靠的价值估算。

在西方发达国家，收益倍数法主要用于独立式住宅的估价，而对于公寓及其他收益性房地产，收益倍数法常用作市场比较法的补充。

5.5.5　收益分析法

所谓收益分析法，就是根据委估房地产的收益租金来估算房地产价格的方法。收益租金是由房地产在一定时间内的期望净收益（折旧后的净收益）和有关的租赁费用来确定的。

收益法中的净收益既可以由租赁房地产产生，也可以由企业生产经营房地产产生。运用收益分析法确定收益租金，只是针对企业生产经营用房而言的，因为租赁用房地产的净收益本身就是根据租金计算的。

对于企业生产经营房地产收益租金的估算，应首先求取折旧后净收益，折旧后的净收益是指归属于房地产的净收益。可根据下列公式计算：

折旧后净收益=销售收入-生产成本-期间费用-税金-正常利润　　(5-39)

式中：销售收入——产品的销售收入或企业的经营收入；

生产成本——产品的直接生产成本或有关进货成本；

期间费用——管理费用、销售费用和筹资费用；

税金——与产品销售或经营有关的经营税、城市维护建设税等；

正常利润——由企业生产经营带来的一般利润，可根据该行业的资金利润率或社会资金的平均利润率计算。

其次应确定除折旧费用之外的有关租赁费用。这些费用包括维修费、管理费、投资利息、保险费、房产税、土地使用税。

最后将这两项相加就得到企业生产经营用房地产的收益租金。

在运用收益分析法确定收益租金时，首先需要注意租赁费用与净收益在时间上的一致性；其次在销售收入中扣除有关成本费用计算折旧后的净收益时，应以最有效使用状态为前提。

5.6　收益法运用举例

［案例］

××市×××仪器制造厂工业厂房及配套办公用房估价报告

1. 委托方

委托单位：××市×××仪器制造厂

地址：××市城关区长安路兴隆大厦B座19楼（26号）

法人代表：×××

联系人：×××

联系电话：×××－88888888

2. 估价方

估价机构：××房地产评估事务所

地址：××市××区×××路001号

资质级别：A级

资质证书号：××××

法定代表人：×××

联系人：×××

联系电话：×××－66666666

3. 待估房地产概况

估价对象是××市×××仪器制造厂工业厂房及配套办公用房，位于××市××路××号，总用地面积为4752.00m²，总建筑面积：厂房建筑面积1023.68m²，办公楼建筑面积626.96m²。

土地性质为划拨用地，土地使用期限为自2005年8月至2055年8月。

（概要说明估价对象的状况，包括物质实质状况和权益状况。其中，对土地的说明应包括：名称、坐落、面积、形状、四至、周围环境、景观、基础设施完备程度、土地平整程度、地势、地质、水文状况、规划限制条件、利用现状、权属状况；对建筑物的说明应包括：名称、坐落、面积、层数、建筑结构、装修、设施设备、平面布置、工程质量、建成年月、维护、保养、使用情况、公共配套设施完备状况、利用现状、权属状况。）

4. 估价目的

为委托估价方在向中国建设银行××市分行申请办理房地产抵押贷款手续过程中提供客观、公正、合理的价格依据。

5. 估价时点

2005年8月25日。

6. 价值定义（说明本次估价采用的价值标准或价值内涵）

略。

7. 估价依据

根据国家及××市有关部门的规定及估计对象的实际情况进行客观、公正、合理、准确的评估。

(1) 委托单位提供的本工程预、决算及施工图等。

(2) 2005年中国物价年鉴。

(3) ××市建设委员会颁发的《建筑安装工程概算定额》。

(4) ××市有关工业厂房及配套办公楼租金标准及参照物的交易价格。

(5)《房地产估价规范》(GB/T 50291—1999)。

8. 评估原则

我们在本次估价时遵循了以下原则:

(1) 合法原则。

(2) 客观性、公正性、独立性原则。

(3) 替代原则。

(4) 最高最佳使用原则。

(5) 估价时点原则。

另外,在土地估价中,我们还遵循了供求原则、公平原则。

9. 估价方法选用

根据估价对象的特点和实际情况,认为该房地产同类市场出租较多,采用收益还原法进行估价。

在资本化率不变,年收益不变,收益年期有限的情况下,计算公式为

$$V=\frac{A}{r}\left[1-\frac{1}{(1+r)^n}\right]$$

式中:V——房地产价格;

A——房地产年净收益;

r——资本化率;

n——房地产收益年限。

10. 估价过程(按每平方米单位面积计算)

(1) 确定租金价格

根据对该区类似房地产租赁市场的调查和租赁案例的收集资料,其月租金水平厂房一般为10~18元/m^2、厂区内办公楼为20~35元/m^2,现根据对估价对象地理位置及装修情况等因素的综合考虑,确定估价对象的月租金厂房为13元/(m^2·月)、办公楼为20元/(m^2·月)。

(2) 计算年租金收益

厂房:13×12×1023.68=159694.08元

办公楼:20×12×626.96=150470.40元

(3) 计算年租赁成本

①房产税:按租金的12%,则

厂房：159694.08×12％ ＝ 19163.29 元

办公楼：150470.40×12％ ＝ 18056.45 元

②营业税附加：按租金的 5.875％，则

厂房：159694.08×5.875％ ＝ 9382.03 元

办公楼：150470.40×5.875％ ＝ 8840.14 元

③管理费：按租金的 1.5％，则

厂房：159694.08×1.5％ ＝ 2395.41 元

办公楼：150470.40×1.5％ ＝ 2257.06 元

④维修费：按建筑物重置价格的 2.0％，根据地区建设安装工程定额和取费标准，参考类似工程的造价，确定该工程的造价为 920 元/m^2，则

厂房：920×1023.68×2％ ＝ 18835.71 元

办公楼：920×626.96×2％ ＝ 11536.06 元

⑤保险费：按建筑物重置价格的 1.5‰，则

厂房：920×1023.68×1.5‰ ＝ 1412.68 元

办公楼：920×626.96×1.5‰ ＝ 865.20 元

⑥年租金损失：按半个月租金计算，折算为

厂房：13×12×1023.68×（1÷24）＝ 6653.92 元

办公楼：20×12×626.96×（1÷24）＝ 6269.60 元

⑦年租金成本合计：

厂房：57843.04 元

办公楼：47824.51 元

（4）计算年纯收益

年净收益 ＝ 年总收益－成本，则

厂房：101851.04 元

办公楼：102645.89 元

（5）确定资本化率

通过安全利率加风险调整值的方法来求取综合资本化率，安全利率取银行一年期存款利率 2.25％，再根据估价对象所处地区社会经济环境及比较投资估价对象与投资其他经济行为的风险后，认为风险调整值取 6％比较合理，所以，综合资本化率为 8.25％。

（6）确定有效收益年期

根据估价规范，委估建筑物出现于补办土地使用权出让手续之前，其耐用年限早于土地使用权年限而结束时，应按建筑物耐用年限计算折旧。生产用房耐用年限为 50 年，办公楼耐用年限为 60 年，因委估物建于 1988 年，厂房剩余使用年限为

33.00 年，办公楼剩余使用年限为 43.00 年。

(7) 计算评估标的物现值

厂房：

$$V=\frac{101851.04}{8.25\%}\times\left[1-\frac{1}{(1+8.25\%)^{33}}\right]=1144319.81\text{ 元}$$

办公楼：

$$V=\frac{102645.89}{8.25\%}\times\left[1-\frac{1}{(1+8.25\%)^{43}}\right]=1203031.44\text{ 元}$$

11. 估价结果

根据计算结果，该房地产评估价格为 2347351.25 元，其中厂房价格为 1144319.81 元，办公楼价格为 1203031.41 元。

12. 评估小组成员与评估单位资格证书

略。

13. 估价作业日期

本估计报告书堪估日期始于 2005 年 8 月 20 日，终于 2005 年 9 月 5 日。

14. 估价报告应用的有效期

本估价报告应用的有效期原则上规定为自完成估价报告之日起一年，即从 2005 年 9 月 5 日起至 2006 年 9 月 5 日止。

小　　结

收益法的估价对象是存在收益性的房地产，是从房地产的经济效用出发来评估房地产价格的方法，其首先预测估价对象未来的正常净收益，然后选用适当的资本化率或报酬率、收益乘数将其转换为估价对象的价值。净收益的具体求取因估价对象的收益类型不同而有所不同，可归纳为四种情况：一是出租房地产的净收益求取；二是营业房地产的净收益求取；三是自用或尚未使用房地产的净收益求取；四是混合收益房地产的净收益求取。另外，收益期限的确定也是影响收益法准确估价的关键因素。收益期限应在估价对象房地产自然寿命、法律规定（如土地使用权法定最高年限）、合同约定（如租赁合同约定的租赁期限）等的基础上，结合房地产剩余经济寿命来确定。

资本化率的确定在收益法中是非常困难的事情。资本化率的稍微变动将使收益价格产生重大的差别，因此确定资本化率也是收益法中一个十分重要的问题。资本化率的计算方法很多，本章主要介绍三种方法确定资本化率，即市场提取法、安全利率加风险调整值法、投资收益率排序插入法，无论采取何种方法求取资本化率，都需要估价人员运用自己掌握的关于资本化率的理论知识，结合实际估价经验和对当地的投资及房地产市场的充分了解等作出综合判断。

复习思考题

一、名词解释

收益法　资本化率　安全利率　风险调整值　净收益　潜在毛收入　有效毛收入　综合资本化率　收益租金　抵押贷款常数　收益倍数　购买年

二、思考题

1. 收益法理论依据是什么？
2. 收益法适用的对象和条件是什么？
3. 收益法估价的操作步骤是什么？
4. 列举收益法的各种计算公式及其应用条件。
5. 如何运用有限年期的收益法公式进行不同年期价格之间的换算？
6. 净收益求取中应注意哪些问题？
7. 出租型房地产的净收益如何求取？
8. 商业经营型房地产的净收益如何求取？
9. 工业生产型房地产的净收益如何求取？
10. 土地使用年限与建筑物经济寿命结束的时间不一致时，如何确定收益年限？
11. 何谓资本化率？其实质是什么？
12. 收益率与投资风险的关系如何？
13. 何谓求取资本化率的市场提取法？
14. 何谓求取资本化率的累加法？
15. 何谓求取资本化率的投资收益率排序插入法？
16. 抵押贷款资本化率、自有资金资本化率和综合资本化率三者的含义及相互关系如何？
17. 土地资本化率、建筑物资本化率和综合资本化率三者含义及相互关系如何？
18. 什么是残余法？
19. 什么是购买年法，其实质是什么？
20. 什么是收益倍数法？
21. 什么是收益分析法？其实质是什么？

三、计算题

1. 已知某宗房地产在70年使用权，资本化率为10%下的价格为2000元/m^2，试求该宗房地产在无限年期，资本化率为12%及50年使用权，资本率为8%下的价格。

2. 某宗房地产2001年10月的年净收益为300万元，预测未来3年净收益仍然保持这一水平，2004年10月转售时的价格比2001年10月上涨10%，转售时卖方应缴纳的税费为售价的6%。若该房地产的投资收益率为9%，试测算该宗房地产2001年10月的价格。

3. 某单位通过有偿出让方式取得了一宗土地的土地使用权，当时购入价为400元/m^2，占地面积为10000 m^2，出让期为40年，在此地上建设了一饭店，建筑容积率为3，目前已使用了10年。根据当地市场资料，用比较法评估此地块得到目前出让期为40年的地价为500元/m^2（容积率为1时的地价），据当地资料，当容积率每增加1时，宗地单位面积地价在容积率为1的地价的基础上增加6%。该饭店现在每月的房地产经营净收入为11万元，当地同类型饭店现在每月的房地产经营净收入为10万元。若土地资本化率为8%，建筑物资本化率为10%，试评估其不动产的现时价格。

4. 某宾馆总建筑面积10000m^2，一层建筑面积2000m^2，其中500 m^2为宾馆大堂，1500m^2出租用于餐厅和咖啡厅，其余各层为宾馆客房、会议室和自用办公室。该宾馆共有客房190间（建筑面积7600 m^2），会议室2间（建筑面积200 m^2）。自用办公室3间（建筑面积200m^2）。当地同档次宾馆每间客房每天的房价为200元，年平均空置率为30%；会议室的租金平均每间每次500元，平均每间每月出租20次；附近同档次一层商业用途房地产的正常市场价格为15000元/m^2，同档次办公楼的正常市场价格为800元/m^2，该宾馆正常经营平均每月总费用占客房每月总收入的40%，当地这种类型的房地产的资本化率为8%。试利用上述资料估计该宾馆的正常总价格。

5. 某商场的土地使用权年限为40年，从1998年5月31日起计。该商场共两层，每层建筑面积为2000m^2，可出租面积占建筑面积的60%。一层于2000年5月31日租出，租期为5年，可出租面积的月租金为180元/m^2，且每年不变；二层现暂空置。附近类似商场一、二层可出租面积的正常月租金分别为200元/m^2、120元/m^2，出租的成本及税费为租金的20%。该类房地产的资本化率为8%。试估计该商场于2002年5月31日租约出售时的正常总价格。

第6章 假设开发法

本章概要

假设开发法的基本思路是通过对房地产开发项目的成本与效益进行分析，从房地产开发项目的预期总收入或房价中扣除各项开发费用、销售费用、销售税金及开发商利润后，倒算出估价对象的价格。它不仅被大量用于房地产价格评估，而且也是房地产开发项目投资分析的常用方法。本章着重介绍假设开发法的基本原理、基本公式和各项费用的求取，并结合假设开发法的运用举例，以便更好地掌握上述理论内容。

6.1 假设开发法的基本原理

假设开发法是将预测的估价对象未来开发完成后的价值，减去未来的正常开发成本、税费和利润等，以此求取估价对象的客观合理价格或价值的方法。假设开发法又称开发法、预期开发法、剩余法、余值法或倒算法（相当于成本法的倒算）。

6.1.1 假设开发法的理论依据

假设开发法是一种科学实用的估价方法，其基本的理论依据与收益法相同，也是预期原理。

假设开发法的基本思路同房地产开发商为取得土地使用权而确定投标金额时的思路一样，即对于一块正在进行土地使用权出让的土地而言，开发商首先要分析该土地的坐落位置、交通条件、周围环境等区位条件，并考虑土地面积、形状、规划允许的用途、建筑容积率、建筑高度等自身条件，根据以上分析确定可在其上建造什么样的建筑物（例如是开发成商业楼，还是写字楼或住宅楼等），再预计该项目开发完成后的销售价格，然后从销售总收入中减去为建造建筑物所花费的建筑安装工程费、专业费、销售费、管理费、税金、利息和正常利润等，剩下的就是可用来支付土地使用权出让金的最大数额。如果该开发商以高于该数额的报价投标，那么毫无疑问，该开发商从该项目中获得的利润将低于正常利润，这显然是不合算的。如果该开发商以低于此数额的报价投标，则其中标的可能性将大大降低，因为还有许多竞争者也在参加投标，所以最合理的方案是以该数额为投标金额。

由上也可看出，假设开发法在形式上是评估新开发完成的房地产价格的成本法的倒算法。两者的主要区别是：成本法中的土地价格为已知，需要求取的是开发完成后的房地产价格；假设开发法中开发完成后的房地产价格已事先通过预测得到，需要求取的是土地价格。

由于假设开发法中需要预测开发完成后的房地产价格，因此，在某种程度上假设开发法又可以看作是市场比较法原理和成本法原理的综合运用，即通常是先用市场比较法确定开发完成后的房地产价格，再利用成本法估算开发期所需的各项投入和税费、利润并予以扣除，从而反算出估价对象的价格。

假设开发法最初主要运用于待开发土地价格的评估，而土地价格实际上是地租的体现。所以，假设开发法更深层的理论依据，类似于地租原理。两者的差异是：地租是每年的租金剩余，假设开发法通常估算的是一次性的价格剩余。

1.假设开发法适用的对象和条件

假设开发法适用于对具有投资开发或再开发潜力的房地产的估价，包括下列情形：

(1) 由生地建造房屋然后租售。

(2) 由毛地建造房屋然后租售。

(3) 由熟地建造房屋然后租售。

(4) 由生地开发为熟地然后租售。

(5) 由毛地开发为熟地然后租售。

(6) 由旧房装修改造为新房然后租售。

(7) 在建工程。

前五项可概括为对待开发的土地的估价；待开发的土地、在建工程、可装修改造或可改变用途的旧房统称为“待开发房地产”。

2.各类土地的概念

(1) 生地：指已完成土地使用批准手续（包括土地使用权出让手续）、可用于建筑的土地，该建筑用地无基础设施，或者有部分基础设施，但尚不具备完全的三通（通道路和临时水、电）条件，同时地上地下待拆除的房屋、构筑物尚未搬迁拆除。比如荒地、农地等都属于生地。

(2) 毛地：指已完成土地使用批准手续（包括土地使用权出让手续），具有三通（通道路和临时水、电）或者条件更完备的基础设施，但未进行动拆迁的可用于建筑的土地。

（3）熟地：指具有完善的基础设施，且地面平整，可用于建筑的土地。

（4）在建工程：指建筑物已开始建设但尚未建成，不具备使用条件的房地产。如已完成一定的工程量但尚未竣工的住宅楼，或者停工了多年的某房地产。但必须注意，对在建工程采用假设开发法估价有一个前提，即该项目的开发方向是合理的，具体而言就是该在建工程所设计的建筑物用途类型、容积率、高度等是适合其土地的区位的。

运用假设开发法应把握待开发房地产在投资开发前后的状态，以及投资开发后的房地产的经营方式。待开发房地产投资开发前的状态，包括生地、毛地、熟地、旧房和在建工程等；投资开发后的状态，包括熟地和房屋（含土地）等；投资开发后的房地产的经营方式，包括出售（包括预售、建成后出售）、出租（包括预租，但比较少见，多为建成后出租）和自营（如商场、宾馆、度假村、游乐场等，投资者将其建成后可能自己直接经营）等。

另外，在房地产开发项目的可行性研究中，假设开发法也被广泛采用，除了用于评估项目开发基地的地价外，当土地使用权出让或转让合同已经签署，地价已确定时，又可用来估测开发项目的预期利润。

在此要注意的是，实际操作中，评估方法的选择并非是唯一的，同时，对于同一个估价对象，根据估价对象开发的实际状况，也会选用不同评估方法来测算估价对象的房地产价格。例如，针对评估土地使用权拍卖底价的特点，宜遵循替代原则、最有效利用原则、预期收益原则和需求与供给原则等。按照评估原则与估价方法衔接一致的要求，评估土地使用权拍卖底价，通常会选用市场比较法和假设开发法两种评估方法来评估。因为市场比较法较充分考虑了在估价基准日的近期市场上类似房地产的交易行情、市场承受能力，其测算的价格具有现时性，容易为买卖双方认同和接受。假设开发法则充分地考虑了规划条件下宗地自身最有效利用方式以及当前房地产市场现状和未来可能带来的收益等。运用这种方法测算的地价，实际上相当于竞买人最终获得拍卖地块所需支付的最高价格。这对于竞买人最终确定购买价或拍卖人最终确定保留价都具有一定的指导作用。

运用假设开发法估价需要对有关参数进行预测，因此，运用假设开发法估价结果的合理性，依赖于有关参数预测选用的准确性。如前面提到的房地产开发商为取得土地使用权而确定投标金额，其估算投标金额正确与否，直接取决于销售价格、有关成本、税金以及正常利润预测的正确性。在实际的估价中，预测的准确性主要取决于以下因素：一是根据房地产估价的合法原则和最高最佳使用原则，正确地判断房地产的最佳开发利用方式（包括用途、规模和档次等）；二是根据当地房地产市场行情或供求状况，正确地预测未来开发完成后的房地产价值。尽管可以通过以上途径把握预测的准确性，但是仍然存在较多的可变因素，因而假设开发法一般被认为是一种比较粗略的方法，通常是在市场不够发育、难以采取市场比较法对委估房地产进行估价时才采用。不过，当估价对象具有潜在的开发价值时，假设开发法几乎是唯一实用的估价方法。国际上，关于商业、住宅用地的评估，假设开发法是各种评估方法中用得较多的一种。

3.假设开发法外部环境方面需具备的前提条件

运用假设开发法进行估价，要求具有良好的社会经济环境。在外部环境方面必须具备以下前提条件：

（1）房地产的投资、开发按市场经济机制运行。

（2）有一个明朗、开放及长远的房地产政策。

（3）有一个长远、公开及稳定的土地供给（出让）计划。

（4）有一套统一、严谨及健全的房地产法规。

（5）有一个完整、公开及透明度高的房地产资料库。

（6）要有一个稳定、清晰及全面的有关房地产投资开发和交易的税费清单。

如果这些条件不具备，在运用假设开发法估价时会使本来就难以预测的房地产市场的客观方面，掺入了许多人为的主观影响因素，使未来的房地产市场变得更加不可捉摸，从而对未来开发完成后的房地产价值、开发成本和税费等的预测也会更加困难。

6.1.2 假设开发法求取房地产价格的步骤

1.调查待开发房地产的基本情况

这是房地产估价的基本步骤之一，是运用任何一种估价方法估价时都必须做的。其目的是为了合理确定待开发房地产的最佳开发利用方式。因此调查的重点要集中在影响开发利用方式的因素方面。

（1）区位状况，包括房地产所在城市的类型，如大城市或小城市、国家级的经济中心城市或区域性的经济中心城市；房地产所在区域的性质，如商业区、住宅区或工业区、老城区或新城区；房地产的具体坐落，如位于什么路、是否临街、周边环境如何等等。

（2）实物状况，对于土地，包括面积、形状、地质条件、地形地貌、基础设施配套情况等等；对于房屋，包括面积、建造年代、结构状况、新旧程度等等；对于在建工程，还包括建筑工程的情况，如施工设备、施工质量等等。

（3）权益状况，包括房地产的权利性质、使用年限；土地使用权的年限，续期、转让、出租、抵押的可能性及条件；房地产规划用途、建筑容积率、建筑覆盖率、建筑高度以及其他行政管制等要求。

（4）市场状况，包括土地的供给计划；房地产的市场情况，如供求状况、空置率、收益率等等；近期拟开发的房地产类型、档次、数量、交付日期等等。

2. 选择最佳的开发利用方式

即根据房地产的自身条件及外部环境（如市场供需情况、社会经济环境、政策导向等），确定能使该房地产在合法的前提下发挥最高最佳效用的开发利用方式。如对于待建筑的熟地，需确定建筑用途、建筑容积率、覆盖率、装修档次等等。如果估价对象是在建工程，这一步的主要任务是分析判断目前的建筑工程是否符合其基地的最佳开发利用方向，继续开发是否可行，以及继续开发的具体方式。

选择最佳的开发利用方式最重要的是选择最佳用途。最佳用途的选择，要考虑土地位置的可接受性及这种用途的现实社会需要程度和未来发展趋势，或者说，要分析当地市场的接受能力，即究竟市场在项目建成后最需要什么类型的房地产。例如，某块土地位于城市商业区，城市规划规定的用途可为商业楼，可为住宅楼，可为写字楼，但在实际估价时究竟应选择哪种用途？这首先要调查该块土地所在城市和区域的商业楼、住宅楼、写字楼的供求关系及其走向。如果对商业楼、写字楼的需求开始趋于饱和，表现为商业楼、写字楼出租率呈下降趋势，另一方面，在此商业区工作的多为年轻群体，希望能租到或买到附近公寓住房的人逐渐增加，而近年能提供的住宅楼数量又较少时，则可以选择该块土地的用途为兴建小户型公寓。这样，投资总价不高且周围配备齐全，同时具有极大的投资价值。

3. 估计开发经营期

开发经营期的起点是假设取得估价对象（待开发房地产）的日期，即估价时点，终点是预计未来开发完成后的房地产经营结束的日期。

确定开发经营期的目的，是为了把握开发成本、管理费用、销售费用、销售税费等发生的时间和数额，预测开发完成后的房地产售价或租金，以及各项收入和支出的折现或计算投资利息等。

4. 预测开发完成后的房地产价值

开发完成后的房地产价值，是指开发完成时的房地产状况的市场价值。该市场价值所对应的日期，通常也是开发完成时的日期，而不是在购买待开发房地产时或开发期间的某个日期（但在市场较好时考虑预售和市场不好时考虑延期租售的是例外）。

5. 估算各项成本费用

各项成本费用包括开发成本、管理费用、投资利息、销售税费、开发利润、投资者购买待开发房地产应负担的税费（各项成本费用的计算详见第 3 节“假设开发法各项费用的计算”)。

6.进行具体计算，求出待开发房地产的价值

即根据假设开发法的计算公式和以上确定的各项参数，选用某种具体计算方式，求得待开发房地产的价值。

6.2 假设开发法的基本公式

6.2.1 假设开发法最基本的公式

假设开发法最基本的公式分为以下两种。

1.计息方法

待开发房地产的价值＝开发完成后的房地产价值－开发成本－管理费用－投资利息－销售费用－销售税费－开发利润－投资者购买待开发房地产应负担的税费 (6-1)

2.折现方法

待开发房地产的价值＝开发完成后的房地产价值－开发成本－管理费用－销售费用－销售税费－投资者购买待开发房地产应负担的税费 (6-2)

房地产开发的周期一般比较长，特别是大型房地产开发项目。公式中开发成本、管理费用、销售费用、销售税费、开发利润、开发完成后的房地产价值等实际发生的时间并不相同，因此，《房地产估价规范》规定：运用假设开发法估价必须考虑资金的时间价值。在实际操作中易采用折现的方法；难以采用折现方法时，可采用计算利息的方法。

计息方法（也称为静态计算方法）即对各项参数，按其实际发生时点时的数值代入公式，这时对各个项目的时间价值的处理方式是分别计算各项目的利息，可根据计息项目的数额、银行贷款利率和计息期，以单利或复利方式计算（一般采用复利方式）。由于房地产上市出售的时间是一个时间段而不是一个时点，因此，计息期的确定常常是比较粗略的，这也就使得计息方法中利息计算较为粗略，由于同样的原因，在计息方法计算方式下利润的计算也较为粗略。相比而言，折现方法计算方式就没有这些缺点。

折现方法（也称为动态计算方法），是将所有的项目，均按其在实际发生时点的数额贴现到估价时点的值代入公式，这时公式中所有项目都对应于估价时点，而

且投资利息和开发利润这两项都不单独显现出来，而是隐含在折现过程中，与计息方法中都单独显现出来有所不同。

6.2.2 根据估价对象调整的公式

上述假设开发法最基本的公式，按估价对象状况进行调整的公式如下。

1. 求生地价值的公式

（1）适用于在生地上进行房屋建设的公式

生地价值＝开发完成后的房地产价值－由生地建成房屋的开发成本－
管理费用－投资利息－销售费用－销售税费－开发利润－
买方购买生地应负担的税费 （6-3）

（2）适用于将生地开发成熟地的公式

生地价值＝开发完成后的熟地价值－由生地开发成熟地的开发成本－
管理费用－投资利息－销售费用－销售税费－土地开发利润－
买方购买生地应负担的税费 （6-4）

2. 求毛地价值的公式

（1）适用于在毛地上进行房屋建设的公式

毛地价值＝开发完成后的房地产价值－由毛地建成房屋的开发成本－
管理费用－投资利息－销售费用－销售税费－开发利润－
买方购买毛地应负担的税费 （6-5）

（2）适用于将毛地开发成熟地的公式

毛地价值＝开发完成后的熟地价值－由毛地开发成熟地的开发成本－
管理费用－投资利息－销售费用－销售税费－土地开发利润－
买方购买毛地应负担的税费 （6-6）

3. 求熟地价值的公式

熟地价值＝开发完成后的房地产价值－由熟地建成房屋的开发成本－
管理费用－投资利息－销售费用－销售税费－开发利润－
买方购买熟地应负担的税费 （6-7）

4. 求在建工程价值的公式

在建工程价值＝续建完成后的房地产价值－续建成本－管理费用－
投资利息－销售费用－销售税费－续建投资利润－
买方购买在建工程应负担的税费 （6-8）

5. 求旧房价值的公式

旧房价值＝装修改造完成后的房地产价值－装修改造成本－管理费用－
投资利息－销售费用－销售税费－装修改造投资利润－
买方购买旧房应负担的税费 (6-9)

对于公式中具体应减去的项目，应掌握的基本原则是设想得到估价对象后至开发完成还需要支出的一切合理、必要的费用、税金及应取得的利润。所以，如果是已经投入的费用，则它就包含在待开发房地产的价值内，不应作为扣除项。例如，土地为熟地，则土地本身不需要再开发；若土地是毛地或生地，则公式中还需扣除开发毛地或生地所需的成本费用。

由于实际情况的复杂性，在运用上述公式估价时需要针对具体情况进行分析。例如，评估毛地，即尚未完成拆迁补偿安置的土地的价值，减去的项目中还应包括拆迁补偿安置费；如果评估的是已完成拆迁补偿安置后的土地的价值，则就不应扣除拆迁补偿安置费。一般情况下，由于现在实行招拍挂土地（土地的招标、招商、拍卖和挂牌）交易程序，土地成交的价格中已经包括拆迁安置、补偿费用，开发商在获取土地以后，由政府统一负责拆迁安置、补偿，所需费用已经包括在土地成交的价格中。对于在建工程，评估工作更为繁杂，例如在建工程资产的投资完成额与其实际完成工作量较难一致、在建工程的建设工期长短差别较大等等，对于上述不同的情况，评估时必须准确地把握在建工程项目的实际完成进度，即把握其已完成的实物工程量，对于那些未安装并固定在建筑物主体上的材料和设备，就不能纳入在建工程的评估范围。在计算在建工程续建完成后的房地产价值时，对于已领有商品房预售许可证，并已预售了部分楼盘的情况，必须将已售部分的在建实物工程量价值和相应的土地使用权价值从整个在建工程的评估值中扣除。

6.2.3 根据经营方式调整的公式

1. 适用于开发完成后出售的公式

$$V = V_P - C \tag{6-10}$$

式中：V——待开发房地产的价值；

V_P——用市场法或长期趋势法测算的开发完成后的房地产价值。

2. 适用于开发完成后出租、营业的公式

$$V = V_R - C \tag{6-11}$$

式中：V_R——用收益法测算的开发完成后的房地产价值。

6.3 假设开发法各项费用的计算

6.3.1 开发经营期

开发经营期可分为开发期和经营期。开发期可称为开发建设期、建设期，其起点与开发经营期的起点相同，终点是预计待开发房地产开发完成（竣工）的日期。对于在土地上进行房屋建设的情况来说，开发期又可分为前期和建造期。前期是从取得待开发土地到动工开发（开工）的这段时间。建造期是从动工开发到房屋竣工的这段时间。经营期根据未来开发完成后的房地产的不同经营使用方式而可以具体化。未来开发完成后的房地产的经营使用方式，主要有销售（包括预售，下同）、出租、营业、自用。因此，经营期可以具体化为销售期（针对销售这种情况）和运营期（针对出租、营业、自用这些情况）。销售期是从开始销售已开发完成或未来开发完成的房地产到将其全部销售完毕的日期。销售未来开发完成的房地产，即预售。在有预售的情况下，销售期与开发期有重合。运营期的起点通常是待开发房地产开发完成（竣工）的日期，终点是开发完成后的房地产经济寿命结束的日期。

确定开发经营期的方法可采用类似于市场法的方法，即根据同一地区、相同类型、同等规模的类似开发项目已有的正常开发经营期来估计。

开发期一般能较准确地估计。但在现实中因某些特殊因素的影响，可能使开发期延长。例如，房屋拆迁或土地征用中遇到“钉子户”，基础开挖过程中发现重要的文物，原计划筹措的资金不能按时到位，某些建筑材料、设备不能按时供货，或者劳资纠纷，遭遇恶劣气候，以及政治经济形势发生突变等一系列因素，都可能导致工程停工，使开发期延长。由于开发期延长，开发商一方面要承担更多的投资利息，另一方面要承担总费用上涨的风险。但这类特殊的非正常因素在估计开发期时一般不考虑。经营期、特别是销售期，通常是难以准确估计的，在估计时应考虑未来房地产市场的景气状况。

6.3.2 开发完成后的房地产价值

开发完成后的房地产价值一般是通过预测来求取。对于销售的房地产，通常是采用市场法，并考虑类似房地产价格的未来变动趋势，或采用市场法与长期趋势法相结合，即根据类似房地产过去和现在的价格及其未来可能的变化趋势来推测。例如，假设现在是 2004 年 8 月，有一宗房地产开发用地，拟建成小高层公寓，开发期为 2 年，如果要推测该公寓在 2006 年 8 月建成时的价格，则可以通过搜集当地该类房地产过去若干年和现在的价格资料以及未来可能的变化趋势来推测确定。

对于出租和直接经营的房地产，如写字楼、宾馆、商店、餐馆，预测其开发完成后的价值，可先预测其租赁或经营收益，再采用收益法将该收益转化为价值。

评估管理政策法规中规定：在运用假设开发法估价时，不应高估未来开发完成后的价值。

房地产估价行业组织已公布报酬率、资本化率、利润率等估价参数值的，应当优先选用；不选用的，应当在估价报告中说明理由。

［例 6-1］ 有一生地，使用年限为 50 年，拟开发为商业大厦，开发期为 2 年。根据当前市场调查分析，估计未来建成的商业大厦每年有 100 万元的总收益，年资本化率为 8%，估算该房地产未来的总价值。

［解］ 由题意：

$$\text{未来的总价值} = \frac{A}{r}\left[1-\frac{1}{(1+r)^n}\right] = \frac{100}{8\%}\left[1-\frac{1}{(1+8\%)^{50-2}}\right] = 1218.91\ \text{万元}$$

［例 6-2］ 根据当前的市场租金水平，预测未来建成的某写字楼的月租金为每平方米使用面积 100 元，可供出租的使用面积为 40000m^2，出租率为 80%，运营费用占租金的 30%，报酬率为 10%，运营期为 47 年，求该写字楼的未来总价值。

［解］ 由题意：

$$\text{未来的总价值} = \frac{A}{r}\left[1-\frac{1}{(1+r)^n}\right] = \frac{100\times 12\times 40000\times 80\%\times(1-30\%)}{10\%}\left[1-\frac{1}{(1+10\%)^{47}}\right] = 26575.23\ \text{万元}$$

［例 6-3］ 根据当前市场调查分析，预测建成后的餐馆 4 年的纯收益为 10 万、12 万、15 万、20 万，第 4 年以后的纯收益将维持在第 4 年的水平上，运营期为 48 年，年资本化率为 15%，求该餐馆的未来总价值。

［解］ 由题意：

$$\text{未来的总价值} = \sum_{i=1}^{t}\frac{A}{(1+r)^i}+\frac{A}{r\ (1+r)^t}\left[1-\frac{1}{(1+r)^{n-t}}\right]$$

$$= \frac{10}{1+15\%}+\frac{12}{(1+15\%)^2}+\frac{15}{(1+15\%)^3}+\frac{20}{15\%\times\ (1+15\%)^3}\left[1-\frac{1}{(1+15\%)^{48-3}}\right]$$

$$= 115.14\ \text{万元}$$

6.3.3 开发成本与管理费用

房地产开发发生的成本，亦即在土地、房屋、配套设施、在建工程开发过程中所发生的各项成本。其成本项目一般包括：土地征用及拆迁补偿费、前期工程费、基础设施费、建筑安装工程费、配套设施费等。具体如下：

（1）土地征用及拆迁补偿费：指因开发房地产而征用土地所发生的各项费用，包括征地费、安置费以及原有建筑物的拆迁补偿费。

（2）前期工程费：指土地、房屋开发前发生的规划、设计、可行性研究以及水文地质勘察、测绘、场地平整等费用。

（3）基础设施费：指土地、房屋开发过程中发生的供水、供电、供气、排污、排洪、通讯、照明、绿化、环卫设施以及道路等基础设施费用。

（4）建筑安装工程费：指土地房屋开发项目在开发过程中按建筑安装工程施工图施工所发生的各项建筑安装工程费和设备费。

（5）配套设施费：指在开发小区内发生，可计入土地、房屋开发成本的不能有偿转让的公共配套设施费用，如水塔、居委会、派出所、幼托、消防、自行车棚、公厕等设施支出。

管理费用是指在整个项目运行过程中为组织和管理开发经营活动而发生的费用，如公司员工（除销售）工资、福利、差旅费及业务招待费等。

由于假设开发法在形式上相当于成本法的倒算，所以，在实际估价中计算开发成本、管理费用时可根据当地的房地产价格构成情况来分项计算，计算的方法也与成本法中的相同，所不同的是需要预测。

6.3.4 销售费用与销售税费

销售费用是指销售开发完成后的房地产所需的市场推广、销售代理、销售办公等费用，包括广告费、销售外卖场租金、销售人员工资、奖金及销售提成等。

销售税费是指销售开发完成后的房地产应缴纳的税金及附加，以及交易手续费等其他销售税费。销售费用和销售税费通常是按照开发完成后的房地产价值的一定比率来计算。

6.3.5 投资利息

投资利息计算只有在计息方法中才需要，计算投资利息的方法与成本法利息的计算相同。在计息方法的计算公式中应计息的项目包括：需要求取的待开发房地产的价值、投资者购买待开发房地产应负担的税费、开发成本和管理费用。销售费用和销售税费一般不计息。另外，计息期起点是该项费用发生的时间点，其终点通常是开发期结束的时间点，既不考虑预售，也不考虑延迟销售。

在计息方法中提到一般以复利计算利息，计算公式为：

$$I = P[(1+i)^n - 1] \tag{6-12}$$

式中：I——利息；

P——投入资金；

i——利率；

n——计息期。

针对不同的需要计息的项目，其具体的利息计算见下。

（1）需要求取的待开发房地产的价值和投资者购买待开发房地产应负担的税费的计息：计息基数为需要求取的待开发房地产的价值、投资者购买待开发房地产应负担的税费这两项费用，计息期为这两项费用的支付时间（通常为同一时间点）到开发完成时间，由此可以求得利息。

（2）开发成本和管理费用的计息：计息基数为开发成本和管理费用，利息计算根据投资情况有以下处理方法。

①开发成本和管理费用在整个开发期内均匀投入。为了计算的方便，可以看作是将全部投资集中在开发期的中间时点一次性投入，即计息期为开发期的一半，而不是将投资分散在开发期各个时点分别计算。

［例 6-4］ 总投资为 1000 万元，开发期为 1 年，投资在开发期内均匀投入，同期银行贷款年利率为 10%，求投资利息。

［解］ 由题意，投资在整个开发期内均匀投入，计息期为开发期的一半，在此开发期为 1 年，投资可以看作是在开发开始半年的时点上一次性投入，因而计息期为 0.5 年。

$$利息 = 1000 \times [(1+10\%)^{0.5} - 1] = 48.81 万元$$

②开发成本和管理费用在开发期内分期投入。各期投入的资金分别计算利息，这要格外注意各期投入的时间点和计息期的处理。

［例 6-5］ 总投资 2500 万元，开发期 2 年，第一年投入总投资的 60%，第二年投入 40%，同期银行贷款年利率为 10%，求投资利息。

［解］ 由题意，按各期投入的资金分别计算利息，在此各期没有具体投入的起始时间，那么可以看作是在各期开始半年的时点上一次性投入，所以第一期的计息期为 1.5 年，第二期的计息期为 0.5 年。如果说明投入的具体起始时间，则按其相应的具体投入时间计算，如在此例题中改为第一年年初投入总投资的 60%，则第一期的计息期为 2 年。在此要注意各期投入的时间点不同，其计息期的处理也就不同。

$$投资利息=2500\times60\%\times[(1+10\%)^{1.5}-1]+2500\times40\%\times[(1+10\%)^{0.5}-1]=279.34\ 万元$$

6.3.6 开发利润

开发利润计算只有在计息方法中才需要。计算开发利润的方法与成本法中的相同，通常是以一定基数乘以利润率。《房地产估价规范》规定，开发利润的计算基数可取待开发房地产价值与开发成本之和，或取开发完成后的房地产价值。利润率可取同一市场上类似房地产开发项目相应的平均利润率。

6.3.7 投资者购买待开发房地产应负担的税费

投资者购买待开发房地产应负担的税费，是指投资者一旦购买了待开发房地产，在交易时作为买方应负担的有关税费，主要包含契税、交易手续费等。其中契税是以所有权发生转移变动的不动产为征税对象，向产权承受人征收的一种财产税；对国有土地使用权出让、土地使用权转让（包括出售、赠与和交换）等均需征收契税；契税税率为3%～5%，具体适用税率由省、自治区、直辖市人民政府在此幅度内根据本地区的实际情况确定。而房地产交易手续费属经营服务性收费，在经批准建立的房地产交易机构提供交易服务、办理交易手续时收取。交易手续费通常按交易总额的规定比例（根据总额分段计算）向交易双方分别收取。

因此，投资者购买待开发房地产应负担的税费的计算方法通常是将待开发房地产价值乘以以上各种相关税费相应的税费率。

［**例 6-6**］现有一块 $3km^2$ 的生地，拟进行“七通一平”成片开发后分块出让。据调查，附近地区已开发完成“七通一平”土地的出让单价为 1200 元/m^2；可出让土地面积为全部土地的 70%，其余为公共设施用地；土地开发费用为3.5 亿元/km^2，开发期为两年，开发成本在开发期内分期均匀投入，第一年投入 70%，第二年投入 30%，贷款年利息率为 10%，勘察设计、估价等专业费用为土地开发费用的 3%；投资利润率为 20%，当地土地转让中卖方需要缴纳的转让税费为开发完成后转让价格的 6.5%，买方需要缴纳的税费为转让地价的 4%。试用传统方法估算该成片生地总价和单位面积地价。

［**解**］由题意，设该成片生地的总价为 V。

该成片生地开发完成后的总价值$=1200\times3000000\times70\% = 25.2$ 亿元

土地开发费用$=3.5\times3=10.5$ 亿元

专业费用$=10.5\times3\% = 0.315$ 亿元

投资利息$=(V+V\times4\%)[(1+10\%)^2-1]+(10.5+0.315)\times70\%\times$

$[(1+10\%)^{1.5}-1]+(10.5+0.315)\times 30\%\times[(1+10\%)^{0.5}-1]$

$=0.218V+1.322$ 亿元

转让税费 $=25.2\times 6.5\%=1.638$ 亿元

开发利润 $=(V+V\times 4\%+10.5+0.315)\times 20\%=0.208V+2.163$ 亿元

购买该地的税费 $=V\times 4\%$

$V=$ 该成片生地开发完成后的总价值－土地开发费用－专业费用－投资利息－转让税费－开发利润－购买该地的税费

$=25.2-10.5-0.315-(0.218V+1.322)-1.638-(0.208V+2.163)-V\times 4\%$

$V=6.318$ 亿元

单价 $=210.60$ 元/m^2

[例 6-7] 今有一宗"七通一平"的待建土地，土地使用权年限为 50 年，从 2004 年 5 月 1 日起计，地总面积 $1000m^2$，规划允许建筑面积 $4000m^2$，适宜建筑某种类型的写字楼。预计总开发时间是 2 年，建筑安装工程费为 1000 元/m^2，专业费用为建筑费的 4%，第一年均匀投入 60%的建筑费和专业费用，第二年均匀投入其余建筑费和专业费用。销售费用和销售税费为售价的 8%，购买该宗地相关税费为地价的 4%。该写字楼工程竣工后一次全部租出，可出租面积为总建筑面积的 70%，预计每月出租的净收益为 60 元/m^2。试利用所给资料，用折现方法评估该宗土地在 2004 年 5 月 1 日的总价、单价及楼面地价。(年资本化率为 15%，折现率为 14%)

[解] 设该宗土地在 2004 年 5 月 1 日的价格为 V。

$$开发后的总价值=\frac{A}{r}\left[1-\frac{1}{(1+r)^n}\right]\times\frac{1}{(1+r_d)^t}$$

$$=\frac{4000\times 70\%\times 60\times 12}{15\%}\left[1-\frac{1}{(1+15\%)^{48}}\right]\times\frac{1}{(1+14\%)^2}$$

$=1032.90$ 万元

$$建筑费及专业费=\frac{1000\times 4000\times(1+4\%)\times 60\%}{(1+14\%)^{0.5}}+\frac{1000\times 4000\times(1+4\%)\times 40\%}{(1+14\%)^{1.5}}$$

$=370.48$ 万元

销售费用和销售税费 $=1032.90\times 8\%=82.63$ 万元

购买该地的税费 $=V\times 4\%$

$V=$ 开发后的总价值－建筑费及专业费－销售费用和销售税费－购买该地的税费

$=1032.90-370.48-82.63-V\times4\%$

$V=557.49$ 万元

单位地价 $=557.49\times10000/1000=5574.90$ 元

楼面地价 $=5574.90/4=1393.73$ 元

[例 6-8] 某旧厂房的建筑面积 6000m²。根据其所在地点和周围环境，适宜装修改造成写字楼出租，并可获得政府主管部门批准，但需补交楼面地价为 400 元/m² 的地价款，同时取得 50 年的土地使用权。预计装修改造期为一年，装修改造费为 1000 元/m²（装修改造费均匀投入，视同发生在装修改造期中）。估计该写字楼装修改造完成后即可全部租出，可出租面积为建筑面积的 70%，正常出租率为 85%；附近同档次写字楼可出租面积的年租金为 800 元/m²，出租的成本及税费为年租金的 30%，报酬率为 9%。购买该旧厂房买方需要缴纳的税费为旧厂房价格的 4%。试利用上述资料估算该旧厂房现状下的正常购买总价和单价（采用折现方法，折现率为 12%）。

[解] 设该旧厂房的正常购买总价为 V。

$$\text{装修改造后的总价值}=\frac{A}{r}\left[1-\frac{1}{(1+r)^n}\right]\times\frac{1}{(1+r_d)^t}$$

$$=\frac{800\times6000\times70\%\times85\%\times(1-30\%)}{9\%}\times$$

$$\left[1-\frac{1}{(1+9\%)^{49}}\right]\times\frac{1}{(1+12\%)}$$

$$=1954.26\text{ 万元}$$

$$\text{装修改造费用}=\frac{1000\times6000}{(1+12\%)^{0.5}}=566.95\text{ 万元}$$

购买该旧厂房应补交地价 $=400\times6000=240.00$ 万元

购买该厂房应缴纳税费 $=V\times4\%$

$V=$ 装修改造后的总价值 $-$ 装修改造费用 $-$ 购买该旧厂房应补交地价 $-$

购买该厂房应缴纳税费 $=1954.26-566.95-240.00-V\times4\%$

$V=1103.18$ 万元

故，该旧厂房的正常购买总价 $=1103.18$ 万元

单价 $=1103.18/6000=1838.63$ 元/m²

[例 6-9] 某在建工程开工于 2004 年 11 月 30 日。拟开发为商业居住混合用途用房地产；总用地面积 2000 m²，土地使用权年限 50 年，从开工之日起计；规划建筑总面积 9000 m²，其中商业用途的建筑面积为 2000 m²，居住用途的建筑面积

为 7000 m^2；该工程正常施工期 2 年，建筑费及专业费为每平方米建筑面积 1600 元，至 2005 年 5 月 31 日已完成 7 层主体结构，已投入总建筑费及专业费的 40%，还需要投入总建筑费及专业费的 60%（假设均匀投入，视同发生在该投入期中）。估计该项目可按期建成，商业部分建成半年后可租出，可出租面积的月租金为 60 元/ m^2，可出租面积为建筑面积的 65%，正常出租率为 85%，出租的成本及税费为年租金的 30%；居住部分建成时即可售出，售价为 4000 元/ m^2，销售费用和销售税费为售价的 8%，又知当地购买在建工程应缴纳的税费为购买价格的 5%。试利用上述资料以折现方法估计该在建工程于 2005 年 5 月 31 日的正常总价格。假定报酬率为 8%，折现率为 14%。

［解］设该在建工程于 2005 年 5 月 31 日的正常总价格为 V。

$$\text{续建完成后的总价值}=\frac{4000\times7000}{(1+14\%)^{0.5}}+\frac{60\times12\times2000\times65\%\times85\%\times(1-30\%)}{8\%}\times\left[1-\frac{1}{(1+8\%)^{50-2.5}}\right]\times\frac{1}{(1+14\%)^{2}}$$

$$=2300.39+521.82$$

$$=2822.21 \text{ 万元}$$

$$\text{续建总费用}=\frac{1600\times9000\times60\%}{(1+14\%)^{0.75}}=783.13 \text{ 万元}$$

销售费用和销售税费 $=2300.39\times8\% = 184.03$ 万元

购买该在建工程应缴纳税费 $=V\times5\%$

V=续建完成后的总价值－续建总费用－销售费用和销售税费－购买该在建工程应缴纳税费

$=2822.21-783.13-184.03-V\times5\%$

$V=1766.71$ 万元

6.4 假设开发法运用举例

1. 待估房地产概况

本估价对象位于某市××大街，东临××路，北临××大街，西临××住宅区，是一块“三通一平”的建设用地，规划建设用地面积为 8000m^2，规划用地性质为居住和商业项目。建筑容积率不大于 5.0，允许建筑覆盖率上限为 50%，土地使用权出让时间为 2006 年 2 月，土地使用年限从土地使用权出让时起为 50 年。

2. 估价要求

为确定土地出让价格提供参考意见，不用于其他用途。

3. 估价时点

2006 年 2 月。

4. 估价的假设和限制条件

略。

5. 价格定义

略。

6. 估价依据

(1)《中华人民共和国国家标准房地产估价规范》(GB/T 50291—1999)。

(2)《中华人民共和国土地管理法》。

(3)《中华人民共和国房地产管理法》。

(4) 国土资源部《土地估价规程》。

(5) 估价人员实地勘察获取的资料及搜集的市场资料。

7. 估价原则

本次估价遵循了以下房地产估价原则：

(1) 合法原则：即以估价对象的合法使用、合法处分为前提进行评估。

(2) 最高最佳使用原则：即以能给估价对象带来最高收益的使用方式为前提进行评估，这种使用，是在法律上允许、技术上可能、财务上可行的。

(3) 估价时点原则：由于房地产市场是不断变化的，在不同估价时点，同一宗房地产往往具有不同的价格水平，本次估价结果应是估价对象在估价时点的客观合理价格或价值。

(4) 替代原则：估价结果不明显偏离类似房地产在同等条件下的价格。

8. 估价方法

分析所掌握的资料并进行了实地勘察和对邻近地区调查之后，根据估价对象的特点及其实际状况（该土地属于待开发房地产），选取假设开发法作为本次评估的基本方法。

9. 估价过程

(1) 选择最佳的开发利用方式

①用途为居住与商业混合。

②建筑容积率达到最大的允许程度，即为 5，故总建筑面积为 40000m^2。

③建筑覆盖率适宜，为 25%。

④建筑物层数确定为 20 层。其中，1～4 层的建筑面积相同，均为 2000m^2，适宜为商业用途；5～20 层的建筑面积相同，均为 2000m^2，适宜为居住用途。故

商业用途的建筑面积为 8000m^2，居住用途的建筑面积为 32000m^2。

（2）预计开发期

预计共需 3 年时间才能完全建成投入使用，即 2009 年 2 月建成。

（3）预测开发完成后的房地产价值

根据对市场的调查分析，预计商业部分在建成后可全部售出，居住部分在建成后可售出 60%，其余 40%半年后可售出；商业部分在出售时的平均价格为 6000 元/m^2，居住部分在出售时的平均价格为 3000 元/m^2。

（4）估计成本费用、销售费用和销售税费

建筑安装工程费预计为 1500 元/m^2；勘察设计和前期工程费及管理费等预计为每平方米建筑面积 600 元；估计在未来 3 年的开发期内，开发建设费用（包括勘察设计和前期工程费、建筑安装工程费、管理费等）的投入情况如下：第一年需投入 30%，第二年需投入 50%，第三年投入余下的 20%。销售费用和销售税费预计为售价的 9%，其中广告宣传和销售代理费为售价的 3%，两税一费和交易手续费等为售价的 6%。折现率选取 12%。据了解，如果得到该土地，还需要按取得价款的 4%缴纳有关税费。

（5）求取地价

计算的基准时间定为该块土地的出让时间，即 2006 年 2 月。

假设购买该地的总价格为 V。

$$建成后的总价值=\frac{6000\times8000}{(1+12\%)^3}+3000\times32000\times\left[\frac{60\%}{(1+12\%)^3}+\frac{40\%}{(1+12\%)^{3.5}}\right]$$

$$=10099.06 万元$$

$$成本费用=(1500+600)\times40000\times$$

$$\left[\frac{30\%}{(1+12\%)^{0.5}}+\frac{50\%}{(1+12\%)^{1.5}}+\frac{20\%}{(1+12\%)^{2.5}}\right]$$

$$=7190.10 万元$$

销售费用和销售税费$=10099.06\times9\%=908.92$ 万元

购地税费$=V\times4\%$万元

V =建成后的总价值－成本费用－销售费用和销售税费－购地税费

$=10099.06-7190.10-908.92-V\times4\%$

$V=1923.12$ 万元

估价结果：以上述计算结果为主，并参考估价人员的经验，将总地价确定为 1923.12 万元。

小　结

假设开发法是将预测的估价对象未来开发完成后的价值，减去未来的正常开发成本、税费和利润等来求取估价对象的客观合理价格或价值的方法。

假设开发法适用于具有投资开发或再开发潜力的房地产的估价，如待开发的土地（包括生地、毛地、熟地）、在建工程、可装修改造或可改变用途的旧房（包括装修、改建、扩建，如果是重建就属于毛地的范畴）。运用假设开发法估价一般分为六个步骤进行，假设开发法最基本的公式分为计息方法和折现方法两种，根据待估房地产的实际情况选用。

复习思考题

一、名词解释

假设开发法　生地　毛地　熟地　在建工程　计息方法　折现方法

二、思考题

1. 假设开发法的理论依据是什么？
2. 假设开发法适用的对象有哪些？
3. 运用假设开发法进行估价，其外部环境方面应具备哪些前提条件？
4. 简述假设开发法估价的操作步骤。
5. 试列出假设开发法的两种最基本公式。
6. 假设开发法中计息方法与折现方法的主要区别有哪些？
7. 试列出假设开发法按估价对象状况进行调整的公式。
8. 确定开发经营期的目的是什么？

三、计算题

1. 有一成片荒地需要估价，获知该成片荒地的面积为 2.5km²，适宜进行“五通一平”开发后分块有偿转让；可转让土地面积的比率为 70%；附近地区与之位置相当的“小块”“五通一平”熟地的单价为 1000 元/m²；开发期需要 3 年；将该成片荒地开发成“五通一平”熟地的开发成本、管理费用等经测算为 2 亿元/km²；贷款年利率为 8%；投资利润率为 15%；当地土地转让中卖方需要缴纳的税费为转让价格的 6%，买方需要缴纳的税费为转让价格的 4%。试用计息方法测算该成片荒地的总价和单价。

2. 某地块拟开发成综合性、多功能的商务大厦，地块占地 15000 m^2，总建筑面积 80000 m^2，预计开发期为 3 年，大厦的出售价格为 18000 元/m^2，建成后一年全部售出，销售税率和销售费用分别是 5%和 3%。该地块为生地，需进行基础设施建设和场地拆迁，预计这部分费用为 2000 元/m^2，建安工程费为 5000 元/m^2，专业费按建筑费的 6%计算，上述三项费用第一年均匀投入 20%，第二年均匀投入 50%，第三年均匀投入 30%。另外购买该宗地相关税费为地价的 4%。今用假设开发法折现方法评估该块地的出让价格（折现率 14%）。

3. 某旧厂房的建筑面积为 6000 m^2。根据其所在地点和周围环境，适宜装修改造成商场出售，并可获得政府批准，但需补交土地使用权出让金等 500 元/m^2（按建筑面积计），同时取得 40 年的土地使用权。预计装修改造期为 1 年，装修改造费为每平方米建筑面积 1200 元；装修改造完成后即可全部售出，售价为4500 元/m^2；销售费用和销售税费为售价的 8%；购买该旧厂房买方需要缴纳的税费为其价格的 4%。试利用上述资料用折现方法测算该旧厂房的正常购买总价和单价（折现率为 12%）。

4. 某在建工程开工于 2003 年 4 月 1 日。总用地面积 5000m^2，规划总建筑面积 40000m^2，用途为写字楼。土地使用年限为 50 年，从开工之日起计，当时取得土地的花费为楼面价 1200 元/m^2。该项目的正常开发期为 3 年，建设费用（包括前期工程费用、建筑安装工程费、管理费等）为 2800 元/m^2（按建筑面积计）。至 2004 年 10 月 1 日实际完成了主体结构，已投入 40%的建设费用，但估计至建成尚需 2 年，还需投入 60%的建设费用，建成后半年可租出，可租出面积的月租金为 80 元/m^2，可出租面积为建筑面积的 70%。正常出租率为 80%，出租的运营费用为有效毛收入的 30%。当地购买在建工程买方需要缴纳的税费为购买价的 3%，同类房地产开发项目的销售税费为售价的 6%，试利用上述资料用折现方法估算该在建工程 2004 年 10 月 1 日的正常购买总价和按规划建筑面积折算的单价（报酬率为 8%，折现率为 10%）。

5. 在建写字楼于 2003 年 3 月 10 日取得 50 年的土地使用权，总建筑面积 10000m^2，于 2003 年 9 月 10 日开工，至估价时点 2004 年 9 月 10 日完成主体结构，距建成尚需一年半，并需投入 2500 元/m^2 的建设费用。预计该写字楼建成后即可出租，出租的前 4 年净租金收入为 300 万元、350 万元、420 万元、500 万元，第 5 年开始往后净租金收入维持在第 4 年的水平上。购买在建工程应交纳的税费为购买价格的 3%，建成后转让税费为转让价格的 6%。试利用上述资料用折现方法估算该在建工程 2004 年 9 月 10 日的正常购买总价和单价（年资本化率为 8%，折现率为 12%）。

第7章 地价评估

本章概要

土地是房地产价值存在的基础，地价评估是房地产估价中不可或缺的内容之一。地价一般可以利用前面介绍的市场比较法、收益法、假设开发法（剩余法）、成本法等方法评估，但这些方法一般只适合单宗土地的估价，而在短期内对大量宗地进行估价时，还需要一些独特的地价评估方法，即基准地价修正法和路线价法。因此，本章详细地介绍了我国地价体系的概念及构成情况，并就地价体系的核心之一——基准地价，展开了针对其概念、评估过程的论述。在此基础上，重点介绍基准地价修正法的基本原理、评估技术路线及应用实例；在详细介绍路线价法的概念、原理、适用对象的基础上，重点介绍路线价法计算地价的步骤，及各类型临街宗地地价的计算方式。同时，在合理界定待分摊地价内涵及其影响因素的基础上，重点介绍建筑地价分摊方法。

7.1 地价体系

土地使用制度改革以来，随着我国土地市场的不断发展完善和对土地管理的需要，逐步形成以土地等级和地价组成的相互影响、相互联系的地价体系，如基准地价、标定地价、交易底价和成交地价等。地价体系在加强土地资产管理、规范土地市场方面发挥着越来越重要的作用。

7.1.1 地价体系的概念

按照马克思的地租理论，地价是土地经济价值的反映，是为了购买获取土地预期收益的权利而支付的代价，即地租的资本化。由于土地实物、产权、区位、市场供求关系和政府土地管理政策的不同，在地产市场上形成了不同级别、不同标准和起不同作用的地价形式。为了区分各形式地价的差异，满足全面地管理土地资产和规范、完善土地市场的需要，将各形式地价赋予不同的概念和内涵，形成了在一定的管理制度和市场条件下运行的既相互联系又互有区别的土地价格系列。

我国地域辽阔，区位基础、区位条件、城市规模和经济发展水平等存在明显的差异，导致各区域土地开发利用方式和土地利用价值也存在明显的差异。因此，地价体系不仅要满足某个城镇或区域土地管理和土地市场发育与运行的需要，而且应能反映不同城镇或区域间的地价水平差异，使其具有可比性，以引导土地合理利用与合理投资，避免在土地使用权有偿出让和依法转让、出租、抵押、入股、联营等经济活动中，出现有些地方存在盲目制定、故意压低或抬高地价水平的现象，以防国有土地资产的流失和浪费。另外，从土地本身使用价值角度来讲，在理想的土地市场和土地交易中，仅从发挥土地经济效益的原则出发，土地的使用价值优，等级高，则地价就应该高；相反，地价就低。但在现实的土地管理制度和土地市场条件下，或从综合效益考虑，或受交易双方的交易行为等多种因素的影响，往往会出现土地使用价值高的不一定能实现高地价，土地使用价值低的也不一定地价会低等现象。所以，为了能够全面、科学、合理地管理土地，有效利用土地，需要对土地使用价值进行评定，即土地质量评定。

由此可见，地价体系不仅是一个城镇的一组相互联系、互有区别、发挥不同作用的土地价格系列，而且应包括不同城镇之间及城镇内的土地质量等级。土地质量等级是土地价格稳定的本质表现，而土地价格是土地质量在市场上的更为灵活的外在表现。因此，地价体系是一定区域范围内，由若干相互联系、互为区别且互为补充的地价和土地质量等级构成，各自发挥其不同作用，共同满足土地管理和市场运行需要的一组价格系列。地价体系中地价种类的多少，取决于土地制度、地价的作用、土地市场状况及政府管理土地的需要。

7.1.2 地价体系的构成

为满足各级政府土地管理部门既要作为国有土地的产权代表，又要作为国有土地的政府管理部门的双重职能，各级政府土地管理部门需要了解其管辖区域内的土地质量等级状况及土地市场发展变化趋势；另外，为满足地产投资者和土地使用者对土地利用、投资、转移等经济活动的需要，其同样需要了解土地市场发展变化趋势，但其更关注已投资或使用的土地价格水平。因此，我国的地价体系既要与我国的土地管理制度和有关法律法规相配套，同时也要满足各级政府、土地投资者和使用者等对地价进行宏观调控、微观管理和市场正常交易等多方面、多层次的需要。我国的地价体系具体包括以下几方面内容。

1. 城镇土地质量等级

城镇土地质量等级反映一定区域范围内或全国不同城镇间的整个城镇土地质量水平，体现不同城镇间的土地质量差异。城镇土地质量等级同时还反映城镇内部土地区位条件和利用效益的差异，同一级别或均质地域内的土地条件相似、地价水平相近。两者均是各级政府对全区域的土地价格水平及分布进行宏观管理和调控的基础。

2. 基准地价和路线价

基准地价反映城镇不同土地质量等级或均质地域中不同土地利用类型的土地使用权平均价格；路线价是反映不同路线区段的平均价格，实质上也是一种基准地价，是政府对城镇土地市场进行宏观管理和调控的基础，是我国地价体系的核心。

3. 标定地价

标定地价反映具体宗地在正常土地市场和正常经营管理水平下的某时点的地价。标定地价是政府对土地市场和地价进行具体管理的依据，是地价管理的基础，也是我国地价体系的核心。

4. 交易底价或交易评估价

交易底价能够为土地市场交易者提供在不同市场条件和不同交易形式下进行交易的最低价或参考价。

5. 成交地价

成交地价是指具体宗地在土地市场交易活动中，由双方认可并据此支付地价款的价格。

由上述有关价格衍生成供抵押贷款、土地税收、征地拆迁、资产核算等方面使用的地价。上述各类地价相互影响、相互联系、相互补充，有不同的特点，在地价体系中发挥着各自不同的作用。从地价性质和特点来看，城镇土地质量等级或均质地域是根据城镇土地区位、集聚规模、产业结构、商服繁华程度、交通条件、基础设施状况、环境与人口状况和样点地价等，通过一定方法评定出来的区域平均土地使用价值，实质是反映土地使用价值的优劣，是土地估价的基础；基准地价是在城镇土地质量等级的基础上，依据过去的成交地价和土地收益情况采用房地产估价方法评估得到的，是我国最常见的区域平均地价；路线价是基准地价的一种，适用于商业路线区段的宗地估价；标定地价、交易底价及由此衍生出来的其他宗地价格，是在基准地价或路线价基础上，采用房地产估价方法而评定出来的；而成交地价是土地市场中实际成交的现实价格。从地价在地价体系中的功能和作用来看，城镇土地质量等级或均质区域、基准地价、路线价和标定地价属于评估价格，是政府为了宏观管理土地资产、规范土地市场，而组织或委托专业评估机构评估得到的，对地价体系中其他价格具有较强的导向和控制作用；标定地价、交易底价或交易评估价是土地市场中最常见的地价形式，是地价体系的重要组成部分；而成交地价反映了土地市场中现实的供需价格，是地价体系内最重要的参考指标。

由上述各类地价的性质、特点和作用来看，我国已经形成了以土地等级和地价组成的土地质量和价值评价体系；建立了以基准地价、标定地价为核心，交易底价、成交价、路线价以及上述有关价格类型衍生或派生的地价等多种形式的相互影响、相互联系、相互补充的地价体系。随着土地管理制度的完善与土地市场的不断发展，地价体系内容将不断地充实与完善。

7.2 基准地价的评估

基准地价是我国地价体系的核心内容之一，具有直接控制和引导各宗地地价的功能。因此，准确地评估区域范围内各级土地或均质地域的各用途基准地价，能够为运用基准地价修正法评估宗地价格提供准确的价值基础；同时，基准地价管理是政府调控土地市场的重要手段，是了解区域地价水平及其变化状况的重要途径。目前，我国绝大多数市（县）开展了基准地价的评估、更新和应用工作。

7.2.1 基准地价的概念和作用

1. 基准地价的概念

基准地价是指在一定时间内，对城镇规划区范围各级土地或均质地域，按照商业、住宅、工业等土地利用类型分别评估的法定最高出让年期的土地使用权区域平均价格。基准地价一般由政府组织或委托评估，评估结果需经政府签定认可，并依法定期公布，同时根据市场变化适时调整。基准地价的基本内容，包括分用途、分区域基准地价及其在不同因素条件下修正为宗地地价的修正系数体系，都应以适当的形式予以公布。

基准地价是分用途的土地使用权价格，在城市的任何一个区域中，不同利用类型的土地应有不同的基准地价；基准地价是区域的平均价格，能够反映一个区域中土地收益或土地租金、价格的平均水平；基准地价只反映一定时间的价格标准，具有时效性；基准地价是有限年期的土地使用权价格，不同用途土地使用权的出让最高年期不一致，因此不同用途的基准地价的年期也不同，如居住用地的最高出让年限为 70 年，商业、旅游、娱乐用地的最高出让年限为 40 年，工业、教育、科技、卫生等用地的最高出让年限为 50 年。

2. 基准地价的作用

基准地价是我国地价体系的核心内容之一，具有直接控制和引导各宗地地价的功能，在规范与宏观调控土地市场、强化土地税收等方面发挥着不可替代的作用，具体表现为：

（1）是调整经济活动在空间合理布局的经济杠杆。基准地价一般以城镇整体为单位进行评估，反映土地市场中地价变化趋势，揭示土地利用的经济效果，能够向投资者提供一个合理公平的土地资产价格信息，有利于合理引导土地使用者投资、利用和经营管理，确保土地资源在各行业间的合理配置。

（2）为国家计征土地税提供依据。土地税包括城镇土地使用税、土地增值税、契税和耕地占用税。基准地价成果，为合理划分和调整城镇土地使用税的等级和税额标准，客观反映各城镇各区域地价和土地收益的差别，及时提供、更新现有税源登记档案及税源数据库中有关房地产价值等信息，建立健全土地税收税源登记档案和税源数据库等提供了科学合理的依据，进一步发挥了税收调节经济和土地收益的作用。

（3）为进一步评估宗地价格提供依据。基准地价修正法是宗地价格评估的一种重要方法，因基准地价能够反映一个区域中土地收益或土地租金、价格的平均水平，基准地价被广泛应用于土地使用权出让、转让、出租、抵押、作价入股、授权经营及清产核资、土地收购整理等宗地价格评估中。

（4）是加强国家宏观管理的手段，是政府制定地价政策、宏观调控土地市场的依据。基准地价可以显示城市范围内不同区域不同用途地价的总体水平，为政府宏观控制城市地价总体水平提供基础；基准地价是政府制订土地出让金和年地租的基础和前提；为政府制订协议出让国有土地最低价提供依据。国土资源部 2003 年 7 月发布的《协议出让国有土地使用权规定》（21 号令）文件规定，以协议方式出让国有土地使用权的出让金不得低于按国家规定所确定的最低价，有基准地价的地区，协议出让最低价不得低于出让地块所在级别基准地价的 70%，有效地避免了地方政府为招商引资而低价出让土地、扰乱土地市场和国有资产流失的问题。

7.2.2 基准地价的评估

基准地价评估，是在对城市（镇）内有收益的土地或发生交易的土地估价的基础上，按照一定评估程序、原则、方法，评估出的各级土地或各区域内土地的平均价格，并在基准地价的基础上，分用途、分区域分析地价影响因素与地价的关系，建立起基准地价修正体系，为评估宗地地价服务。

1. 基准地价评估思路

基准地价评估应按照同一市场供需圈内，土地使用价值相同、等级一致的土地，应具有同样的市场价格的原理进行。首先将城市内土地按照影响土地使用价值优劣的土地条件和区位优劣，划分为土地条件均一或土地使用价值相等的区域或级别，并进行不同区域归类。然后在同一土地级别或类型区域中，从土地使用者已取得的土地超额利润、已成交的地租和地价入手，测算出不同行业用地在不同土地级别和土地条件均质区域上形成的土地收益或地价，进而评估出基准地价。在评估出基准地价的基础上，分析基准地价同宗地地价、租金和土地条件的相关关系，建立起城市内土地级别或区域分用途的宗地地价修正体系。

2.基准地价评估的程序与方法

(1) 基准地价评估区域范围的确定。评估区域范围一般是按城市的整个行政区域或规划区或建成区来定，然后在有土地级别的评估区域内，以土地级别作为基准地价评估的细分区域；也可按不同用途土地的地价影响因素的条件差异划分出不同的均质区域作为基准地价评估区，适用于没有划分土地级别、土地市场发育较好的城镇。

(2) 基准地价评估资料的调查与收集。主要指对已有的地价、地租及土地收益资料进行调查与收集，如对房屋买卖与出租、商品房出售、柜台出租、征地、拆迁开发、以地换房等资料的收集。收集过程包括制定资料收集计划、编制调查表格和人员培训、划分调查区、确定调查方法和收集途径及调查资料的审核。其中，调查途径主要是通过走访有关部门及个人，收集现有及实地调查资料。如商品房出售的资料主要通过对各省建筑定额标准、开发公司、买房单位、产权登记机关、物价、建行、建设及规划部门、税务局的调查而获取。

(3) 资料的分析整理。主要指对地租、地价和土地收益资料进行分析整理，针对不同类型的样点资料采用适宜的估价方法，测算样点地价，并依据基准地价的内涵对其进行使用年期、容积率、交易时间等情况的修正，建立可比基础。如利用房屋交易资料测算样点地价，可以利用剩余法，从房屋交易总价中扣除房屋本身的实际价值、交易应交的税金和管理费，从而分离出地价，再对该地价进行使用年期、容积率、交易时间等的修正。在样点地价测算和修正的基础上，依据划定的基准地价评估区域，进行样点地价的分类统计。以土地级别为评估区域的，应分别统计各级土地中商业、住宅、工业用地的样点地价交易资料类型和数量。以均质地域为评估区域的，按路段或片区分别统计样点地价资料类型和数量。

(4) 样点数据检验。通过适宜的数量统计检验方法，首先检验资料的处理方法是否准确，其次进行样本总体分布类型的检验，最后在样本总体分布类型的检验的基础上，剔除样本地价数据的异常值。

(5) 基准地价评估模型的选择及基准地价的确定。根据样点地价分布特点和影响地价的因素条件，分析土地级别或均质区域内土地质量与地价的相关关系，建立合适的基准地价评估模型。目前常用的模型有指数模型和算术平均数模型，利用土地收益资料评估基准地价的模型有指数模型、多元线性模型、生产函数模型。利用上述模型，计算出各土地级别或均质区域中不同用途土地的基准地价。一般一个区域有综合、商业、居住、工业用地四种基准地价。

(6) 提出基准地价应用的建议和技术。包括基准地价在使用中应注意的事项、利用基准地价计算宗地地价的方法及修正系数的确定等，其中最主要的是编制基准地价修正系数表及其他相关因素的修正体系，如具体区位、基础设施状况、交通条件、土地使用年限、容积率、土地形状、临街状况等的修正方法和修正系数。如北京市在2002年公布基准地价的同时，制定并公布了应用基准地价测算宗地价格的方法、基准地价影响因素修正系数说明表和基准地价容积率修正系数表。

7.2.3 基准地价修正法

基准地价修正法，是我国土地估价中重要的应用估价方法之一，它是利用城镇基准地价和基准地价修正系数表等评估成果，按照替代原理，将待估宗地的区域条件和个别条件等与其所处区域的平均条件相比较，并对照修正系数表选取相应的修正系数对基准地价进行修正，从而求取待估宗地在估价基准日价格的一种估价方法。应用基准地价修正法，最基础的条件是该地区要有政府批准公布的基准地价和基准地价修正系数表。它可在短期内大批量进行宗地地价评估，但宗地地价评估的精度取决于基准地价及其修正体系的精度，故在城市基准地价尚未及时更新的情况下应慎重使用。

1. 基准地价修正法的基本原理

基准地价修正法的基本原理是替代原理，即在正常的市场条件下，具有相似土地条件和使用功能的土地，应当具有相似的价格。基准地价相对应的土地条件，是区域内土地的一般条件。因此，通过对待估宗地条件与级别或均质区域内同类用途土地的一般条件相比较，对照基准地价修正系数表选取适宜的修正系数，对基准地价进行修正，并对其进行使用年期、估价期日和容积率等方面的再修正，即可得待估宗地地价。实际上，基准地价修正法与市场比较法类似，基准地价相当于市场比较法中的可比交易实例，基准地价修正系数表相当于待估宗地与实例之间的房地产状况调整，使用年期和估价期日修正均类似于比较法中关于该项的修正。

2. 基准地价修正法的程序与方法

(1) 搜集有关基准地价的资料。主要包括：土地级别表、土地级别图、样点地价分布图、基准地价表、基准地价图、基准地价修正系数表和相应的因素条件说明表，并归纳整理和分析，作为宗地估价的基本资料。

(2) 确定待估宗地所处地段对应的基准地价。根据待估宗地的位置、用途，对照前面收集到的土地级别图表、基准地价图表，确定其所处的土地级别、基准地价和相应的因素条件说明表、因素修正系数表和基准地价的内涵、构成、表达方式等，以确定宗地地价修正的基准和需要调查的影响因素项目。

值得注意的是，基准地价的内涵、构成和表达方式不尽相同，有熟地价、生地价之分；有土地级别的基准地价、区片价的基准地价、路线价的基准地价之分；有用土地单价表示的，也有用楼面地价表示的。

（3）调查待估宗地地价影响因素，确定宗地地价影响因素修正系数。依据基准地价修正系数表和相应的因素条件说明表，确定待估宗地须调查的地价影响因素。再依据已有资料结合实地调查，确定待估宗地地价因素指标数据，将其与相应的基准地价影响因素说明表对比，确定因素指标对应的优劣程度，再按优劣程度查对基准地价修正系数表，得到该因素的修正系数。将调查的所有影响因素进行同样处理，则待估宗地影响因素的总修正系数按下式计算。

$$k=\sum_{i=1}^{n}k_i \tag{7-1}$$

式中：k——待估宗地全部地价影响因素的总修正值；

k_i——待估宗地第 i 个地价影响因素的修正值；

n——修正因素个数。

需特殊说明的是，待估宗地的开发程度与基准地价设定的开发程度不一致时，在确定宗地地价影响因素修正系数前，应进行土地开发程度差异修正。

（4）确定待估宗地使用年期修正系数。基准地价的使用年期为各用途的最高出让年限，而待估宗地的使用年期各不相同，因此必须进行年期修正，具体修正公式如下：

$$k_{\mathrm{y}}=\frac{1-\left(\dfrac{1}{1+r}\right)^{m}}{1-\left(\dfrac{1}{1+r}\right)^{n}} \tag{7-2}$$

式中：k_{y}——待估宗地年期修正系数；

r——土地还原率；

m——待估宗地可使用年期；

n——待估宗地用途法定最高出让年限。

（5）确定交易日期修正系数。交易日期修正是将基准地价在其估价时点的值，调整为待估宗地估价时点时的值。其修正系数确定方法与市场法中的交易日期调整的方法相同。

（6）确定容积率修正系数。容积率对地价的影响很大，基准地价设定的容积率为该用途土地在该级别或均质地域内的平均容积率，当待估宗地的容积率与其不同时，必须进行容积率修正。具体修正公式如下：

$$k_c = k_i / k_j \tag{7-3}$$

式中：k_c——待估宗地容积率修正系数；

k_i——待估宗地容积率对应的地价水平指数；

k_j——待估宗地所在级别或均质地域内的平均容积率对应的地价水平指数。

修正系数的取值要考虑地区规划的平均容积率，要兼顾用地的经济效益与合理性。如住宅用地容积率在1～3.5范围内比较合适，超过3.5，经济效益提高了，但楼太高、太密，居民生活不方便，小区的环境质量下降，其用地的合理性降低；如果容积率低于1，环境条件优化了，而土地的经济效益却降低了。

（7）求出待估宗地的价格。根据前面所求的各项修正系数，对待估宗地对应的基准地价修正，即可得待估宗地地价。具体计算公式如下：

$$V = V_b \times (1 + \sum k_i) \times k_j \tag{7-4}$$

式中：V_b——待估宗地对应的基准地价；

$\sum k_i$——待估宗地全部地价影响因素的总修正值；

k_j——待估宗地土地使用年期、交易期日、容积率等其他修正系数。

7.2.4 基准地价修正法运用举例

基准地价修正法适用于完成基准地价评估的城镇中的土地估价，特别是在市场交易案例较少的地方，使用该法更为适合。该法具体适用于居住用地、工业用地、商业、旅游、娱乐用地及划拨土地等的土地使用权价格评估。在已具备基准地价和基准地价修正系数表的情况下，运用基准地价修正法的关键是如何准确确定待估宗地的各项修正系数。下面就商业用地估价案例，说明基准地价修正法的具体运用。

[案例]

1. 待估宗地概况

××市城市中心商业街有一待估商业宗地，其面积为2500m²，1998年1月1日出让，土地出让年限为40年，宗地现状容积率为2.7，实际开发程度为“五通一平”，宗地的区域因素与个别因素略。

2. 估价要求

需要评估该宗地在估价基准日2006年1月1日的土地使用权价格。

3. 估价过程

（1）确定待估宗地所在区域的土地级别及基准地价。根据××市基准地价成果资料可知，待估宗地位于该市的三级商业基准地价区，该级别基准地价为6100元/m²，基准期日为2002年1月1日，商业用地的平均容积率为2，土地使用权年期为40年，土地开发程度为“五通一平”。该商业街基准地价的因素条件说明和修正系数见表 7-1 和表 7-2，其容积率修正系数见表 7-3。

××市商业用地因素条件说明表　　表 7-1

影响因素 \ 优劣程度		优	较优	一般	较劣	劣
商业繁华度	距商业中心的距离	≤R/2（R 为构成商服区规模的距离）	>R/2 且<R	R		
	企业经营类别	首饰店、高档服装	家用电器、服装、饮食	日用百货、理发	副食店等	基本生活用品店
	企业职能总数	>400 个	250～400 个	150～250 个	80～150 个	<80 个
交通便捷度	距火车站距离	<100m	100～300m	300～500m	500～1000m	1000～1500m
	距汽车站距离	<100m	100～300m	300～500m	500～1000m	1000～1500m
	距公交车站距离	<100m	100～200m	200～300m	300～600m	>600m
	公交车站车流量	>30 辆/h	15～30 辆/h	8～14 辆/h	5～7 辆/h	<4 辆/h
区域土地利用方向	周边土地利用类型	商业用地	居住用地	公共建筑用地	工业仓储用地	特殊用地
临街宽度和深度	临街宽度	>14m	10～14m	6～10m	2～6m	<2m
	临街深度	<4m	4～7m	7～11m	10～15m	>15m
临街道路状况	道路级别	20～40m	10～20m	7～10m	<7m	无
	人行道宽度	>5m	3～5m	1.5～3m	1～1.5m	<1m
	交通管制	无限制	货车转行	货车转行，其他车不能停放	汽车单行道，且不能停放	限制机动车通行
宗地条件	宗地形状				土地形状不良，对利用产生一定影响	形状差，对利用产生严重影响

××市商业用地基准地价修正系数表　　表 7-2

影响因素 \ 优劣程度		优	较优	一般	较劣	劣
商业繁华度	距商业中心的距离	11.80	5.90	0.00		
	企业经营类别	15.00	7.50	0.00	−3.75	−7.50
	企业职能总数	15.40	7.70	0.00	−3.85	−7.70

续上表

影响因素 \ 优劣程度		优	较优	一般	较劣	劣
交通便捷度	距火车站距离	5.70	4.28	2.85	1.43	0.00
	距汽车站距离	5.70	4.28	2.85	1.43	0.00
	距公交车站距离	4.00	3.00	2.00	1.00	0.00
	公交车站车流量	3.60	1.80	0.00	−0.90	−1.80
区域土地利用方向	周边土地利用类型	7.60	3.80	0.00	−3.80	−7.60
临街宽度和深度	临街宽度	5.00	2.50	0.00	−2.50	−5.00
	临街深度	2.50	1.25	0.00	−1.25	−2.50
临街道路状况	道路级别	2.50	1.25	0.00	−1.25	−2.50
	人行道宽度	2.00	1.00	0.00	−1.00	−2.00
	交通管制	2.00	1.00	0.00	−1.00	−2.00
宗地条件	宗地形状			0.00	−1.25	−2.50

××市商业用地容积率修正系数表　　表 7-3

容积率	1.8	2	2.2	2.4	2.6	2.7
修正系数	1.041	1.000	0.970	0.925	0.897	0.874

(2) 此次估价设定宗地的土地开发程度与基准地价设定的土地开发程度一致，故无需进行修正。

(3) 确定待估宗地地价影响因素修正系数（$\sum k$）。依据表 7-1 确定待估宗地各地价影响因素的优劣程度，再依据表 7-2 确定各因素的修正系数，详见表 7-4 所示。

××市待估商业用地地价影响因素优劣程度及修正系数表　　表 7-4

影响因素	优劣度	修正系数（%）	影响因素	优劣度	修正系数（%）
距商业中心的距离	一般	0.00	周边土地利用类型	较优	3.80
企业经营类别	一般	0.00	临街宽度	一般	0.00
企业职能总数	一般	0.00	临街深度	较优	1.25
距火车站距离	一般	2.85	道路级别	一般	0.00
距汽车站距离	较劣	1.43	人行道宽度	较优	1.00
距公交车站距离	较优	3.00	交通管制	较劣	−1.00
距公交车站车流量	较优	1.80	宗地形状	一般	0.00
合计：$\sum k = +14.13\%$					

(4) 确定待估宗地日期修正系数 (k_1)。依据样点地价资料的变动情况，编制地价指数表 7-5。

地价指数表 表 7-5

日期	2002.1.1	2003.1.1	2004.1.1	2005.1.1	2006.1.1
地价指数	1.00	1.03	1.07	1.12	1.16

则：$k_1 = 1.16/1.00 = 1.16$

(5) 确定待估宗地土地使用权年期修正系数 (k_y)。基准地价的使用年限为 40 年，而待估宗地的剩余土地使用年限为 40－8＝32 年，设定土地还原率为 5.2%。则

$$k_y = \frac{1-\left(\frac{1}{1+5.2\%}\right)^{32}}{1-\left(\frac{1}{1+5.2\%}\right)^{40}} = 0.924$$

(6) 确定待估宗地容积率修正系数 (k_c)。根据该市商业用地容积率修正系数表 7-3 可得：

$$k_c = 0.874/1.000 = 0.874$$

(7) 确定待估宗地地价。

待估宗地地价＝宗地所在区域的级别基准地价× $(1+\sum k)$ $\times k_1 \times k_y \times k_c$

$= 6100\times(1+14.13\%)\times 1.16\times 0.924\times 0.874 = 6522$ 元/m²

7.3 路线价法

路线价法是应用估价方法之一，它可以快捷、方便地同时评估多宗土地的价格，适用于土地管理、课税、征地拆迁补偿等方面的估价需求。

7.3.1 路线价法的概念

路线价法是对面临特定街道且可及性相当的市街地设定标准深度，选取若干标准宗地求其平均价格，设此平均价格为该特定街道的路线价，依据路线价，再配合深度价格修正率表和其他价格修正率表，计算出面临该道路的其他宗地地价的一种估价方法。路线价法中涉及的有关概念如下。

标准深度：在城市土地中，随着土地离道路距离的增加，道路对土地利用价值影响为零时的临界深度称为标准深度。

标准宗地：在城市一定区域中，根据街道状况、公共设施的接近状况、房屋的疏密度等条件划分区段，从区段范围内选定的在深度、宽度、用途、容积率、形状等方面属众数的宗地称为标准宗地。

里地线：标准深度处的连线称为里地线。

表地、里地：里地线与道路之间的区域称为临街地或表地，里地线以外的区域称为里地。

7.3.2 路线价法的基本原理

1. 替代原理

路线价法可简单理解为依据各样点宗地价格，分析宗地地价与影响地价的临街深度等因素的相关关系，进而据此估算其他宗地地价的方法。因此，路线价法类似于市场比较法，其理论依据与市场法相同，是房地产价格形成的替代原理。路线价法中的路线价可视为市场比较法中的“可比实例价格”；临街同一道路的其他土地的价格，是以路线价为基准，考虑其临街深度、土地形状、临街状况、临街宽度等，进行适当的修正而求得的。

2. 区位理论

可及性可以视为区位条件的一种表示，因此对于商业用地来讲，可及性是决定其价格高低的主要因素。同一街道，各宗地价格随其距离道路的远近程度，即临街深度的增加而递减，宗地越接近道路其地价越高，反之越低；同一宗临街宗地，其接近街道部分的地价高于离开街道的部分，越接近道路其地价越高；在同一城市中，不同区位的宗地具有不同的路线价，例如一个城市的商业中心地带和商业次中心地带的路线价截然不同，甚至有的相差很大。

7.3.3 路线价法适用的对象和条件

路线价法是一种快速、相对公平合理，又能节省人力、财力和物力，可以同时对大量土地进行估价的方法，特别适用于房产税收、市地重划、城市房屋拆迁补偿或其他需要在大范围内同时对大量土地进行估价的情况。

（1）路线价法主要适用于城市土地的估价，尤其适用于城市商业街道两侧土地的估价。

（2）运用路线价法估价的前提条件是城市规划较完善，街道较规整，临街各宗土地的排列较整齐；评估区域有较多的交易实例，土地市场发展规范；必须保证深度价格修正与其他价格修正体系的精确度，因为在路线价确定以后，各幅土地的价格主要取决于该土地的价格修正体系。

7.3.4 路线价法计算地价的步骤

按照路线价估价法的基本原理与估价要求，运用路线价法计算地价可按照以下步骤依次进行。

1. 划分路线价区段

、 路线价区段，是指具有同一个路线价的地段。因此，在划分路线价区段时，应将可及性相当、地块相连的土地划为同一个路线价区段。两个路线价区段的分界线，原则上是地价有显著差异的地点，一般是从十字路或丁字路中心处划分，两个路口之间的地段为一个路线价区段。一般情况下，一条街道只设一个路线价。但因繁华区域的土地，其位置的细微变化，将会引起地价的极大差异，所以，对于较长的繁华街道，有时需要将两个路口之间的地段划分为两个以上的路线价区段，分设不同的路线价。而某些欠繁华的街道，同一个路线价区段可延长至数个路口。另外，在同一条街道上，如果两侧宗地的用途、繁华程度、地价水平有显著差异，应以街道中心为分界线，对该街道的两侧分设不同的路线价。

2. 设定标准临街深度

标准深度是街道对地价影响的转折点，由此接近街道的方向，地价受街道的影响而逐渐升高；由此远离街道的方向，其地价急剧下降，可视为基本不变。在实际估价中，设定的标准深度通常是路线价区段内临街各宗土地的临街深度的众数。例如，某个路线价区段内临街宗地大部分的深度为 18m，则其标准深度应设定为 18m；如果临街深度普遍为 22m，则标准深度应设定为 22m。

3. 选取标准临街宗地

标准宗地是路线价区段内具有代表性的宗地。选取标准宗地的具体要求是：(1) 一面临街；(2) 土地形状为矩形；(3) 临街深度为标准深度；(4) 临街宽度、用途、容积率应具有代表性，一般为同一路线价区段内临街各宗地的临街宽度、用途、容积率的众数；(5) 其他方面，如土地使用年限、土地生熟程度等也应具有代表性。在标准宗地选取方面，美国是以 0.3048m（1 英尺）为标准宽度、30.48m（100 英尺）为标准深度；台湾地区以 18m 为标准深度；我国大陆对标准宗地的宽度与深度没有统一的规定，均视具体评估地价区段宗地宽度与深度的众数而定。

4. 调查评估路线价

路线价是设定在街道上的若干标准宗地的平均价格。通常在同一路线价区段内选择一定数量以上的标准宗地，运用收益法和市场法分别求其单位价格或楼面地价，然后求这些标准宗地的单位价格或楼面地价的众数或中位数、简单算术平均数、加权算术平均数等，即得该路线价区段的路线价。具体的评估与均质地域基准地价的估价类似，主要包括地价实例调查、宗地地价计算、宗地数据检验、确定地价区段、计算区段地价、划分地价等级等六个步骤。

5. 制作价格修正率表

临街宗地地价因其临街深度与宽度、容积率、土地使用年期、朝向和地价分摊率等因素影响而使地价呈一定规律变化，反映地价变化相对程度的表格即为价格修正率表，分有深度价格修正率表和其他价格修正率表。深度价格修正率表又称深度百分率表、深度指数表，是基于深度价格递减率制作出来的。

（1）深度价格修正的理论依据

深度价格递减率是基于临街土地中各部分的价值随远离街道而递减的现象得来的。如图 7-1a）所示，设有一临街深度为 n 米的矩形宗地，沿平行道路方向，将其深度以 1m 为单位划分为许多等量细条宗地，并从临街方向起，按顺序以 a_1，a_2，a_3，…，a_{n-1}，a_n 等符号来表示。越接近街道者，利用价值越大，则有 a_1 的价值大于 a_2 的价值，a_2 的价值大于 a_3 的价值，…，a_{n-1}的价值大于 a_n 的价值。另外，a_1 与 a_2 的价值之差最大，a_2 与 a_3 的价值之差其次，之后逐渐缩小，至 a_{n-1}与 a_n 的价值之差可视为接近于零。但不同城市、同一城市的不同路线价区段，地价随深度变化的程度是不完全相同的，表现为图 7-1b）中曲线的位置及弯曲程度不同。弯曲程度越大，表明土地价值对深度的变化越敏感；弯曲程度越小，表明土地价值对深度的变化越不敏感。如果将各细条的价值折算为相对数，便可制成深度价格修正率表，其揭示宗地的价值随其临街深度递减的规律。

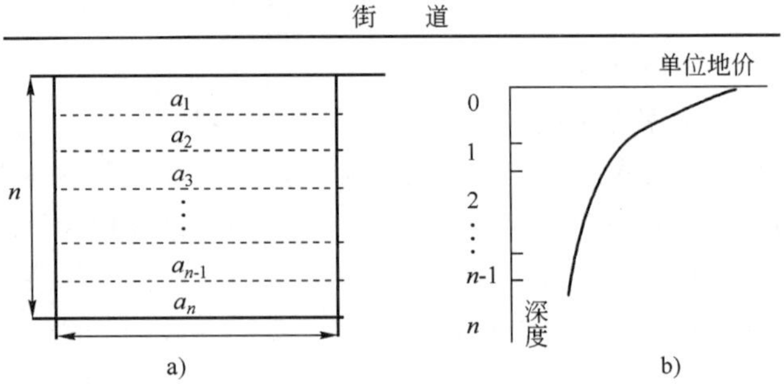

图 7-1　深度价格递减示意图

（2）深度价格修正的常用方法介绍

路线价估价法很早就在英美流行，并逐步形成了较为典型且颇具参考价值的多种深度价格指数表，如欧美的四三二一法则、霍夫曼法则和哈柏法则等。其中四三二一法则最为简单、易懂，下面以该法则为例重点介绍其应用。

四三二一法则，又称慎格尔法则，是将临街深度 100 英尺的土地，划分为与街道平行的四等份，每等份的临街深度为25英尺，各等份的价值因离街道的远近不同而不同。从街道方向算起，第一等份的价值、第二等份的价值、第三等份的价值、第四等份的价值分别占整块土地价值的40%、30%、20%、10%。

如果超过100英尺，则按九八七六法则来计算，即超过100英尺的第一个25英尺等份的价值、第二个25英尺等份的价值、第三个25英尺等份的价值、第四个25英尺等份的价值分别为临街深度100英尺的土地价值的9%、8%、7%、6%。

［例7-1］ 某临街各宗土地是以临街宽度为1英尺、临街深度为100英尺的标准宗地的总地价作为路线价，该标准宗地的总地价为3000元。该路线价的标准临街深度为100英尺。宗地b_1、b_2、b_3、b_4、b_5、b_6的临街深度与宽度如图7-2，试利用四三二一法则和九八七六法则计算各宗地的总地价。

［解］ 由题意，各宗地的价格为：

$b_1=3000\times40\%\times15=1.8$ 万元

$b_2=3000\times(40\%+30\%)\times15=3.15$ 万元

$b_3=3000\times(40\%+30\%+20\%)\times20=5.4$ 万元

$b_4=3000\times(40\%+30\%+20\%+10\%)\times20=6$ 万元

$b_5=3000\times(40\%+30\%+20\%+10\%+9\%)\times25=8.175$ 万元

$b_6=3000\times(40\%+30\%+20\%+10\%+9\%+8\%)\times25=8.775$ 万元

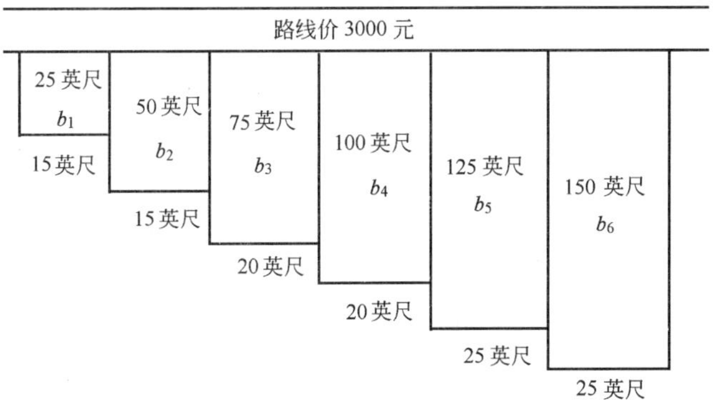

图7-2　临街各宗地示意图

（3）编制深度价格修正率表

深度价格修正率表能够系统地反映深度对土地价格的影响，制作的依据为前面讲述的深度价格递减规律。如图7-1a）所示，假设a_1，a_2，a_3，…，a_{n-1}，a_n也分别表示各细条的价值占整块土地价值的比率，则深度价格修正率表依据下列三种修正率原理制作而成。

①单独深度价格修正率

$$a_1>a_2>a_3>\cdots>a_{n-1}>a_n$$

②平均深度价格修正率

$$a_1 > (a_1 + a_2)/2 > (a_1 + a_2 + a_3)/3 > \cdots >$$
$$(a_1 + a_2 + a_3 + \cdots + a_{n-1})/(n-1) > (a_1 + a_2 + a_3 + \cdots + a_{n-1} + a_n)/n$$

③累计深度价格修正率

$$a_1 < a_1 + a_2 < a_1 + a_2 + a_3 < \cdots <$$
$$a_1 + a_2 + a_3 + \cdots + a_{n-1} < a_1 + a_2 + a_3 + \cdots + a_{n-1} + a_n$$

编制深度价格修正率表的步骤为：a. 设定标准深度；b. 分析比较实例调查中地价变化的规律，确定深度价格修正率表中的级距、级数；c. 确定单独深度价格修正率；d. 将单独深度价格修正率转换为累计深度价格修正率或平均深度价格修正率，以累计深度价格修正率或平均深度价格修正率制作深度价格修正率表。

依据上述制作方法，现将依据四三二一法则制作的深度价格修正率表，及台湾的临街深度指数表分别列出，见表 7-6、表 7-7。为了便于利用平均深度价格修正率，将表 7-6 中临街深度 100 英尺的平均深度价格修正率乘以 4 转换为 100%，为了保持与其他数值的关系不变，其他数值均同时乘以 4，见表 7-6。累计深度价格修正率与平均深度价格修正率可用下面的公式表示：

平均深度价格修正率＝累计深度价格修正率×标准深度/所给深度 (7-5)

四三二一法则深度价格修正率表 表 7-6

临街深度（英尺）	25	50	75	100	125	150	175	200
四三二一法则（%）	40	30	20	10	9	8	7	6
单独深度价格修正率（%）	40	30	20	10	9	8	7	6
累计深度价格修正率（%）	40	70	90	100	109	117	124	130
平均深度价格修正率（%）	40	35	30	25	21.8	19.5	17.7	16.25
转换后的平均深度价格修正率（%）	160	140	120	100	87.2	78.0	70.8	65.0

台湾省临街深度指数表 表 7-7

深 度（m）	未满 4	满 4 未满 8	满 8 未满 12	满 12 未满 16	满 16 未满 18	18 以上
指 数（%）	130	125	120	110	100	40

目前我国已用路线价的城市的深度价格修正方法类似于台湾地区的计算方法。

（4）编制其他价格修正率表

在一个路线价区段内，因各宗地的临街状况、形状、宽度、位置、容积率、土地使用年期等因素不同，需要在深度价格修正的基础上，进行其他因素的修正，即需编制其他价格修正率表。

①临街状况与宗地形状修正。除深度外，临界状况与宗地形状对宗地地价的影响也很大，在估价时需要适当的修正。临街状况包括一面临街、两面临街、正面和

侧面临街等，宗地形状有矩形、三角形、梯形、不规则形等。关于形状、临界状况不同的宗地，将在下节选取适当的典型宗地为例，阐述其路线价估价过程。

②宽度修正。临街宗地在深度相同的情况下，宽度不同地价自然不同，并且对顾客的吸引程度也不同，进而影响商店的营业额，因此需要进行宽度修正。其计算方式是在同一路线价区段中选取若干深度相同的宗地，调查其宽度对价格影响的变动情况，进而确定宽度修正率。

③宽深比修正。当宗地的宽度较宽和深度较深的情况下，单独采用宽度和深度修正往往不符合实际情况，而且操作困难，需要用宽度与深度的比率系数来修正。

④容积率修正。随着容积率的增加，地价一般会上升。路线价仅代表一定容积率水平下的地价。因此在具体估价时，需调查同一路线价区段内不同容积率水平下的平均地价，依其价格变动情况确定容积率修正系数。

⑤年期修正。需进行年期修正的一般为出让与转让宗地。根据有限年期地价公式可计算出宗地的出让或转让年期修正系数。有限年期地价公式为：

$$V = A/r[1 - 1/(1+r)^n] \tag{7-6}$$

式中：V——地价；

A——年地租；

r——还原利率；

n——出让或转让年期。

⑥地价分摊率修正。地价分摊率是将地价调整、分摊到各楼层的比例。不同用途不同类型用地的地价分摊率，随着楼层的增加而呈现不同的变化规律，具体见本章第 4 节内容。

6. 计算临街土地的价值

路线价法的基本公式为

$$\text{宗地总价}=\text{路线价}\times\text{深度价格修正率}\times\text{宗地面积} \tag{7-7}$$

上述基本公式仅适用于一面临街的矩形宗地，而对于有特殊条件存在的土地，如两面临街地、街角地、三角形地、梯形地、袋地、不规则形地等，除了利用上述基本公式计算地价外，还需要做进一步的加价或减价修正，此种情况下的计算公式为

$$\text{宗地总价}=\text{路线价}\times\text{深度价格修正率}\times\text{宗地面积}\pm\text{其他价格修正值} \tag{7-8a}$$

或

$$\text{宗地总价}=\text{路线价}\times\text{深度价格修正率}\times\text{宗地面积}\times\text{其他价格修正率} \tag{7-8b}$$

7.3.5 路线价法运用举例

路线价法在具体的宗地估价业务中的运用，是以标准宗地的单价作为路线价，

采用平均深度价格修正率，依据路线价法的基本公式，再根据具体待估宗地的形状、临街状况等进行适当的加价或减价修正，而得到待估宗地地价的。现举例说明临街各宗土地价格的计算。

1. 一面临街地地价的计算

（1）矩形宗地、平行四边形宗地地价的计算。首先查出该矩形宗地所在区段的路线价，再根据其临街深度查出相应的深度价格修正率，则一面临街矩形宗地单价为路线价与深度价格修正率的乘积，总价为单价再乘以土地面积。可以将平行四边形宗地看作矩形宗地计算其地价，以其高度为临街深度。

［例 7-2］ 图 7-3 中宗地 A 是临街深度为 15.24m（50 英尺）、临街宽度 5m 的矩形宗地；宗地 F 是临街深度为 12.5m 的平行四边形宗地。根据表 7-6，计算宗地 A 的总地价。根据表 7-7，计算宗地 F 的土地单价。

［解］ 由题意：

宗地 A 的总地价＝2000×140％×15.24×5＝21.336 万元

宗地 F 的土地单价＝2000×110％＝2200 元/m^2

（2）梯形宗地地价的计算。梯形宗地的临街状况有两种，一种是平行边与临街线一致，如图 7-3 中的宗地 D、E 所示，以其高度为临街深度，按临街深度价格修正率求得其单价后，再视其上下两边长短的比例及利用价值进行加价或减价修正，其修正的数额（幅度）一般不超过原价的 20％；一种是平行边与临街线垂直，如图 7-3 中的宗地 B 所示，以其两边中点的连线为其临街深度，按临街深度价格修正率求得其单价，不再进行加价或减价修正。

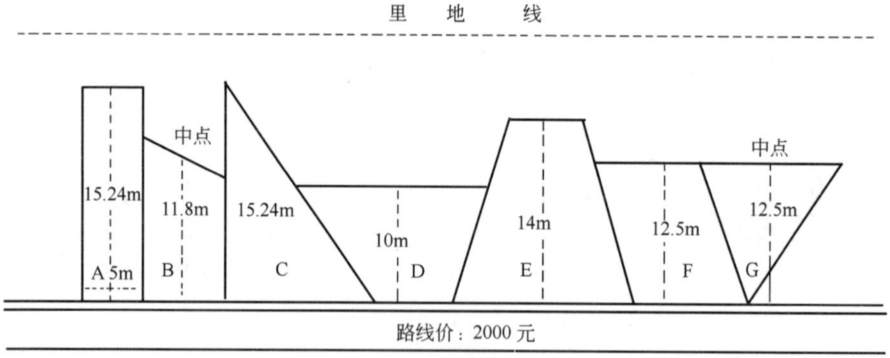

图 7-3　一面临街各宗地示意图

［例 7-3］ 图 7-3 中梯形宗地 B、D、E 的临街深度分别为 11.8m、10m、14m，根据表 7-7，分别计算其土地单价，其中宗地 D、E 的价格修正幅度分别为－15％与 10％。

[**解**] 由题意：

宗地 D 的土地单价＝2000×120%×（1－15%）＝2040 元/m^2

宗地 E 的土地单价＝2000×110%×（1＋10%）＝2420 元/m^2

宗地 B 的土地单价为＝2000×120%＝2400 元/m^2

（3）三角形宗地地价的计算。三角形宗地的临街状况有两种，一种是正三角形宗地，即宗地的一边与临街线一致，如图 7-3 中的宗地 C 所示；一种是逆三角形宗地，即宗地的一个顶点与临街线一致，如图 7-3 中的宗地 G 所示。计算正三角形宗地的价格，通常是先将该三角形宗地作补充线，使其成为一面临街的矩形或平行四边形土地，依照一面临街矩形或平行四边形宗地单价的计算方法计算，然后乘以三角形土地价格修正率。对于逆三角形宗地地价的计算可比照后面袋地的计算方式，见图 7-6 中的宗地 L 的计算。

[**例 7-4**] 图 7-3 中宗地 C 的临街宽度为 22.86 m（75 英尺），临街深度为 15.24m（50 英尺），根据表 7-6，计算其土地总价。另假设临街深度为 15.24m 的三角形宗地的价格修正率为 70%。

[**解**] 由题意：

宗地 C 的总价＝2000×140%×70%×15.24×22.86/2＝34.14 万元/m^2

2. 前后两面临街地地价的计算

两面临街地是指前后两面都临街的宗地，如图 7-4 中宗地 H 所示。计算该类宗地地价时，要考虑不同路线价对地价的影响程度，通常是先确定高价街（前街）与低价街（后街）的影响范围的分界线，以此分界线将土地分为前后两部分，然后按各自所临街道的路线价和临街深度计算价格，再将此两部分的价格加总。计算公式为：

高价街影响深度＝高价街路线价/（高价街路线价＋低价街路线价）×总深度　（7-9）

低价街影响深度＝总深度－高价街影响深度　（7-10）

两面临街宗地单价＝(高价街路线价×高价街深度价格修正率×高价街影响深度＋低价街路线价×低价街深度价格修正率×低价街影响深度）/总深度　（7-11）

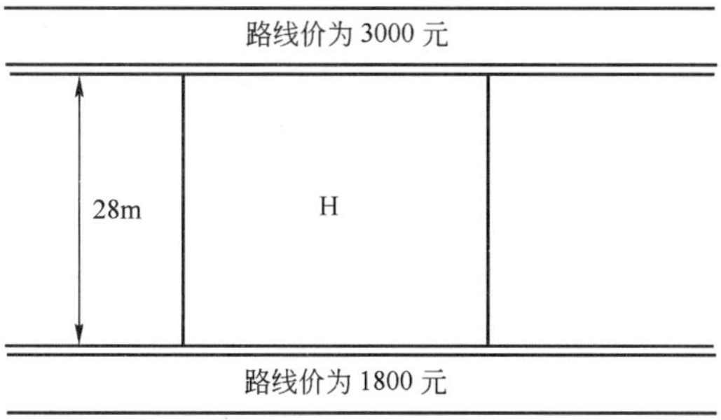

图 7-4　两面临街宗地示意图

[**例 7-5**] 图 7-4 中宗地 H 的临街总深度为 28m，前街与后街路线价分别为 3000 元/m² 与 1000 元/m²，根据公式 (7-9)、(7-10)、(7-11) 及表 7-7，计算宗地 H 的土地单价。

[**解**] 由题意：

宗地 H 的高价街影响深度＝3000/（3000＋1800）×28＝17.5m

宗地 H 的低价街影响深度＝28－17.5＝10.5m

宗地 H 的土地单价＝(3000×100％×17.5＋1800×120％×10.5) /28＝2685 元/m²

3. 街角地地价的计算

街角地是指位于十字路口或丁字路口的土地，同时受两条相交道路的影响，如图 7-5 所示。计算街角地宗地价格，通常先求取高价街（正街）的价格，然后根据低价街（旁街）对宗地地价产生的影响，计算低价街的影响加价，最后加总即得街角地地价。旁街对街角地的影响加价率视实际情况而定，计算公式如下：

街角地地价＝正街路线价×正街深度价格修正率＋旁街路线价×旁街深度价格修正率×旁街影响加价率　(7-12)

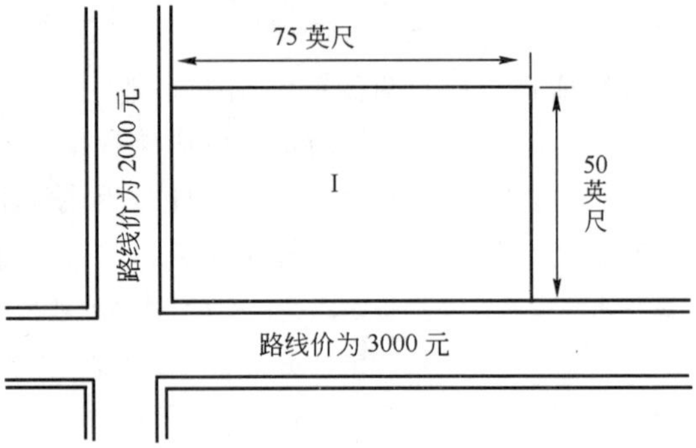

图 7-5　街角地宗地示意图

[**例 7-6**] 图 7-5 中宗地 I 的正街临街深度为 15.24m（50 英尺），其路线价为 3000 元/m²，旁街临街深度为 22.86m（75 英尺），其路线价为 2000 元/m²，根据表 7-6，计算宗地 I 的总地价。另设宗地 I 的旁街影响加价率为 20％。

[**解**] 由题意：

宗地 I 的总地价＝（3000×140％＋2000×120％×20％）×22.86×15.24＝163.04 万元

4. 袋地地价的计算

袋地是指不直接临街的宗地，如图 7-6 中的宗地 J、K、L、M、N、O 所示。

袋地地价的计算以其起迄深度为临街深度，采用表 7-8 中相应的袋地深度指数进行修正，再依据袋地形状的不同，比照前面相应形状的一面临街宗地的方法进行计算。

袋地深度指数表

表 7-8

深度起（m）\ 深度指数（m）\ 深度迄（m）	未满 4	满 4 未满 8	满 8 未满 12	满 12 未满 16	满 16 未满 18
满 16 未满 18					60
满 12 未满 16				66	63
满 8 未满 12			72	69	66
满 4 未满 8		75	74	71	68
未满 4	78	77	75	73	70

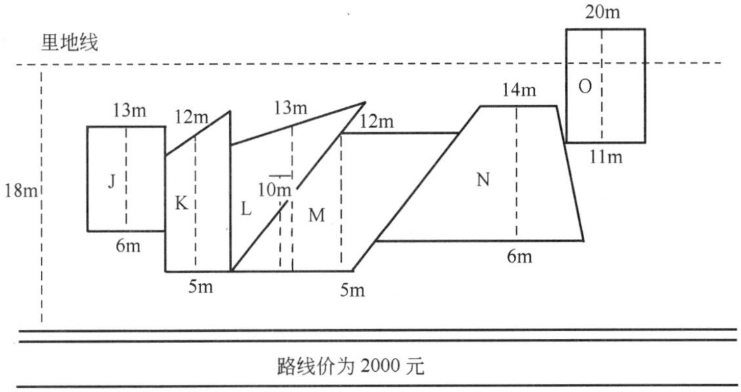

图 7-6　各袋地宗地示意图

（1）矩形袋地、平行四边形袋地、梯形袋地，如图 7-6 中的宗地 J、K、M、N 所示。除临街深度以袋地的“起深度”和“迄深度”来确定外，其计算方式与一面临街相应形状的宗地地价计算方法相同。其中，起深度是指袋地距离街道较近的一边与街道之间的距离，而迄深度则是距街道较远的一边与街道之间的距离。

［例 7-7］ 根据表 7-8，计算图 7-6 中袋地 J、K、M、N 的土地单价。其中袋地 N 的加价率设定为＋13％。

［解］ 由题意，矩形袋地 J、梯形袋地 K、平行四边形袋地 M 的起深度分别为 6m、5m、5m，迄深度为分别 13m、12m、12m，其深度指数均为 71％，三者地价相等；梯形袋地 N 的起深度为 6m，迄深度为 14m。

宗地 J、K、M 的土地单价＝2000×71％＝1420 元/m^2

宗地 N 的土地单价＝2000×71％×（1＋13％）＝1605 元/m^2

（2）对于逆三角形，不论其顶点是否临街，均按袋地计算，如图 7-3 中的宗地 G 与图 7-6 中的宗地 L 所示。其中，起深度是指三角形顶点与底边中点的距离的 1/2 处，讫深度为底边中点处的临街深度。

［**例 7-8**］根据表 7-8，计算图 7-6 中三角形宗地 L 的土地单价。

［**解**］由题意，宗地 L 的起深度为 10m，讫深度为 13m。

宗地 L 的土地单价＝2000×69％＝1380 元/m^2

（3）当宗地的讫深度大于标准深度，即超过里地线时，应以里地线为界，划分为表地和里地两部分，分别以表地单价与里地单价按面积比例平均计算其单价。其中，表地单价为路线价乘以袋地深度指数，里地单价一般按路线价的四成计算。如图 7-6中袋地 O 所示。

［**例 7-9**］图 7-6 中袋地 O，其表地部分的起讫深度为 11m、18m，面积占整宗地的 7/9，其里地部分的起讫深度为 18m、20m，面积占整宗地的 2/9。根据表 7-8，计算其土地单价。

［**解**］由题意：

袋地 O 的土地单价＝2000×66％×7/9＋2000×40％×2/9＝1204 元/m^2

5. 其他形状宗地地价的计算

计算其他形状土地的价格，通常借助于一些辅助线，将其划分为矩形、三角形等规则性易于计算的土地，然后分别计算这些矩形、三角形土地的价格，再相加减，或者再乘以相应的加价或减价率。所以，一般只要掌握了一面临街与两面临街宗地中矩形、三角形等几种基本形状宗地地价的计算，以及街角地及袋地等宗地地价的计算，其他形状宗地的价格计算问题便可迎刃而解。

7.4 建筑地价的分摊

现代城市中，多层、高层建筑已成为城市建筑的主体，土地利用形态日趋空间化；同时，一座建筑物呈现同时被多个所有者或使用者拥有与用途多样化的特点。而一座建筑物占用的土地在实物形态上不可分割，只要发生房地产交易活动，便会出现土地权属在立体空间上的分割及与之相应的地价空间分配问题，即建筑地价分摊。解决建筑地价分摊问题，需要合理的界定待分摊地价的内涵，充分考虑影响地价分摊的多种因素，采用适当的地价分摊方法，这些均是房地产估价的重要内容。

7.4.1 建筑地价分摊的必要性

随着社会经济的发展、建筑技术的日益提高以及土地的稀缺，多层和高层建筑越来越多，土地价格立体空间化发展越来越明显。同时与房地产的商品化相适应，一座建筑物仅属于同一个所有者的局面已成为过去，其用途的单一性局面也已不复存在。特别是在一个城市的商业中心区，建筑物不仅多层、高层化，而且还出现了建筑物的用途立体化，房地产权属多元化。如一座大厦的立体用途是：地下一至二层为停车场，地面一至三层为商场，四至五层为餐饮，往上是写字楼，再往上为公寓；该大厦被众多的所有者或使用者所拥有，他们分别拥有该座建筑物的某一部分。但是整座建筑物占用的土地仅一块，且在实物形态上不可分割。当这座建筑物的开发商售出其中的某一部分后，该块土地的使用权的一个相应份额即随之转移；再如，土地使用权续期时，需向国家补交地价，众多所有者应按其共有该块土地使用权的份额分摊需补交的地价；在建筑物寿命终了时或者建筑物被火灾毁灭后，所有的房屋所有权人决定将该土地出售，但是售出后的地价收益如何分配是非常复杂的。这就出现土地权属在立体空间上的分割及与之相应的地价空间分配问题，即建筑地价分摊问题。建筑地价分摊是否合理，直接关系到每个土地权利人的切身利益，因此，首先要合理的界定待分摊地价的内涵，其次是充分考虑地价分摊时的影响因素，最后采用科学的分摊方法进行地价分摊。

7.4.2 待分摊的建筑地价

土地具有增值保值的经济特性，因而其在不同的时点，不同的经济状态和土地本身状态下，土地价值是不同的，因而待分摊地价的内涵也不尽相同。如，从房地产开发商取得待开发土地的使用权开始，到开发完成后建筑物的出售或出租，再到房地产的购买者对其所购买那部分房地产的再转让，期间地价的变化很大。以土地开发前后地价的不同状态划分，一般分为静态地价与动态地价。房地产出售和出租是直接体现房地产真实价值的最常见形式，因此，这里我们仅对房地产出售或出租时所需分摊的地价作分析。

1. 静态地价

把房地产开发商取得土地使用权时所支付的价格作为待分摊的地价，此地价称为静态地价。它假定地价从土地使用权的取得到建筑物的出售这一时间段内是静止不变的。但由于资金时间价值的存在，不同时点的土地价格是不相同的。而且房地产开发商在取得土地使用权时所愿意支付的价格，是以对该土地上开发建成后建筑物售价的预测为前提的，由于开发建设周期比较长，房地产市场又不断变化，开发项目决策时预测的售价与建筑物建成后的实际售价有时会相差很大。此外，土地作为房地产投资的一部分，应该带来投资利润，房地产开发商所支付的土地价格既然是其总投资的一部分，也应为其带来利润，该部分利润应计入总地价；土地开发费虽然是在房地产开发建设过程中发生的，但其成果已成为土地的一部分，在实际形态上同样不可分割，因此，应将其一并计入总地价。而静态地价没有体现上述变化而导致的地价变化，因此，以取得土地使用权时实际支付的地价作为待分摊的地价，尽管简单，但并不完全符合实际，不能真正体现土地价值。

2. 动态地价

动态地价又称真实地价，它是以开发建成后房地产的实际或接近实际的售价扣除有关的成本、税费及利润后的余额，作为待分摊的地价。在投资利润率确定之后，动态地价可通过下列公式计算：

$$V_1 = [V - C(1 + p) \times S] \tag{7-13}$$

式中：V_1——动态地价，即待分摊的地价；

V——单位建筑面积房地产价格，即真实房价；

C——单位建筑面积上的总投资，包括建筑物建造成本以及管理费用；

p——投资利润率；

S——建筑物的建筑总面积。

$$p = R/(C_1 + C_2 + C_3 + C_4) \tag{7-14}$$

式中：p——同上式，投资利润率；

R——房地产开发利润；

C_1——土地取得成本；

C_2——土地开发成本；

C_3——建筑物建造成本；

C_4——管理费用。

由公式（7-14）可知，房地产的投资利润率的计算基数是土地取得成本、土地开发成本、建筑物建造成本和管理费用，可见公式（7-13）中计算的动态地价 V_1 包含了土地作为投资部分而带来的利润；包含了土地开发费用及其带来的利润，即我们通常所说的熟地价；同时，以真实房价计算的地价，能够反映地价的真实市场价值。因此，以上式计算的动态地价避免了静态地价的缺点，以其作为待分摊的地价更为合理，更符合实际。

7.4.3 建筑地价分摊的影响因素

同一幢建筑物中，确定各层房屋建筑单位价格时，除成本外主要考虑楼层和朝向两项因素，因为不同的楼层和朝向，对各个房屋单元的使用功能影响极大。因此，在地价分摊时，除面积这个最直接影响因素外，需要考虑的关键因素为高度（楼层）和朝向。

1. 高度

高度是产生土地空间价值垂直差异的最直接因素，是地价分摊估价中需要考虑的最重要因素。不同楼层的层次对房屋建筑物的使用效果影响极大，因此不能简单的将建筑地价平均分摊到每一楼层中，也不能按建筑面积大小或者房价高低平均分摊到每一房屋单元中；同时，高度对于不同用途建筑物的影响也不尽相同。

对于商业建筑，如商场和饭店等，土地的可及性尤为重要，这些建筑对高度的敏感性极强。在商业用地地价的空间分配上，越靠近地面，其土地利用价值越高，经济效益越好，因而其地价分摊率就越高。一般对于大型商厦来说，其首层地价分摊率是二层的 3 倍左右，二层以上各层的地价分配差异不大，呈缓慢递减态势；对于小型商铺来说，其首层地价分摊率一般是二层的 4～5 倍，地价随高度增加而下降的趋势更为明显。同时，在同一幢建筑物中，由于商业经营形式或类型不同，其地价分摊率也有一定的差异，如一幢 6 层的商业建筑，1～3 层为商场，4～6 层为写字楼，商场的地价分摊率要高于写字楼的，且由底层向顶层逐层递减。

居住用房主要为多层和高层建筑。由于人们选择住宅的标准与商业有所不同，因此，住宅用地在地价的空间分配上，对高度的敏感性正好与商业用地相反，底层虽使用方便，但通风采光较差，声音嘈杂且安全系数较低，而顶层正与此相反。对于多层住宅来说，由于没有电梯，随楼层的增高，虽然在通风采光等方面条件较好，但人们的使用方便度下降，因此其地价分摊率一般呈两头低中间各层较均匀分布的态势。如对于共 7 层的住宅楼来说，分摊的地价最大值多分布于三、四、五层；对于高层住宅，电梯设备的增加使各层在使用的方便性方面相差不大，基本消除了高度对价值的负面影响，因此其地价分布由首层起从小变大，达一定高度后，各层地价分配有所下降，但其变化较多层住宅平缓。

工业用地对高度变化的敏感性弱，通常很少考虑地价的空间变化。

高度（不同楼层）对于不同用途建筑地价分摊的影响情况见图 7-7。

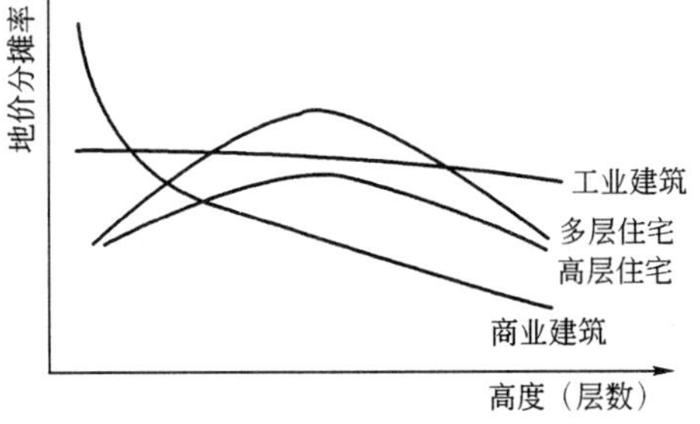

图 7-7　不同用途建筑高度与各层地价分摊关系示意图

2. 朝向

地价在楼层之间的分摊情况确定之后，对于每一层各个建筑单元地价的分摊，主要需考虑朝向因素。朝向的差异，决定了采光通风条件的优劣，以及拓展空间价值的高低。在确定朝向对地价分摊的影响程度时，地价分摊率一般按南、东、北、西的顺序依次降低，分摊率大小视具体的建筑情况而定，但分摊时必须保证同一层中各单元建筑所分摊地价的总和等于该楼层分得的总地价值。

7.4.4 建筑地价分摊的方法

目前可供选择的地价分摊方法有按建筑面积进行分摊、按房地价值进行分摊和按土地价值进行分摊。三种高层建筑地价分摊方法相比较而言，按土地价值进行分摊的方法更为合理。

1. 按建筑面积进行分摊

按建筑面积进行分摊的方法，是指待分摊建筑的各权益人按其各自拥有的建筑面积占待分摊建筑总面积的比率进行地价分摊，进而确定其应分摊的地价额及土地份额。具体分摊方式如下：

某权益人分摊的地价数额＝土地总价值×该权益人享有的建筑面积/建筑总面积　(7-15)

某权益人占有的土地份额＝该权益人享有的地价数额/土地总价值

＝该权益人享有的建筑面积/建筑总面积　(7-16)

[例 7-10] 某幢楼房的土地总价值 2000 万元，总建筑面积 25000m^2，某人拥有其中 500m^2 的建筑面积。试按建筑面积分摊方法计算该人应分摊的地价数额与土地份额。

[解] 由题意：

该人应分摊的地价数额＝2000×500/25000＝40 万元

该人应分摊的土地份额＝40/2000＝2%

按建筑面积进行分摊的优点是简单、可操作性强，主要适用于各层用途相同且价格差异不大的建筑，如用途单一的住宅楼、办公楼。但此方法没有考虑楼层对建筑物使用功能的影响，忽视了在同一幢建筑物中不同用途、朝向对地价分摊的影响，一般不宜采用此法进行地价分摊的计算。

2. 按房地价值进行分摊

为了克服按建筑面积进行分摊所造成的不同部分的价值不同，却分摊了等量地价的缺陷，可以依据各部分的房地价值进行分摊。具体分摊方式如下：

某权益人分摊的地价数额＝土地总价值×该权益人享有的房地价值/房地总价值　(7-17)

某权益人占有的土地份额＝该权益人享有的地价数额/土地总价值

＝该权益人享有的房地价值/房地总价值　(7-18)

[例 7-11] 某幢大厦的房地总价值为 8000 万元，土地总价值为 3000 万元。甲

公司拥有其商业部分面积1000m²，此部分的房地价值为1000万元；乙公司拥有其写字楼部分面积1000m²，此部分的房地价值为500万元。试按房地价值分摊方法计算甲、乙公司占有的土地份额及分摊的地价。

［**解**］由题意：

甲公司应分摊的土地份额＝1000/8000＝12.5％

甲公司应分摊的地价数额＝3000×12.5％＝375万元

乙公司应分摊的土地份额＝500/8000＝6.25％

乙公司应分摊的地价数额＝3000×6.25％＝187.5万元

按房地价值进行分摊比按建筑面积进行分摊要复杂一些，但它能够反映出由于各楼层楼价不同而分摊的地价也不同，更能体现房地产权利人的真实权益。

但该种方法也存在一些缺陷，根据这种方法分摊地价，造成分摊后各层建筑物的单位造价相差很大，这在理论上难以解释。如上例，甲公司拥有的商业部分建筑物价值为房地产价值1000万元扣除土地价值375万元，即625万元；乙公司拥有的商业部分建筑物价值为房地产价值500万元扣除土地价值187.5万元，即312.5万元。甲、乙公司拥有的建筑面积相同，而建筑物价值的差异却很大，故该分摊方法不尽合理，不能真实反映地价的空间差异。其适用范围限于各层价格有差异，但差异不是很大的建筑地价分摊。

3.按土地价值进行分摊

为避免按房地价值进行分摊造成的所分摊的建筑物价值不相等这个理论缺陷，可采用按土地价值进行分摊这种方法，即依据各部分的土地价值进行分摊。此种方法的来源是假设开发法的估价思路，即地价等于房地产总价值减去建筑费及相关利息、利润。具体分摊方式如下：

某权益人分摊的地价数额＝该权益人享有的房地价值－该权益人享有的建筑物价值 (7-19)

某权益人占有的土地份额＝该权益人分摊的地价数额/土地总价值＝（该权益人享有的房地价值－该权益人享有的建筑物价值）/（房地总价值－建筑物总价值） (7-20)

某权益人享有的建筑物价值＝（房地总价值－土地总价值）/总建筑面积×该权益人享有的建筑面积 (7-21)

［**例7-12**］某宗房地产的总价值为9000万元，其中建筑物总价值为5000万元。某人拥有该宗房地产的一部分，该部分的房地价值为500万元，建筑物价值为300万元。试按土地价值分摊法计算该人占有的土地份额。

［**解**］由题意：

应分摊的土地份额为＝（500－300）/（9000－5000）＝5％

［**例7-13**］某宗房地产的总价值为5000万元，其中土地总价值为2000万元，

总建筑面积为10000m²。某公司拥有该宗房地产的一部分，该部分的房地价值为750万元，建筑面积为1600m²。试按土地价值分摊方法计算该公司占有的土地份额。

［解］由题意：

占有的土地份额＝［750－(5000－2000）/10000×1600］/2000＝13.5％

上述讨论的三种地价分摊方法，在具体应用时应视待分摊建筑物的特点而予以选用。对于分摊地价权益人来讲，其所占有的地价份额与应分摊的地价数额是否公平合理，有赖于分摊计算过程中准确把握各计算变量，及严格按照估价技术规范操作。其中，值得注意的是，在地价分摊评估实务中应将涉及到的房地价值、建筑物价值、土地价值等价格统一到同一估价时点，不能将现时占有部分房地价值与过去的房地总价值、土地总价值等不同时间点的价值混同计算。

7.5 宗地地价评估程序

1. 宗地地价评估概述

宗地地价评估是根据评估目的、待估宗地的特点和当地土地市场的状况，选择适宜的估价方法对待估宗地的权益进行分析，评估出待估宗地在某一期日的土地使用权价格。标定地价、交易评估价或出让底价均是宗地地价。

目前，我国宗地地价评估方法主要有市场比较法、收益法、假设开发法、成本法、基准地价修正法和路线价法等六种。其中，前四种方法为基本估价方法，基准地价修正法和路线价法为应用估价方法。根据宗地的类型和估价目的不同，适用的估价方法可能不完全相同。如待开发土地，适用假设开发法估价；经新近人工开发或改造的宗地，如征用农地或拆除旧城区的旧建筑物后进行“三通一平”、“五通一平”或“七通一平”开发的土地，适用成本法估价；为已有建筑物且具有收益性的宗地，如写字楼、商店、宾馆等的占地，适用收益法估价；而不论宗地的类型如何，只要该类宗地有较发达的交易市场存在，可以找到较多的交易实例，均适用市场比较法估价；在政府确定公布了基准地价的地区，配合基准地价修正体系，不论宗地的类型如何，均可采用基准地价修正法；此外，有路线价的地区，可采用路线价法，尤其是对商业地段宗地的估价。

2. 宗地地价评估程序

宗地地价评估的实际程序，是从接受委估者的估价委托书开始到最后写出估价报告书，然后将报告书交给委估者而领取估价报酬的全过程。

(1) 接受估价任务。估价任务来源主要有两种。一种是被动接受，即坐等委托估价者找上门来要求估价服务。一种是主动争取，即估价人员走出门去主动争取估价业务，此种方式是估价任务的主要来源。

（2）确定估价基本项目。估价师接受估价任务后，必须先明确估价的基本项目，包括确认评估对象，即确认待估宗地类型、范围、权利状况、使用年期、宗地条件及估价期日、所估价格种类；确认估价目的，估价目的包括转让、补偿、交换、区段重建、诉讼、课税、保险、抵押、资产核定、入股以及租金确定或租金重新议定等；确认估价条件，包括待估宗地的交易时间、交易方式以及与价格或租金有关的基本事项。

（3）拟定估价作业路线。估价作业计划一般由经验丰富的多名估价师共同拟定，拟定估价作业计划前必须先行调查，在已经确定估价项目的基础上，就估价的作业步骤、人员安排、时间进度等内容进行具体安排。

（4）资料收集与实地勘察。收集的资料主要有产权登记资料、地籍图、建筑平面位置图、地价和地租资料、市政管网图件及资料、城镇规划图等。现场勘查的主要内容是查证地产位置状况、地上建筑物现状、装修及使用情况，勘查地产区域因素条件和个别因素条件。

（5）相关资料整理与分析。一类资料源于待估地产本身以外的社会、经济、政治和环境因素，用以分析国际国内或地方上的经济发展变化趋势、法规政策的影响程度、物价水平及利率的变动情况。针对上述资料的分析，能够为待估宗地提供背景材料、影响地价的趋势资料和各种估价方法中所需的一般数据，能够作为判断最佳用途、调整试算价格，以及确定最后估价额的基础。另一类资料是关于待估地产状况、可比交易案例、租赁用地产状况及地方上的市场特征等方面的详细资料，这些资料有助于估价师选择有关销售、税金和市场资料进行分析，并推导出特定的成交价格、交易条件、租赁条件、收益及费用、投资收益率、建筑成本、经济耐用年限以及年折旧率等数据，以便评估的需要。

（6）选择适宜的估价方法，试算宗地地价。估价师应根据估价目的、估价对象的特点、所收集资料状况，充分考虑市场比较法、收益法、假设开发法、成本法和基准地价修正法等方法的特点、限制和适用范围，选择其中的一种或几种方法并用，一般应至少选用两种方法，试算宗地地价。

（7）试算价格调整，确定估价结果。选用不同的估价方法通常会产生不同的试算价格，即使选用同样的方法也会产生不同的价格，如采用市场比较法时，选用的每个可比实例都会产生一个试算价格。因此，估价师必须检查整个估价过程，确保试算价格准确且唯一，然后采用各试算价格的算术平均数、加权平均数、中位数、众数中的一种为综合评估值，再依据估价人员的经验和对市场行情的看法，以及一些影响地产价格的因素情况，对综合评估值进行再调整，确定最后的估价额。

(8) 撰写并交付土地估价报告。估价师确定待估宗地的估价额后，应及时撰写估价报告，对整个估价工作进行总结整理，以便向委托估价者和土地管理部门提交主要成果。其中，土地估价结果报告提交给委托估价者，土地估价技术报告提交给土地管理部门。

小　　结

地价评估是房地产评估的重要组成部分。我国已经逐步形成以土地等级和地价组成的相互影响、相互联系的地价体系。基准地价是我国地价体系的核心内容之一，具有控制和引导各宗地地价的功能；准确的评估区域范围内各级土地或均质地域的各用途基准地价，能够为运用基准地价修正法评估宗地价格提供准确的价值基础；基准地价修正法，是我国土地估价的重要的应用估价方法之一，它利用城镇基准地价和基准地价修正系数表等评估成果，依据替代原理，通过交易日期、区域因素和个别因素等的比较修正，由基准地价调整得出估价对象宗地价格。由此可见，基准地价修正法的实质是市场比较法，基准地价就是“可比实例”的价格。路线价法也是地价评估法的应用估价方法之一，掌握该方法，应首先掌握路线价及其修正体系的建立；其次，应能运用上述成果，对不同类型的宗地，如临街地、路角地、袋地等进行地价具体测算。基准地价修正法和路线价法均可快捷、方便地同时评估城市中多宗土地的价格，适用于土地管理、课税、征地拆迁补偿等方面的估价需求。

复习思考题

一、名词解释

地价　地价体系　基准地价　基准地价评估　基准地价修正法　路线价　路线价法　标准深度　标准宗地　里地线　路线价区段　价格修正率表　宗地地价评估

二、思考题

1. 我国的地价体系包括哪几种价格？
2. 基准地价的作用是什么？评估思路是什么？
3. 基准地价修正法的基本原理有哪些？
4. 基准地价修正法的程序与方法包括哪些？
5. 在基准地价修正法中，如何确定待估宗地地价影响因素修正系数？
6. 路线价法的基本原理有哪些？

7. 路线价法适用的对象有哪些？适用条件是什么？

8. 运用路线价法计算地价包括哪些步骤？

9. 如何划分路线价区段？

10. 选取标准宗地的具体要求有哪些？

11. 编制深度价格修正率表的步骤包括哪些？

12. 何谓四三二一法则？

13. 路线价法的基本公式是什么？

14. 影响城市土地空间价值的因素有哪些？

15. 地价分摊时需要考虑哪些主要因素？这些因素是如何影响地价分摊的？

16. 地价分摊的方法有哪些？有何优缺点？如何运用这些方法分摊地价？

17. 如何根据宗地情况选择适用的估价方法？宗地地价评估程序是什么？

三、计算题

1. 某宗商住综合用地剩余的土地使用年限为 36 年，所处地段的基准地价为 2000 元/m^2，基准地价所对应的土地使用年限为 50 年，现行土地还原利率为 6.5%。试求对基准地价进行土地使用年限修正后的商住综合用地的价格。

2. 某矩形宗地前后两面临街，总临街深度为 30m，临街宽度为 20m，其前街路线价为 3000 元/m^2，后街路线价为 1000 元/m^2。试计算该宗地的总地价。

3. 某单身公寓共三层，每层建筑面积均为 1500m^2，其房地产单价平均为 1800 元/m^2，底层单价比第二层的单价低 200 元，第二层的单价比第三层的单价高 160 元。试按房地价值分摊方法确定第二层的土地占有份额。

第 8 章 房地产估价中的其他数学方法

本章概要

除了前面介绍的经常使用的几种房地产估价方法外，本章将简要介绍当前的一些从其他多种角度进行房地产估价的数学方法：如反映房地产价格上下波动的变动规律和发展趋势的长期趋势法；反映城市房地产市场景气状况、动态描述城市房地产价格变动趋势和变动程度的房地产价格指数法；对大量的区域房地产价格进行分类、研究地价分类分区问题的聚类分析法；应用模糊数学中的贴近度概念和择近原则进行房地产价格评估的模糊数学理论等。

8.1 长期趋势法

长期趋势法是运用预测科学的有关理论和方法，特别是时间序列分析和回归分析，对房地产的未来价格作出推测、判断的方法。

8.1.1 长期趋势法的基本原理

1. 长期趋势法的理论依据

房地产价格通常有上下波动，在短期内难以看出其变动规律和发展趋势，但从长期来看，会显现出一定的变动规律和发展趋势。因此，当需要评估（通常是预测）某宗（或某类）房地产的价格时，可以搜集该宗（或该类）房地产过去较长时期的价格资料，并按照时间的先后顺序将其编排成时间序列，从而找出该宗（或该类）房地产的价格随时间变化而变动的过程、方向、程度和趋势，然后进行外延或类推，这样就可以作出对该宗（或该类）房地产的价格在估价时点（通常为未来）比较肯定的推测和科学的判断，即评估出了该宗（或该类）房地产的价格。

2. 长期趋势法适用的对象和条件

长期趋势法根据房地产价格在长期内形成的规律作出判断，借助历史统计资料和现实调查资料来推测未来，通过对这些资料的统计、分析得出一定的变动规律，并假定其过去形成的趋势在未来继续存在。所以，长期趋势法适用的对象是价格无明显季节波动的房地产，适用的条件是拥有估价对象或类似房地产在较长时期内的历史价格资料，而且所拥有的历史价格资料要真实。拥有越长时期、越真实的历史价格资料，作出的推测、判断就越准确、可信，因为长期趋势可以消除房地产价格的短期上下波动和意外变动等不规则变动。

3. 长期趋势法的操作步骤

运用长期趋势法估价一般分为下列四个步骤进行。

(1) 搜集估价对象或类似房地产的历史价格资料，并进行检查、鉴别，以保证其真实、可靠。

(2) 整理上述搜集到的历史价格资料，将其化为同一标准（如为单价或楼面地价，方法与市场法中建立价格可比基础的方法相同），并按照时间的先后顺序将它们编排成时间序列，画出时间序列图。

(3) 观察、分析这个时间序列，根据其特征选择适当、具体的长期趋势法，找出估价对象的价格随时间变化而出现的变动规律，得出一定的模式（或数学模型）。

(4) 以此模式去推测、判断估价对象在估价时点的价格。

具体的长期趋势法主要有数学曲线拟合法、平均增减量法、平均发展速度法、移动平均法和指数修匀法，以下分别进行介绍。

8.1.2 数学曲线拟合法

数学曲线拟合法主要有直线趋势法、指数曲线趋势法和二次抛物线趋势法。这里仅对其中最简单、最常用的直线趋势法作一介绍。运用直线趋势法估价，估价对象或类似房地产的历史价格的时间序列散点图，应表现出明显的直线趋势。在这种条件下，如果以 y 表示各期的房地产价格，x 表示时间，则 x 为自变量，y 为因变量，y 依 x 而变。所以，房地产价格与时间的关系可用下列方程式来描述：

$$y = a + bx \tag{8-1}$$

上式中，a、b 为未知参数，如果确定了它们的值，直线的位置也就确定了。根据最小二乘法

$$a = (\sum y - b \times \sum x) / n \tag{8-2}$$

$$b = (n \times \sum xy - \sum x \times \sum y) / [n \times \sum x^2 - (\sum x)^2] \tag{8-3}$$

设 $x=0$，则

$$a = \sum y / n \tag{8-4}$$

$$b = \sum xy / \sum x^2 \tag{8-5}$$

上式中，n 为时间序列的项数；$\sum x$、$\sum x^2$、$\sum y$、$\sum xy$ 的数值可以分别从时

间序列的实际值中求得。在手工计算的情况下，为减少计算的工作量，可使$\sum x=0$。其方法是：当时间序列的项数为奇数时，设中间项的$x=0$，中间项之前的项依次设为−1，−2，−3，…，中间项之后的项依次设为1，2，3，…；当时间序列的项数为偶数时，以中间两项相对称，前面的依次设为−1，−3，−5，…，后面的依次设为1，3，5，…。

[例8-1] 某类房地产1996～2004年的价格如表8-1中第2列所示，预测其未来价格。

某类房地产1996～2004年的价格（元/m²） 表8-1

年份	房地产价格 y	x	xy	x^2	趋势值（$a+bx$）
1996	2200	−4	−8800	16	1982.22
1997	2400	−3	−7200	9	2367.22
1998	2700	−2	−5400	4	2752.22
1999	3000	−1	−3000	1	3137.22
2000	3400	0	0	0	3522.22
2001	3800	1	3800	1	3907.22
2002	4200	2	8400	4	4292.22
2003	4700	3	14100	9	4677.22
2004	5300	4	21200	16	5062.22
总计	31700	0	23100	60	

[解] 由题意，$n=9$，因$\sum x=0$，故有

$$a=\sum y/n=31700/9=3522.22$$

$$b=\sum xy/\sum x^2=23100/60=385$$

因此，描述这类房地产价格变动长期趋势线的具体方程为

$$y=a+bx=3522.22+385.00x$$

根据这个方程式预测该类房地产2005年的价格为

$$y=a+bx=3522.22+385.00\times 5=5447.22\text{元}/\text{m}^2$$

如果需要预测该类房地产2006年的价格，则为

$$y=a+bx=3522.22+385.00\times 6=5832.22\text{元}/\text{m}^2$$

8.1.3 平均增减量法

如果房地产价格时间序列的逐期增减量大致相同，也可以用最简便的平均增减量法进行预测。其计算公式如下：

$$V_i=p_0+dx_i \tag{8-6}$$

$$d=[(p_1-p_0)+(p_2-p_1)+(p_i-p_{i-1})+\cdots+(p_n-p_{n-1})]/n=(p_n-p_0)/n \tag{8-7}$$

式中：V_i——第 i 期（可为年、半年、季、月等，下同）房地产价格的趋势值；

i——时期序数，$i=1, 2, \cdots, n$；

p_0——基期房地产价格的实际值；

d——逐期增减量的平均数；

p_i——第 i 期房地产价格的实际值。

［例 8-2］需要预测某宗房地产 2005 年的价格，该类房地产 2000～2004 年的价格及其逐年上涨额如表 8-2 中第 2 列和第 3 列所示。

某类房地产 2000～2004 年的价格（元/m²） 表 8-2

年　份	房地产价格的实际值	逐年上涨额	房地产价格的趋势值
2000	681		
2001	713	32	714.5
2002	746	33	748
2003	781	35	781.5
2004	815	34	815

［解］由题意，从表 8-2 中可知该类房地产 2000～2004 年价格的逐年上涨额大致相同。据此就可以计算 4 年的逐年上涨额的平均数，并用该逐年上涨额的平均数推算出各年的趋势值。本例房地产价格逐年上涨额的平均数为：

$$d=(32+33+35+34)/4=33.5 \text{ 元/m}^2$$

据此预测该宗房地产 2005 年的价格为：

$$V_5=681+33.5\times5=848.5 \text{ 元/m}^2$$

如果利用上述资料预测该宗房地产 2006 年的价格，则为：

$$V_6=681+33.5\times6=882.0 \text{ 元/m}^2$$

上例运用逐年上涨额的平均数计算趋势值，基本都接近于实际值。但需要注意的是，如果逐期上涨额时起时伏，很不均匀，也就是说时间序列的变动幅度较大，那么计算出的趋势值与实际值的偏离也随之增大，这意味着运用这种方法评估出的房地产价格的正确性随之降低。运用平均增减量法进行估价的条件是房地产价格的变动过程是持续上升或下降的，且各期上升或下降的数额大致接近，否则就不适宜采用这种方法。

由于越接近估价时点的增减量对估价越为重要，因此，对过去各期的增减量如果能用不同的权数予以加权后再计算其平均增减量，则更能使评估价值接近或符合实际。至于在估价时究竟应采用哪种权数予以加权，一般需要根据房地产价格的变动过程和趋势，以及估价人员的经验来判断确定。对于例 8-2 中 4 年的逐年上涨额，可选用表 8-3 中各种不同的权数予以加权。表 8-3 中的权数是根据一般惯例进行假设的。

逐年上涨额权数列表　　表 8-3

年　　份	第一种权数	第二种权数	第三种权数
2001	0.1	0.1	0.1
2002	0.2	0.2	0.1
2003	0.3	0.2	0.2
2004	0.4	0.5	0.6

上例如果采用表 8-3 中的第二种权数进行加权，则 4 年的逐年上涨额的加权平均数为：

$$d=32\times0.1+33\times0.2+35\times0.2+34\times0.5=33.8\text{ 元/m}^2$$

用这个逐年上涨额的加权平均数预测房地产 2005 年的价格为：

$$V_5=681+33.8\times5=850.0\text{ 元/m}^2$$

8.1.4 平均发展速度法

如果房地产价格时间序列的逐期发展速度大致相同，就可以计算其逐期发展速度的平均数，即平均发展速度，据此推算各期的趋势值。计算公式如下：

$$V_i = p_0 \times t_i \tag{8-8}$$

$$t = (p_1/p_0 \times p_2/p_1 \times p_3/p_2 \cdots \times p_i/p_{i-1} \times \cdots \times p_n/p_{n-1})^{1/n} = (p_n/p_0)^{\frac{1}{n}} \tag{8-9}$$

$$t_i = t^i \tag{8-10}$$

式中：t——平均发展速度。

［例 8-3］ 需要预测某宗房地产 2005 年的价格，该类房地产 2000～2004 年的价格及其逐年上涨速度如表 8-4 中第 2 列和第 3 列所示。

某类房地产 2000～2004 年的价格（元/m²）　　表 8-4

年　　份	房地产价格的实际值	逐年上涨速度（%）	房地产价格的趋势
2000	560		
2001	675	120.5	678
2002	820	121.5	820
2003	985	120.1	992
2004	1200	121.8	1200

［解］ 由题意，从表 8-4 中可知该类房地产 2000～2004 年价格的逐年上涨速度大致相同，据此可以计算 4 年的平均上涨速度，并用平均上涨速度推算出各年的趋势值。本例房地产价格的平均发展速度为：

$$t=(1200/560)^{1/4}=1.21$$

即平均每年上涨21%。据此预测该宗房地产2005年的价格为：

$$V_5=560\times1.21^5=1452\text{ 元/m}^2$$

如果利用上述资料预测该宗房地产2006年的价格，则为：

$$V_6=560\times1.21^6=1758\text{ 元/m}^2$$

运用平均发展速度法进行估价的条件是，房地产价格的变动过程是持续上升或下降的，且各期上升或下降的幅度大致接近，否则就不适宜采用这种方法。与平均增减量法类似，由于越接近估价时点的发展速度对估价越重要，因此，对过去各期的发展速度如果能用不同的权数予以加权后再计算其平均发展速度，则更能使评估价值接近或符合实际。至于在估价时究竟应采用哪种权数予以加权，一般需要根据房地产价格的变动过程和趋势，以及估价人员的经验来判断确定。

8.1.5 时间序列移动平均法

移动平均法是对原有价格按照时间序列进行修匀，即采用逐项递移的方法分别计算一系列移动的时序价格平均数，形成一个新的派生平均价格的时间序列，借以消除价格短期波动的影响，显现出价格变动的基本发展趋势。在运用移动平均法时，一般应按照房地产价格变化的周期长度进行移动平均。在实际运用中，移动平均法有简单移动平均法和加权移动平均法之分。

1.简单移动平均法

[**例 8-4**] 某类房地产2004年各月的价格如表8-5中第2列所示。

某类房地产2004年各月的价格（元/m²） 表8-5

月份	房地产价格实际值	每5个月的移动平均数	移动平均数的逐月上涨额
1	670		
2	680		
3	690	684	
4	680	694	10
5	700	704	10
6	720	714	10
7	730	726	12
8	740	738	12
9	740	750	12
10	760	762	12
11	780		
12	790		

［**解**］由题意，由于各月的价格受某些不确定因素的影响，时高时低，变动较大，如果不予分析，不易显现其发展趋势。如果把每几个月的价格加起来计算其移动平均数，建立一个移动平均数时间序列，就可以从平滑的发展趋势中明显地看出其发展变动的方向和程度，进而可以预测未来的价格。

在计算移动平均数时，每次应采用几个月来计算，需要根据时间序列的序数和变动周期来决定。如果序数多，变动周期长，则可以采用每 6 个月甚至每 12 个月来计算；反之，可以采用每 2 个月或每 5 个月来计算。对本例 2004 年的房地产价格，采用每 5 个月的实际值计算其移动平均数。计算方法是：把 1～5 月的价格加起来除以 5 得 684 元/m^2，把 2～6 月的价格加起来除以 5 得 694 元/m^2，把 3～7 月的价格加起来除以 5 得 704 元/m^2，依此类推，见表 8-5 中第 3 列。再根据每 5 个月的移动平均数计算其逐月的上涨额，见表 8-5 中第 4 列。

假如需要预测该类房地产 2005 年 1 月的价格，则计算方法如下：由于最后一个移动平均数 762 与 2005 年 1 月相差 3 个月，所以预测该类房地产 2005 年 1 月的价格为：

$$762+12\times3=798 \text{ 元/m}^2$$

2. 加权移动平均法

加权移动平均法是将估价时点前每若干时期的房地产价格的实际值经过加权之后，再采用类似简单移动平均法的方法进行趋势估计。需要对实际值进行加权的理由，与在前面平均增减量法和平均发展速度法中所讲的相同。

8.1.6 指数修匀法

指数修匀法是以本期的实际值和本期的预测值为根据，经过修匀之后得出下一时期预测值的一种预测方法。设 p_i 为第 i 期的实际值，V_i 为第 i 期的预测值，V_{i+1} 为第 $i+1$ 期的预测值，a 为修匀常数，$0\leqslant a\leqslant1$。则

$$V_{i+1} = V_i + a(p_i - V_i) = ap_i + (1-a)V_i \tag{8-11}$$

在实际计算时，用 $V_{i+1}=ap_i+(1-a)V_i$ 这个公式进行预测，要比用 $V_{i+1}=V_i+a(p_i-V_i)$ 这个公式方便一些。用指数修匀法进行预测的关键在于确定 a 的数值，一般认为 a 的数值可以通过试算来确定。例如，对同一个预测对象用 0.3、0.5、0.7、0.9 进行试算，用哪个常数 a 进行修正的预测值与实际值的绝对误差最小，就以这个常数来修正。

8.1.7 长期趋势法的功用

当预测对象随时间变化呈现某种上升或下降趋势，没有明显的季节波动，且能找到一个合适的函数曲线反映这种变化趋势时，就可以用长期趋势法进行预测。

应用长期趋势法有两个假设条件：一是假设事物发展过程没有跳跃式变化；二

是假定事物的发展因素也决定事物未来的发展，其条件是不变或变化不大。选择合适的趋势模型是应用趋势法的重要环节，图形识别和差分法是选择趋势模型的两种基本方法。

因此长期趋势法主要用于对房地产未来价格的推测、判断，如用于假设开发法中预测未来开发完成后的房地产价值。此外还有一些其他功用，例如用于收益法中对未来净收益等的预测；用于市场法中对可比实例价格进行交易日期调整；用来比较、分析两宗（或两类）以上房地产价格的发展趋势或潜力；用来填补某些房地产价格历史资料的缺乏等。

8.2 房地产价格指数

价格指数是反映价格动态变化程度和变化规律的相对数。房地产价格指数是反映城市房地产市场景气状况，动态描述城市房地产价格变动趋势和变动程度的相对数。科学合理编制的房地产价格指数，是宏观、系统地描述房地产价格运动规律最重要的经济指标。

一般来说，房地产价格指数包括房价指数和地价指数两大类。目前国内编制和公布的一些房地产指数，如中房指数（CREIS）、上房 50 指数（上海）等，均为房价指数，地价指数的编制目前还处于尝试性的研究阶段。

8.2.1 房地产价格指数的基本原理

房地产价格指数是报告期房地产价格与基期价格之比。由于房地产商品各异性的特点，报告期价格与基期价格的“同质可比性”成为房价指数编制中的最大难点。为了解决这一问题，在实践中发展出了成本投入法、中位数价格法、重复交易法、特征价格法和加权平均法几种常用的编制方法。

1. 成本投入法

成本投入法是对房地产建造中各项成本投入（包括材料及人工费用等）的变化，采用算术平均法编制成指数，来表示房地产价格走势的统计方法。

由于房地产价格是一种受市场供求影响较大的产出价格，因此该方法对二、三级市场的房屋（特别是商业用房和写字楼）和土地市场就不一定适用了。有关实践证明，在生产力显著提高的情形下，成本投入指数会造成高估价格变动幅度的倾向，因此，通常不采用该种方法。

2. 中位数价格法

中位数价格法是选取房地产售价中的中位数来编制房地产价格指数的方法，这种方法摒弃了房价市场机制价格极端值的影响，较能反映集中趋势，编制的指数代表性也比较强。该方法编制程序较简易，并且数据相对收集难度也较小；但存在未能充分考虑房地产的品质差异的问题。此外由于房地产产品品质会随时间而变化，比如建筑质量的下降，或者由于生产力和精神文明的快速发展导致的小区、户型等设计不再受欢迎等等，该种指数在衡量房地产价格变化时会产生较大偏误。

3. 重复交易法

重复交易法是根据同一套房屋在不同时期售出的价格，利用房地产重复售出模型计算房地产价格指数的方法。该模型假定 V_1 为房屋在第一次出售时的价格，V_2 为该房屋在第二次出售时的价格，则

$$\ln V_1-\ln V_2=\sum\left(B_{i2}\ln X_{i2}+r_2T_2\right)-\sum\left(B_{i1}\ln X_{i1}+r_1T_1\right)+e \quad (8\text{-}12)$$

式中：i——求和的变量，表示在两次出售时必须考虑的 i 个房屋品质；

X——描述房屋特征的品质；

B——各个品质影响的系数；

T_1，T_2——房屋售卖期的哑元变量（即它们的取值只能是 0 或 1）；

r_1，r_2——在 T_1，T_2 两期房屋售出时的价格；

e——随机误差项，它应该服从 0～1 的正态分布。

当同一个房屋在两次售出期间，它的品质均未发生改变时，上式可以简写为

$$\ln(V_2/V_1)=r_2-r_1+e \quad (8\text{-}13)$$

这样就容易得出可供时序比较的量 r。

这种方法由于在两个时期考察的是相同构成成分的房屋，不仅在结构、材料，而且在外部品质上均相同，也就没有必要再去分析房屋的各个品质对价格的影响，因此可比性较高。但是这种方法所采用的资料量大，必须调查长期的交易案例，成本很高；同时必须选取有重复交易的成对的房地产价格资料，仅有一次交易价格则无法使用，这样就会浪费部分资料；另外房地产的再交易时间通常相隔极长，若有重大整修或本质变动，还会影响价格指数的真实性。

然而，即使能够在规定的时间段内寻找到大量可用交易资料，由于楼龄和使用年限对房价的影响无法体现，这种方法求出的价格指数还是不能真实地反映房地产的供求关系。

4. 特征价格法

特征价格法编制房地产价格指数是基于特征价格理论。特征价格理论认为，一种多样性商品具有多方面的不同特征或品质（如房地产商品的面积、楼层、朝向和是否有保安服务等特征），商品价格则是所有这些特征的综合反映和表现。当商品某一方面的特征改变时，商品的价格也会随之改变。特征价格理论可用 Hedonic 函

数简单地表示如下：

$$P = h(c_1, c_2, \cdots, c_n) \tag{8-14}$$

式中：P——商品价格；

c_i——该商品的第 i 个特征（$i=1, 2, \cdots, n$）。

对于房地产价格指数的编制来说，特征价格法的基本思路是：将房地产商品的价格分解，以显现出其各项特征的隐含价格，在保持某一（或某几项）特征不变的情况下，将房地产价格变动中的特征因素分解，从价格的变动中逐项剔除特征变动的影响，剩下的便是纯粹由供求关系引起的价格变动。具体步骤为：

（1）根据测算地区的实际情况选择房地产商品的特征因素。

（2）将各特征因素量化，建立并选择合适的房地产特征价格模型。

（3）通过大量房地产商品价格和品质数据，经过统计分析计算出与各特征变量相对应的价格变动系数。

（4）利用这些可比数据，选择合适的指数模型编制房地产价格指数。

就特征价格法本身而言，其理论基础完善，测算方法科学，结果精确。但须注意的是，该理论基于完全竞争市场假设，在产品的价值由其属性决定且各项属性均可量化的条件下才成立。然而，目前我国城市房地产市场尤其是土地市场不是完全竞争市场，就大大降低了该指数的准确程度。另外，采取特征价格法时如何建立地价与各项特征关系的数学模型是一个难点，而且在计算中要以真实、完整数据资料为基础，而现阶段我国地价相关数据信息收集是一大难题，有关各土地品质特征资料更是难以获取，因此，该特征价格法相对在地产市场的应用可行性较差。

5. 加权平均法

加权平均法是指在计算平均地价的时候，考虑到每个价格由于多方面因素影响使其在总价中的重要性不同（即各个地价对市场一般水平的代表能力不同）而分别给予不同的权数，按不同权数计算出各个地价的平均数，从而得出地价指数的方法。测算地价指数的基本思路是：

（1）从地产市场交易案例中选取适当的地价样点，以交易价格为基础，辅以评估价格。

（2）结合比较法等估价手段，通过系数统一样点地价内涵。

（3）由样点修正地价计算分区平均地价，以平均地价代表区域内地价总体水平。

（4）由平均地价测算分类地价指数，从而测算综合地价指数，或以平均地价直接测算综合地价指数。

这种方法相对较容易操作，但是如何能够科学合理地确定每个地价的权重大小是一个难点，如果不能很好的解决权数问题，计算出的指数的精度就难以保证了。

在我国由于房地产市场发育较晚，市场较不发达，所以在房地产价格指数的编制实践中较多的采用了这种加权平均法的思路。例如目前中房指数的编制以及一些地方所进行的地价指数的编制都采用了这一方法。

8.2.2 房地产价格指数在房地产估价中的应用

房地产价格指数在房地产估价实践中具有重要的比准作用，尤其是在比较法的估价日期修正中，房地产价格指数是最为精准的一个修正指数。此外，地价指数还是逐年调整地价的基准。

1.利用房地产价格指数进行估价日期的修正

运用市场比较法进行土地评估时，一般用于比较的案例的交易日期与待估土地估价日期有差异，在此期间地价会发生一定程度的变化，所以要进行日期修正，以使比较案例的价格符合估价日期的实际市场情况。在目前利用市场资料（交易案例）直接评估地价（主要是市场比较法）的过程中，很多地方用物价指数代替地价指数进行估价日期的修正。必须指出的是，这种替代只是操作中的粗略近似，在理论上是不合理的。因为理论上，地价变动率与物价变动率只有在地价变动率单纯受通货膨胀因素影响时，才相同。然而土地作为一种特殊的商品，土地价格有其自身独特的变动规律，其他的价格指数都无法概括地价的活动规律，因此地价指数具有不可替代的功能和作用。

应用地价指数进行估价日期修正的基本公式为

$$\text{交易日期修正系数}=\text{估价日期地价指数}/\text{交易日期地价指数} \tag{8-15}$$

在修正时需要注意以下问题：

（1）这里的地价指数并不是指任何类型或用途的地价指数，而是专指与估价对象相同或类似的分类地价指数。因为土地用途不同，即使在同一时期，其地价指数的变动方向和程度是不同的。

（2）注意地价指数的基期，即是固定基期还是以上一年为基期。确定基期的方式不同，修正方法也不同。上述公式中的地价指数为定基地价指数；如采用环比指数，则公式为

$$\text{交易日期修正系数}=K_1\times K_2\times K_3 \tag{8-16}$$

式中：K_1、K_2、K_3——各期的环比地价指数。

（3）年内月度之间的日期修正。由于地价指数一般以年为测算周期，可假定地价在年内的变动是线性的，即各月的地价指数＝该年的地价指数/12。

2.利用房地产价格指数逐年调整或修改基准地价

地价指数是反映一个城市或地区各类土地价格变化及其总体综合平均变化趋势

的数量指标，在编制中一般采用市场价，即地产的实际交易价格，能真实反映地价随时间变动的趋势。

用地价指数逐年修订基准地价是有其理论依据的。首先，指数和基准地价的测算范围一致，反映地价的角度相同，都是对特定区域的地产市场价格这一指标的综合平均的反映，而且分类方法也一致。此外，两者的内涵也可以是一致的，如果基准地价的评估是利用当地地产市场的实际交易资料来估算的，那么它与地价指数就有相同的内涵。因此，对地产市场发展较早、较繁荣的城市，采用地价指数逐年调整或修改城市基准地价是可行的，而且也是一种科学的方法。

地价指数编制和基准地价变更的基本思路如图 8-1 所示。

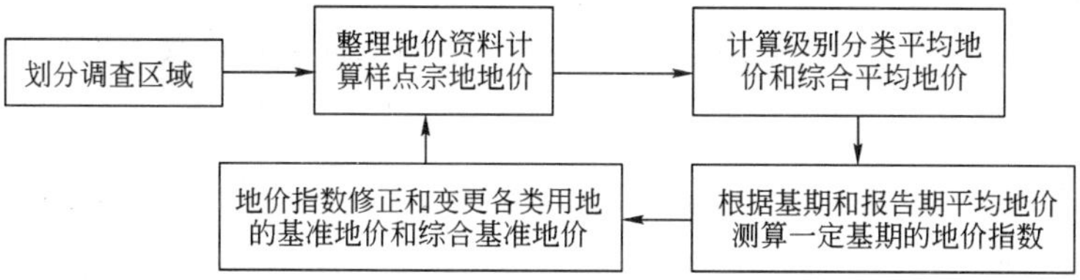

图 8-1　地价指数编制和基准地价变更的基本思路

8.3　聚类分析在房地产估价中的应用

聚类分析，亦称群分析或点群分析，它是研究多要素事物分类问题的数量方法。其基本原理是，根据样本自身的属性，用数学方法按照某种相似性或差异性指标，定量地确定样本之间的亲疏关系，并按这种亲疏关系程度对样本进行聚类。

在房地产价格评估中要研究的一个问题是划分房地产价格区域或地价区域。一个城市的房地产价格是千差万别的，可以划分出很多价格区域，但各个区域中的地价水平、各年地价变动率、建筑档次等又有差别，在进行综合分析评价时要综合考虑各方面因素，对这些大量的区域房地产价格进行分类，把全城划为有限的数个“价格区”（8～10 个）。这项工作数据量庞大、不易操作，这时就可以借助聚类分析原理定量地研究该地价分类分区的问题。

聚类分析方法能计算出各个样本的相似程度，并进行金字塔式的多级归类，由于它是一种定量分析的方法，可以比较方便地引入计算机辅助计算，使估价操作更加方便简易。

8.3.1　聚类分析方法的基本原理

常见的聚类分析方法有系统聚类法、有序样品聚类法、动态聚类法和模糊聚类法，下面仅以系统聚类法来介绍聚类分析的原理。

1. 聚类要素的数据处理

在聚类分析中，聚类要素的选择是十分重要的，它直接影响分类结果的准确性和可靠性。不同要素的数据往往具有不同的单位和量纲，其数值的变异可能是很大的，这就会对分类结果产生影响。因此当分类要素的对象确定之后，在进行聚类分析之前，首先要对聚类的要素进行数据处理。

假设有 m 个聚类的对象，每一个聚类对象都由 x_1，x_2，…，x_n 个要素构成。在聚类分析中，常用的聚类要素的数据处理方法有如下几种。

（1）总和标准化

分别求出各聚类要素所对应的数据的总和，以各要素的数据除以该要素的数据的总和，即

$$x'_{ij}=\frac{x_{ij}}{\sum_{i=1}^{m}x_{ij}}\quad (i=1,2,\cdots,m;j=1,2,\cdots,n) \tag{8-17}$$

这种标准化方法所得到的新数据 x'_{ij} 满足

$$\sum_{i=1}^{m}x'_{ij}=1\quad (j=1,2,\cdots,n)$$

（2）标准差标准化

$$x'_{ij}=\frac{x_{ij}-\bar{x}_j}{s_j}\quad (i=1,2,\cdots,m;j=1,2,\cdots,n) \tag{8-18}$$

其中

$$\bar{x}_j=\frac{1}{m}\sum_{i=1}^{m}x_{ij}$$

$$s_j=\sqrt{\frac{1}{m}\sum_{i=1}^{m}(x_{ij}-\bar{x}_j)^2}$$

由这种标准化方法所得到的新数据 x'_{ij} 的平均值为 0，标准差为 1。即

$$\bar{x}_j=\frac{1}{m}\sum_{i=1}^{m}x'_{ij}=0$$

$$s_j=\sqrt{\frac{1}{m}\sum_{i=1}^{m}(x'_{ij}-\bar{x}'_j)^2}=1$$

（3）极大值标准化

$$x'_{ij}=\frac{x_{ij}}{\max_i\{x_{ij}\}}\quad (i=1,2,\cdots,m;j=1,2,\cdots,n) \tag{8-19}$$

经过这种标准化所得的新数据的极大值为 1，其余各数值小于 1。

（4）级差的标准化

$$x'_{ij} = \frac{x_{ij}}{\max\limits_{i}\{x_{ij}\}} \quad (i = 1,2,\cdots,m;j = 1,2,\cdots,n) \tag{8-20}$$

经过这种标准化所得的新数据的极大值为 1，极小值为 0，其余的数值均在 0 与 1 之间。

2. 距离的计算

距离是事物之间差异性的测度，差异性越大，则相似性越小，所以距离是系统聚类分析的依据和基础。当聚类要素的数据处理工作完成以后，就要计算分类对象之间的距离，并依据距离矩阵的结构进行聚类。如果把每一个分类对象的 n 个聚类要素看成 n 维空间的 n 个坐标轴，则每个分类对象的 n 个要素所构成的 n 维数据向量就是 n 维空间中的一个点。这样，各分类对象之间的差异性，就可以由它们所对应的 n 维空间中点之间的距离度量。常见的距离有以下四种。

（1）绝对值距离

$$d_{ij}=\sum_{i=1}^{n} | x_{ik}-x_{jk} | \quad (i,\ j=1,\ 2,\ \cdots,\ m) \tag{8-21}$$

（2）欧氏距离

$$d_{ij}=\sqrt{\sum_{k=1}^{n} (x_{ik}-x_{jk})^2} \quad (i,\ j=1,\ 2,\ \cdots,\ m) \tag{8-22}$$

（3）明科夫斯基距离

$$d_{ij}[\sum_{i=1}^{n}|x_{ik}-x_{jk}|^{p}]^{\frac{1}{p}} \quad (i,j=1,2,\cdots,m) \tag{8-23}$$

式中，$p\geqslant 1$。当 $p=1$ 时，d_{ij} 就是绝对值距离；当 $p=2$ 时，d_{ij} 就是欧氏距离。

（4）切比雪夫距离

当明科夫斯基距离中的 $p\to\infty$ 时，有

$$d_{ij} = \max_{k} | x_{ik} - x_{jk} | \ (i,j = 1,2,\cdots,m) \tag{8-24}$$

选择不同的距离，聚类结果会有所差异。在分区分类研究中往往采用几种距离进行计算、对比，再选择一种较为合适的距离进行聚类。

3. 直接聚类法

直接聚类法，是根据距离矩阵的结构一次并类得到结果的方法，是一种简便的聚类方法。它先把各个分类对象单独视为一类，然后根据距离最小的原则，依次选出一对分类对象，并成新类。如果其中一个分类对象已归于一类，则把另一个也归入该类；如果一对分类对象正好属于已归的两类，则把这两类并为一类。每一次归并，都划去该对象所在的列和与列序相同的行。那么，经过 $m-1$ 次就可以把全部

分类对象归为一类，这样就可以根据归并的先后顺序作出聚类谱系图。

4. 最短距离聚类法

最短距离聚类法，是在原来的 $m\times m$ 阶距离矩阵的非对角线元素中找出 $d_{pq}=\min\{d_{ij}\}$，把分类对象 G_p 和 G_q 归并为一新类 G_r，然后按计算公式

$$d_{rk}=\min_k\{d_{pk},d_{qk}\}\quad(k\neq p,q)\tag{8-25}$$

计算原来各类与新类之间的距离，这样就得到一个新的 $m-1$ 阶的距离矩阵；再从新的距离矩阵中选出最小者 d_{ij}，把 G_i 和 G_j 归并成新类；再计算各类与新类的距离，这样一直下去，直至各分类对象被归为一类为止。

5. 最远距离聚类法

最远距离聚类法与最短距离聚类法的区别在于计算原来的类与新类距离时采用的公式不同。最远距离聚类法的计算公式是

$$d_{rk}=\max_k\{d_{pk},d_{qk}\}\quad(k\neq p,q)\tag{8-26}$$

8.3.2 聚类分析方法的应用实例

［例 8-5］以 1996 年的地价和 1996 年的区片环比指数为指标，对福建省某城镇 25 个地价样点进行聚类，如表 8-6 所示。

某城镇地价指标 表 8-6

序号	坐落	1996 年地价	1996 年指数	1996 年标准化地价	1996 年指数标准化
1	滨河东路 2 号	2877.1	1.350	0.472	0.872
2	滨河路 10-21 号	2176.54	1.401	−0.123	1.190
3	滨河路 18-11 号	1919.88	1.000	−0.341	−1.311
4	滨河路 18-9 号	2604.71	1.000	0.240	−1.311
5	城西北路（粮油）	3022.29	1.261	0.595	0.317
6	城西北路 101 号	1598.72	1.365	−0.613	0.959
7	城西北路 119 号	1103.17	1.124	−1.034	−0.542
8	城西北路 185 号	1016.83	1.383	−1.107	1.075
9	府北路 1 号	435.105	1.334	−1.601	0.769
10	府北路 2 号	451.877	1.254	−1.586	0.274
11	府东路 35 号	2258.12	1.143	−0.054	−0.422
12	府东路 38 号	2444.6	1.000	0.105	−1.311
13	府东路 66 号	758.72	1.236	−1.326	0.157
14	府东路实验小学	2590.96	1.532	0.229	2.005

续上表

序号	坐落	1996 年地价	1996 年指数	1996 年标准化地价	1996 年指数标准化
15	府西路（烟草）	2674.3	1.000	0.229	−1.311
16	府西路 100 号	5128.43	1.257	2.382	0.288
17	府西路 41 号	2672.55	1.175	2.298	−0.223
18	府西路 58 号	4138.13	1.296	1.542	0.530
19	府西路 87 号	4287.24	1.414	1.668	1.271
20	府西路 19 号	3469.7	1.000	0.974	−1.311
21	建国路 2 区 1 号	2295.7	1.355	−0.022	0.899
22	建国路 6-1 号	2804.35	1.361	0.410	0.936
23	建国路 7-1 号	3212.84	1.096	0.756	−0.712
24	建国路 7-10 号	2367.24	1.135	0.039	−0.469
25	雅德利楼下	1634.38	1.000	−0.583	−1.311

[**解**] 由题意，分类过程如下：

首先对两个分类指标（地价和地价指数）的数据进行标准化。这是因为该例的分类指标性质差异较大，标准化可以消除量纲对计算的影响，从而使指标的地位相等。一般采用标准差标准化或级差标准化，以下仅以标准差标准化为例，即做以下变换：

$$x'_{ij} = \frac{x_{ij} - \overline{x}_j}{s_j} \quad (i = 1,2,\cdots,n; j = 1,2,\cdots,p)$$

其中，

$$\overline{x}_j = \frac{1}{n}\sum_{i=1}^{n} x_{ij} \qquad s_j = \sqrt{\frac{1}{n}\sum_{i=1}^{n}(x_{ij} - \overline{x}_j)^2}$$

这个变换可以利用 MS-EXCEL 软件完成。经数据变换后，每个指标的标准差都为 1，可以认为消除了量纲的影响，即可引入 statistica 软件进行计算。

运行 statistica 软件，引入数据后选择 Joining（tree clustering）模块。该模块能实现计算距离矩阵、填聚合表、绘谱系图等操作。环比聚类分析图谱如图 8-2 所示。

从聚类谱系图中可以看到，25 个地价样本可以分为两大类，高地价和高增长率的 16、18、19 号样点从其他样点中区分出来，这说明聚类分析的结果与实际情况是相符合的。由于本例中分类的指标数目只有两个，因此用定性方法也能完成分类，但是当指标数目较多时定性的方法将很难实施。

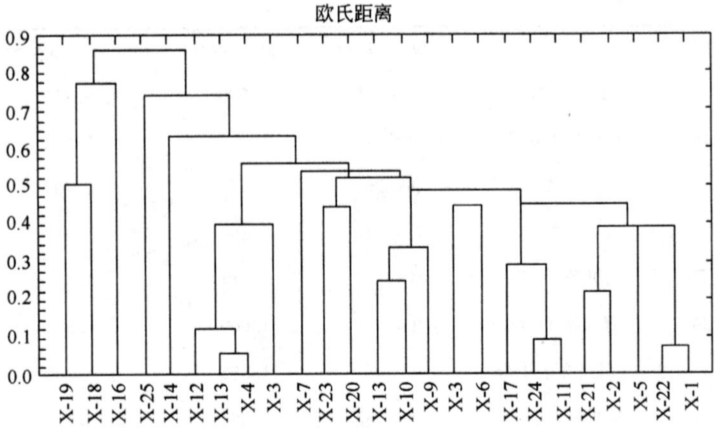

图 8-2 环比聚类分析图谱

[例 8-6] 根据历年各区片的房地产指数变动规律，对代表北京市八大城区的22个商业区片进行分类，如表8-7所示。

北京八大城区模拟数据 表 8-7

序号	区片名	91 指数	92 指数	93 指数	94 指数	95 指数	96 指数
1	海淀 1 区	1.100	1.120	1.060	1.200	1.220	1.230
2	海淀 2 区	1.018	1.026	1.100	1.130	1.110	1.090
3	海淀 3 区	1.020	1.030	1.110	1.120	1.090	1.080
4	东城 1 区	1.090	1.150	1.190	1.250	1.220	1.230
5	东城 2 区	1.080	1.070	1.030	1.030	1.040	1.050
6	东城 3 区	1.000	1.009	1.008	1.010	1.000	1.010
7	西城 1 区	1.000	1.008	1.005	1.002	1.003	1.009
8	西城 2 区	1.040	1.050	1.060	1.100	1.120	1.080
9	西城 3 区	0.090	1.080	1.050	1.040	1.040	1.030
10	宣武 1 区	1.080	1.080	1.070	1.090	1.080	1.090
11	宣武 2 区	1.020	1.020	1.030	1.040	1.040	1.033
12	宣武 3 区	1.022	1.025	1.024	1.026	1.030	1.036
13	崇文 1 区	1.033	1.035	1.036	1.037	1.040	1.051
14	崇文 2 区	1.037	1.027	1.026	1.028	1.022	1.020
15	崇文 3 区	1.038	1.033	1.030	1.029	1.022	1.015
16	崇文 4 区	1.055	1.060	1.061	1.046	1.051	1.032
17	朝阳 1 区	1.054	1.049	1.055	1.068	1.055	1.052

续上表

序号	区片名	91 指数	92 指数	93 指数	94 指数	95 指数	96 指数
18	朝阳 2 区	1.044	1.045	1.049	1.051	1.047	1.039
19	朝阳 3 区	1.080	1.080	1.070	1.090	1.080	1.090
20	丰台 1 区	1.012	1.023	1.015	1.012	1.016	1.018
21	丰台 2 区	1.013	1.006	1.004	0.986	1.008	1.002
22	石景山 1 区	1.005	1.009	1.011	1.013	1.018	1.021

[解] 由题意，运行 statistica，结果如图 8-3 所示。

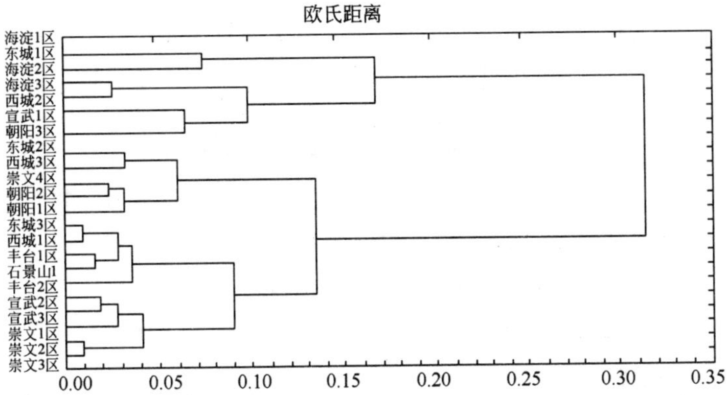

图 8-3　聚类分析图谱

从谱系图可以看出，在分类距离 $d=0.08$ 时，22 个区片可分为 6 类；在分类距离 $d=0.12$ 时，22 个区片可分为 4 大类；在 $d=0.20$ 时，22 个区片可分为 2 个大类。

从以上例子可以看出，在地价指数、房地产指数的编制和应用过程中，运用聚类分析方法，可以把大城市中数目繁多的区片指数迅速、方便地汇聚成几个大类。在此基础上我们可以编制和公布全市几个大类局部地价指数，也可以通过对分类结果的进一步研究了解各区不动产价格变化规律。

8.4　模糊数学在房地产估价中的应用

恰当选择房地产交易实例并进行合理的差异因素修正是市场法评估的难点和关键所在，而且影响房地产价格的区域因素和个别因素是多方面的，在评估操作中必须有一个科学、合理的比较尺度。现将模糊数学理论引入房地产的市场法价格评估中，应用模糊数学中的贴近度概念和择近原则，定量地描述待评估房地产与交易实例之间的相关程度，据此选择房地产交易实例，通过建立市场法评估模型，及对大量交易实例的差异修正计算，可确定待评估房地产的价格，提高评估结果的置信度。

8. 4. 1 模糊数学方法的基本原理

模糊数学方法是一种研究和处理模糊现象的新型数学方法。对地理区划、地理模式识别、区域发展规划与决策等许多问题的定量化研究，模糊数学是必不可少的重要工具。

1. 评估原理

将模糊数学理论运用于房地产市场法价格评估的基本原理为：利用模糊数学中的贴近度概念和择近原则进行对象相似程度的识别，由于贴近度是反映模糊集之间的相似程度，它能较好地刻画出集合之间相同子集与不同子集的关系，因此可以解决房地产评估交易中交易实例选择时存在的不确定性和模糊性。

所谓**贴近度**，是指两个模糊子集之间彼此相近的程度。贴近度应在［0，1］区间内取值，当贴近度等于1时，称两个模糊子集完全贴合，即最相近或相近；当贴近度等于0时，称两个模糊子集不贴近，即不相近或相异。

设在论域$U=\{x_1, x_2, \cdots, x_n\}$上有$m$个模糊子集（$m$个模型），构成了标准模型库。被识别的对象$\underset{\sim}{B}$也是一个模糊集，$\underset{\sim}{B}$与$\underset{\sim}{A}_i$（$i=1, 2, \cdots, m$）中的哪一个最贴近？这就是一个模糊集对标准模糊集的识别问题。因此，这里涉及到两个模糊集的贴近程度问题。先把模糊向量的内积与外积推广到无限论域U上，内积与外积的简单性质对无限论域U上的模糊集也成立。

由模糊集的内积与外积的性质可知，单独使用内积或外积还不能完全刻划两个模糊集$\underset{\sim}{A}$、$\underset{\sim}{B}$之间的贴近程度。模糊集的内积与外积都只能部分地表现两个模糊集的靠近程度。现在从直观上进一步说明这一点。在图8-4中所表示的两个模糊集$\underset{\sim}{A}$、$\underset{\sim}{B}$交点的纵坐标（隶属度）越大时，则$\underset{\sim}{A}$与$\underset{\sim}{B}$越靠近，而内积$\underset{\sim}{A}\odot\underset{\sim}{B}=\bigvee_{x\in U}(\underset{\sim}{A}(x)\wedge\underset{\sim}{B}(x))$正是表现了模糊集$\underset{\sim}{A}$与$\underset{\sim}{B}$交点的纵坐标（隶属度$\mu$）。在图8-5中所表示的两个模糊集$\underset{\sim}{A}$与$\underset{\sim}{B}$交点的纵坐标（隶属度$\mu$）越小时，则$\underset{\sim}{A}$与$\underset{\sim}{B}$越靠近，而外积$\underset{\sim}{A}\odot\underset{\sim}{B}=\bigwedge_{x\in U}(A(x)\vee B(x))$正好表现了这一点。

综上所述，内积越大，模糊集越靠近；外积越小，模糊集也越靠近。因此，可用二者相结合的“贴近度”来刻划两个模糊集的贴近程度较为适合。设$\underset{\sim}{A}$，$\underset{\sim}{B}$是论域U上的模糊子集，则称$\sigma_0(\underset{\sim}{A},\underset{\sim}{B})=\frac{1}{2}[\underset{\sim}{A}\odot\underset{\sim}{B}+(1-\underset{\sim}{A}\odot\underset{\sim}{B})]$为$\underset{\sim}{A}$与$\underset{\sim}{B}$的贴近度。可见，当$\sigma_0$（$A$，$B$）越大（从而$\underset{\sim}{A}\odot\underset{\sim}{B}$越大，$\underset{\sim}{A}\odot\underset{\sim}{B}$越小）时，$\underset{\sim}{A}$与$\underset{\sim}{B}$越贴近。贴

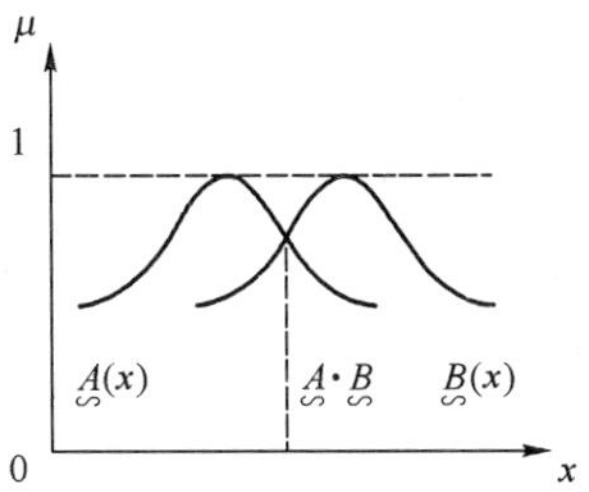

图 8-4 两个模糊集 $\underset{\sim}{A}\cdot\underset{\sim}{B}$

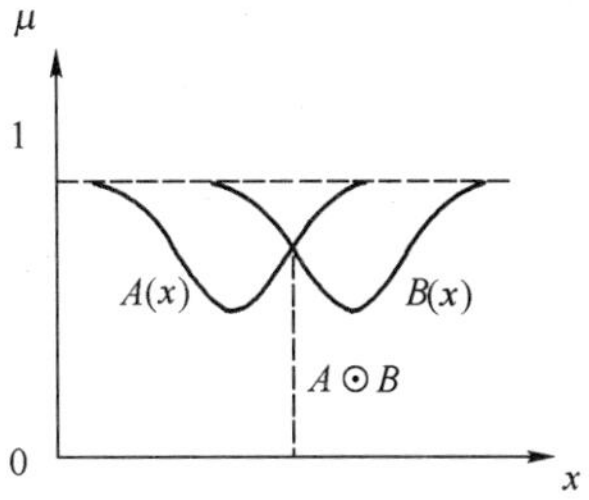

图 8-5 两个模糊集 $\underset{\sim}{A}\odot\underset{\sim}{B}$

近度描述了模糊集之间彼此贴近的程度，实际上，由于所研究问题的性质不同，进一步研究还有其他的贴近度方法。

设论域 U 上有 m 个模糊集 $\underset{\sim}{A}_{i_1}$，$\underset{\sim}{A}_{i_2}$，…，$\underset{\sim}{A}_{i_m}$，构成一个标准模型库 $\{\underset{\sim}{A}_{i_1}$，$\underset{\sim}{A}_{i_2}$，…，$\underset{\sim}{A}_{i_m}\}$，$\underset{\sim}{B}\in\Gamma(U)$ 为待识别的模型。若存在 $i_0\in\{1，2，…，m\}$，使得 $\sigma_0(\underset{\sim}{A}_{i_0}，\underset{\sim}{B})=\overset{m}{\underset{k=1}{\vee}}\sigma_0(\underset{\sim}{A}_k，\underset{\sim}{B})$ 则称 $\underset{\sim}{B}$ 与 $\underset{\sim}{A}_{i_0}$ 最贴近，或者说把 $\underset{\sim}{B}$ 归并到 $\underset{\sim}{A}_{i_0}$ 类，这个原则称为**择近原则**。

在房地产市场法评估时，计算两宗房地产的贴近度，其关键问题是根据两宗房地产的主要特征要素分解，通过合理的计算模式，最大限度地反映它们的相似性。因此，选择贴近度计算模式时，需充分考虑特征因素的信息，反映房地产的相似性，以保证评估的准确性。

设已知 n 个房地产交易实例为 A_1，A_2，…，A_n，其特征集为 $T=(t_1，…，t_n)$，t_j $(j=1，2，…，m)$ 为特征元素。特征向量集为 $\{\mu_{A1}(t_1)，\mu_{A2}(t_2)，…，\mu_{An}(t_m)\}$，其中 $\mu_{\underset{\sim}{A_i}}(t_j)(i=1，2，…，n；j=1，2，…，m)$ 为特征向量。令房地产 A_p 与 A_q 的贴近度为

$$\sigma(\underset{\sim}{A}_p,\underset{\sim}{A}_q)=\frac{\sum\limits_{j=1}^{m}(\mu_{\underset{\sim}{A_p}}(t_j)\wedge\mu_{\underset{\sim}{A_q}}(t_j))}{\sum\limits_{j=1}^{m}(\mu_{\underset{\sim}{A_p}}(t_j)\vee\mu_{\underset{\sim}{A_q}}(t_j))}\quad(p,q=1,2,\cdots,m)\tag{8-27}$$

待评估房地产价格的估算，是通过对交易实例特征元素的分解，综合分析估计确定的，房地产特征量对价格的影响作用是各不相同的，令影响他们大小的权重为 W_1，W_2，…，W_m 且 $\sum\limits_{i=1}^{m}W_k=1$，权重的确定依据对交易实例特征量的分析，以其与房地产价格之间的关系来确定。则式（8-27）可转变为：

$$\sigma(\underset{\sim}{A}_p，\underset{\sim}{A}_q)=\frac{\sum\limits_{j=1}^{m}W_j(\mu_{\underset{\sim}{A_p}}(t_j)\wedge\mu_{\underset{\sim}{A_q}}(t_j))}{\sum\limits_{j=1}^{m}W_j(\mu_{\underset{\sim}{A_p}}(t_j)\vee\mu_{\underset{\sim}{A_q}}(t_j))}\quad(p，q=1，2，…，m)\tag{8-28}$$

2. 市场法评估模型

假设房地产交易实例 A_1（1，2，…，n）与待评估房地产 B 的贴近度为 σ_1 且依大至小排列为有序数列 σ_1，σ_2，…，σ_n，相应 A_1，A_2，…，A_n 的交易价格为 E_1，E_2，…，E_n，以择近原则取贴近度大的三个交易实例作为估计的基准，并满足：$\sigma_1 \leqslant \sigma_2 \leqslant \sigma_3$。

则，待评估房地产 B 的评估值 E_B 为：

$$E_B = \lambda\Big[\sigma_1 E_1 + (1-\sigma_1)\sigma_2 E_2 + (1-\sigma_1)(1-\sigma_2)\sigma_3 E_3 + \frac{1}{3}(1-\sigma_1)(1-\sigma_2)(1-\sigma_3)(E_1+E_2+E_3)\Big] \tag{8-29}$$

式中，λ 为调整系数，体现所选定的三个交易实例对于待评估房地产的影响程度。

8.4.2 模糊数学方法的应用简介

现以杭州某住宅小区一套砖混结构商品房的价格评估为实例，具体资料见表 8-8 所列。选择近期成交的五宗相似类型的商品房 A_1、A_2、A_3、A_4、A_5 作为交易实例，并根据该类房地产的特点，选取区域因素、个别因素，交易时间因素和交易情况因素等四大类共 12 项特征因素进行对比分析。由于特征因素大多属难以量化的定性指标，可考虑采用模糊统计方法确定其隶属函数关系，隶属函数用[0，1]区间的一个数表示，其值越接近于 1，意味着隶属度越高，反之则越低。评估人员对交易实例的每个特征因素按“优”、“良”、“中”、“一般”、“差”分别赋予 1.0、0.75、0.5、0.25、0，通过建立单因素评价模糊集，确定相应的隶属度，即各个特征因素的评价值。

对比房地产模糊关系系数表　　表 8-8

比较实例名称	区域因素			个别因素							交易情况	交易时间	交易价格(元/m²)
	地理位置	交通条件	环境质量	结构	质量	楼层	朝向	装修	设施设备	建造年份			
A_1	五级一类 0.7	合格 0.6	良 0.8	砖混多层 1.0	优 1.0	五楼 0.9	中 0.7	中 0.7	良 0.8	1995.4 0.8	正常 1.0	2000.10 0.9	3080
A_2	五级一类 0.7	合格 0.6	优 1.0	砖混多层 1.0	优 1.0	二楼 0.9	良 0.8	良 0.8	良 0.8	1996.8 1.0	正常 1.0	2000.11 0.95	3160
A_3	四级二类 0.8	中 0.7	良 0.8	砖混多层 1.0	优 1.0	四楼 1.0	良 0.8	优 1.0	良 0.8	1996.2 0.9	正常 1.0	2000.10 0.9	3510
A_4	三级一类 0.95	中 0.7	良 0.8	砖混多层 1.0	优 1.0	三楼 1.0	良 0.8	良 0.8	优 1.0	1995.9 0.85	正常 1.0	2000.12 1.0	3420

表 8-8

比较实例名称	区域因素			个别因素							交易情况	交易时间	交易价格（元/m²）
	地理位置	交通条件	环境质量	结构	质量	楼层	朝向	装修	设施设备	建造年份			
A_5	二级五类 1.0	良 0.8	一般 0.6	砖混多层 1.0	优 1.0	三楼 1.0	优 1.0	良 0.8	优 1.0	1996.3 0.9	正常 1.0	2000.12 1.0	3600
待估房地产 B	二级五类 1.0	优 1.0	一般 0.6	砖混多层 1.0	优 1.0	四楼 1.0	良 0.8	中 0.7	良 0.8	1996.8 1.0	正常 1.0	2000.12 1.0	待评估

1. 贴近度的计算

根据式（8-27）计算待评估房地产与交易实例的贴近度。待评估房地产 B 与交易实例 A_1 的贴近度为：

$$\begin{aligned}\sum_{j=1}^{12}(\mu_B(t_j)\wedge\mu_{A_1}(t_j)) &= (1.0\wedge 0.7)+(1.0\wedge 0.6)+(0.6\wedge 0.8)+(1.0\wedge 1.0)+\\ &\quad (1.0\wedge 1.0)+(1.0\wedge 0.9)+(0.8\wedge 0.7)+(0.7\wedge 0.7)+\\ &\quad (0.8\wedge 0.8)+(1.0\wedge 0.8)+(1.0\wedge 0.9)=9.7\end{aligned}$$

$$\begin{aligned}\sum_{j=1}^{12}(\mu_B(t_j)\vee\mu_{A_1}(t_j)) &= (1.0\vee 0.7)+(1.0\vee 0.6)+(0.6\vee 0.8)+(1.0\wedge 1.0)+\\ &\quad (1.0\wedge 1.0)+(1.0\wedge 0.9)+(0.8\vee 0.7)+(0.7\vee 0.7)+\\ &\quad (0.8\vee 0.8)+(1.0\wedge 0.8)+(1.0\wedge 0.9)=11.1\end{aligned}$$

则

$$\sigma(B,A_1)=\frac{\sum_{j=1}^{12}(\mu_B(t_j)\wedge\mu_{A_1}(t_j))}{\sum_{j=1}^{12}(\mu_B(t_j)\vee\mu_{A_1}(t_j))}=\frac{9.7}{11.1}=0.8739$$

同理

$$\sigma(B,A_2)=\frac{\sum_{j=1}^{12}(\mu_B(t_j)\wedge\mu_{A_2}(t_j))}{\sum_{j=1}^{12}(\mu_B(t_j)\vee\mu_{A_2}(t_j))}=\frac{10.05}{11.80}=0.8517$$

$$\sigma(B,A_3)=\frac{\sum_{j=1}^{12}(\mu_B(t_j)\wedge\mu_{A_3}(t_j))}{\sum_{j=1}^{12}(\mu_B(t_j)\vee\mu_{A_3}(t_j))}=\frac{10.20}{11.40}=0.8947$$

$$\sigma(B,A_4)=\frac{\sum_{j=1}^{12}(\mu_B(t_j)\wedge\mu_{A_4}(t_j))}{\sum_{j=1}^{12}(\mu_B(t_j)\vee\mu_{A_4}(t_j))}=\frac{10.40}{11.40}=0.9123$$

$$\sigma(B,A_5)=\frac{\sum_{j=1}^{12}(\mu_B(t_j)\wedge\mu_{A_5}(t_j))}{\sum_{j=1}^{12}(\mu_B(t_j)\vee\mu_{A_5}(t_j))}=\frac{10.60}{11.40}=0.9298$$

2. 待评估房地产的评估价格

根据与待评估房地产 B 的贴近度大小，交易实例的排列顺序为：A_5、A_4、A_3、A_1、A_2。取贴近度大的三个房地产交易实例，即 A_5、A_4、A_3 作为评估基准。对应的实际交易价格分别为 $E_5=3600$ 元/m^2，$E_4=3420$ 元/m^2，$E_3=3510$ 元/m^2，令调整系数 $\lambda=1.0$，则待评估房地产 B 的评估值为：

$$E_B=0.9298\times3600+0.9123\times(1-0.9298)\times3420+0.8947\times(1-0.9298)\times(1-0.9123)\times3510+\frac{1}{3}(1-0.9298)\times(1-0.9123)\times(1-0.8947)\times(3600+3420+3510)=3587.92$$

基于模糊数学原理建立的市场法评估模型，较全面地利用了交易实例特征因素的评估信息，提出的贴近度计算方法能较好地反映房地产之间的相似性，相似性的量化结果较为合理，与传统市场法相比更简便、科学。

小　　结

采用科学有效的商品房定价模型，对保证住宅产业的健康发展具有十分重要的意义。虽然目前我国房地产市场估价仍以成本分析法和市场比较法两种评估方法为主，但是由于传统方法操作复杂、人工经验依赖度高等因素的影响，其他多种数学方法的应用现已日益得到重视，尤其在土地价格评估工作中已有较多应用实例。其中，长期趋势法和价格指数法已在房地产市场的预测和分析中被广泛应用，聚类分析和模糊数学的方法更是当前从事估价研究的学者正在着力推行的重要评估手段。本章只是从该类数学方法的一般原理上概括介绍，在与实践结合的研究应用方面还有待于读者进一步发展和完善。

复习思考题

一、名词解释

长期趋势法　房地产价格指数　系统聚类分析　模糊数学

二、思考题

1. 长期趋势法包括哪些具体操作方法？其各适用的实例有何特征？
2. 房地产价格指数有哪几类？房价指数主要应用在哪些方面？
3. 聚类分析的一般步骤是什么？何种情况下需要聚类分析？
4. 基于模糊数学的估价系统的原理是什么？

第9章 房地产价格影响因素分析

本章概要

房地产价格影响因素众多而复杂，按影响因素的性质可分为四类，包括物理（自然）因素、社会因素、经济因素、行政因素。按影响因素的范围可分为三类，包括一般因素、区域因素、个别因素。正确认识房地产价格的影响因素及其相互关系，对房地产估价非常重要。

9.1 房地产价格的影响因素

9.1.1 房地产价格影响因素的数学模型

房地产价格具有客观性，影响房地产价格的因素及影响程度也应当是客观的。因此，应当存在一个房地产价格数学模型，将影响某类房地产价格的所有因素综合到该数学模型中，房地产的价格是由所有这些因素综合决定的。设

$$y_i = k_i(x_1, x_2, x_3, \cdots, x_i, \cdots, x_n) \quad (i = 1,2,3,\cdots,n) \tag{9-1}$$

式中：y_i——房地产价格；

x_i——影响房地产价格的各种因素；

k_i——影响房地产价格变化的系数。

从理论上讲，房地产价格的变动可以由单个因素 x_i 的变化引起，也可以由多个因素的同时变化引起，就是在同一种因素影响的情况下，由于影响的方向、程度不同，就会有不同的转换系数 k_i。因此，我们可以认为，有序数对（x_i，y_i）是一组内生变量，其之间的函数关系是由因素的运动规律所决定的；而 k_i 是外生变量，是由外部的条件所决定的。

如果公式的具体函数关系及 k_i 可以完全确定的话，那么用数学计算的方法就可以求出房地产的价格。然而，房地产估价毕竟不是房地产价格“计算”，由于房地产商品是不动产，所涉及的领域广，产品周期长，产业链长，政策性明显，影响房地产价格的因素众多且极其复杂，除某些因素如经济因素中的物价因素、物理因

素中的位置因素等较易测算，完全可以用数学模型来衡量外，绝大多数因素为较难测因素或不可测因素，它们的影响是无形的，可以感觉得到，但却无法用数学模型来衡量，因此只有理论上的意义。尽管如此，它对实际估价工作具有很强的指导作用。事实上，在国内外房地产实际估价工作中，估价人员在运用估价方法起步估算出房地产价格后，还要依靠自己的经验，仔细分析权衡影响该房地产价格的因素，并作出修正调整，以最后确定估价额。这其实是属于公式的定性分析。所以说，熟练地掌握各种影响房地产价格的因素如何影响及在什么程度上影响房地产价格，是搞好房地产估价的关键之一。

9.1.2　房地产价格影响因素定性分析要点

定性分析影响房地产价格的因素需把握三点。

1.影响方向

各种影响房地产价格的因素对房地产价格的影响方向不尽相同，有的因素降低房地产价格；有的因素则提高房地产价格；有的同一因素对不同类型的房地产，影响方向可能是不同的。

2.影响程度

各种影响房地产价格的因素对房地产价格的影响程度不尽相同，有的因素对房地产价格的影响较大而成为主要因素；有的因素则对房地产价格的影响较小而作为次要因素。但随着时期、地区、房地产类型的不同，主次要因素的地位会发生变化。

3.影响关系

各种影响房地产价格的因素与房地产价格的影响关系不尽相同，有的因素对房地产价格的影响可看作是线性的；有的因素对房地产价格的影响是非线性的；有的因素对房地产价格的影响不是单向性的，在某种情况下会提高房地产的价格，而在另一状况下，却会降低房地产的价格；有的因素从某一角度看会提高房地产的价格，而从另一角度看却会降低房地产的价格，其对房地产价格的最终影响如何由这两方面的合力决定。

9.1.3　房地产价格影响因素的分类

房地产价格影响因素众多而复杂，需要进行归纳和分类。由于归纳分类的角度不同，分类方法也有所不同。常见的有两种基本分法，一种是按影响因素的性质分为四类：物理（自然）因素、社会因素、经济因素和行政因素；另一种是按影响因素的范围分为三类：一般因素、区域因素和个别因素。需要注意的是第二种分类方法中一般因素与区域因素的区别不是绝对的。

本书将两种分类方法相结合，主要从第二种划分方法的角度来分类，同时考虑到房地产供求因素的影响，房地产价格影响因素体系如图 9-1 所示。

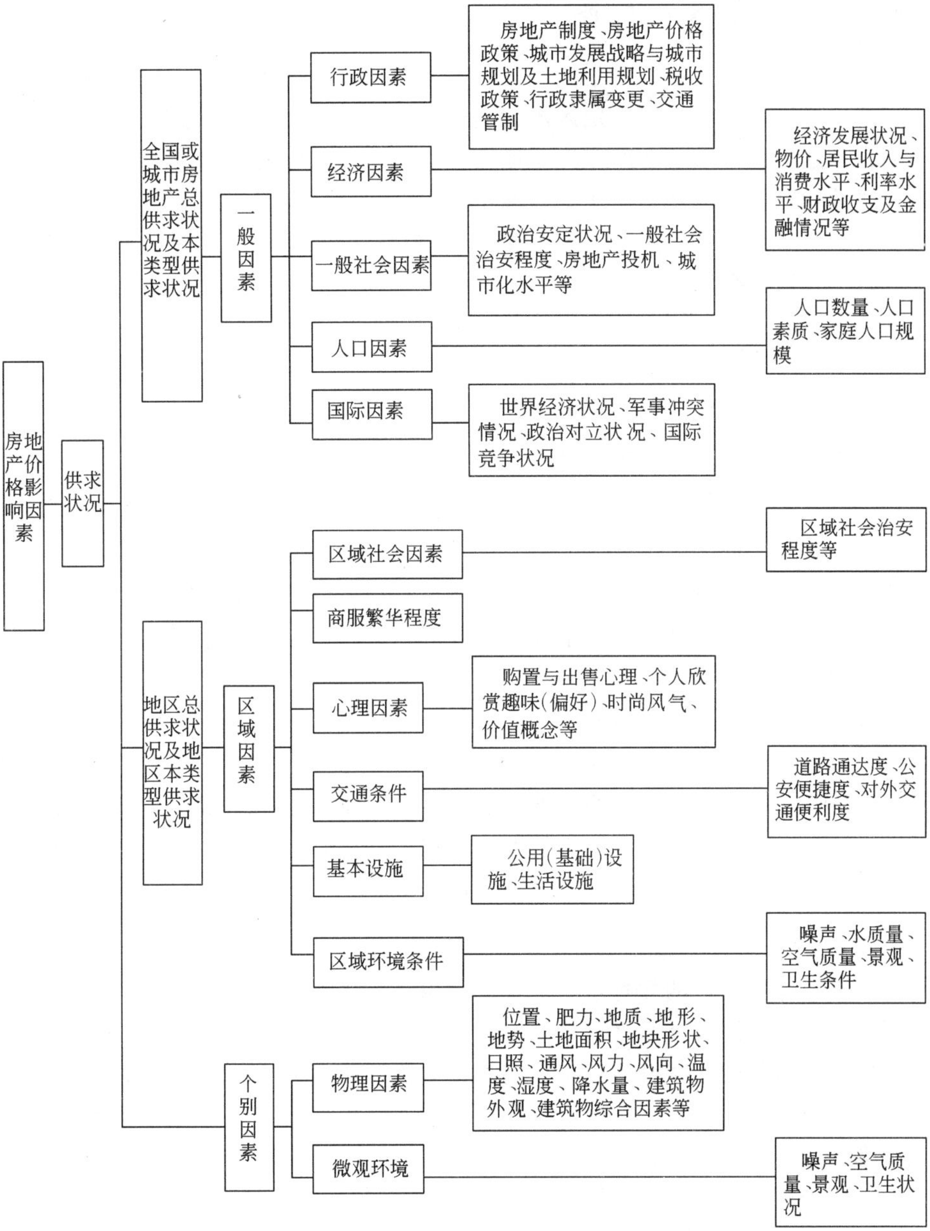

图 9-1　房地产价格影响因素体系

下面对各种影响因素及其如何影响房地产价格作一分析。

9.2 一般因素的影响

所谓一般因素是指影响一定区域范围内所有房地产价格的一般的、普遍的、共同的因素，这些因素通常会对较广泛地区范围内的各宗房地产的价格产生全局性的影响。显然，这类影响因素对于具体某一宗房地产价格而言，并不直接，但它们往往是决定具体房地产价格及其趋势的基础和关键。一般因素中，主要有人口因素、经济因素、一般社会因素、行政因素、国际因素等。

9.2.1 人口因素

房地产的需求主体是人，人的数量、素质决定了房地产的总体需求及使用方式，从而也影响到房地产价格。人口因素对房地产价格的影响，具体可分为人口数量、人口素质、家庭规模三个方面。

1. 人口数量

总的说，人口数量与房地产价格呈正相关。当人口数量增加时，对房地产的需求就会增加，房地产价格也就会上涨；而当人口数量减少时，对房地产的需求就会减少，房地产价格也就会下降。具体分析要考虑人口数量分为日间人口和夜间人口，以及常住人口、暂住人口和流动人口的数量，分析它们对不同类型房地产价格的影响。人口数量的相对指标是人口密度，人口密度从两方面影响房地产价格：一方面，人口密度提高有可能刺激商业、服务业等产业的发展，提高房地产的价格；另一方面，人口密度过高将导致生活环境恶化，有可能降低房地产价格，特别是在大量低收入者涌入某一地区时会出现这种情况。

2. 人口素质

人口素质包括人们的教育水平、公民意识、守法程度、收入水平等，标志着社会的文明程度与经济发展水平，从而影响房地产价格的高低。一个地区的人口素质高，必然要求附近的公共设施充足、完善，居住环境也必然力求宽敞舒适，这些都形成对房地产较强劲的需求，使房地产价格趋高。反之，若某一地区居民素质低，收入微薄，社会秩序欠佳，对房地产需求的数量和质量均低，人们也多不愿意在此居住，房地产价格必然低落。

3. 家庭规模

家庭规模是指一个国家或某一地区家庭平均人口数量。即使人口总数不变，家庭规模的变化也将影响居住单位数量，从而导致房地产需求的变化而影响房地产价格。如国内家庭日趋小型化，单亲家庭也有增加，从而造成对住宅的需求不断增加，导致房地产特别是住宅价格的升高趋势。

9.2.2 经济因素

经济因素属于一般因素，影响房地产价格的经济因素有：经济发展状况、物价（特别是建筑材料价格）、居民收入与消费水平、利率水平、财政收支及金融情况、房地产投资和建筑人工费等，这些因素对房地产价格的影响都较复杂。

1. 经济发展状况

经济发展状况是个综合的概念，指物质福利的改善，尤其是对于那些低收入者来说；根除贫困，以及与此相关联的文盲、疾病或过早死亡；改变投入与产出的构成，包括把生产的基础结构从农业转向工业活动；以及生产性就业的普及程度等。经济发展状况好，意味着国民经济增长速度较快，企业经营效益较好，就业岗位和居民收入增加，这必然使投资生产活动活跃，对厂房、办公楼、商场、住宅和各种文娱设施等的需求不断增加，由此引起房地产价格上涨，尤其是引起地价上涨。例如，20 世纪 80 年代亚太地区的日本、新加坡、韩国和中国台湾、香港等国家和地区，经济持续高速增长，地价也相应地大幅度上涨（尽管从事后的亚洲金融危机来看，这种经济发展带有泡沫成分）。

2. 物价

房地产价格是总体物价的一部分，但与一般物价的特性不同。当物价普遍波动时，实质上是货币购买力在变动，即币值发生变动，房地产价格也随之变动，如果其他条件不变，房地产价格变动的百分比相当于物价变动的百分比，且两者变动方向相同；就房地产价格与一般物价的关系而言，一方面，无论一般物价总水平是否变动，其中某些物价的变动也会引起房地产价格的变动，如建筑材料价格、建筑人工费的上涨，会增加房地产的开发成本，从而可能推动房地产价格上涨。另一方面，房地产价格变动也引起其他商品价格的变动，如房地产价格上涨会导致抵押价值增大，引起信用膨胀，即广义货币供应量增加，同时也使企业成本上升，带动商品价格普遍上升，造成物价上涨。由于房地产的稀缺性，从较长时期看，房地产价格（尤其是地价）的上涨率要高于一般物价和国民收入的增长率。

3. 居民收入与消费水平

居民收入中的个人可支配收入及可任意支配收入越多，居民的实际购买力就越强。对房地产价格可能有影响的是收入中的这一部分。当居民实际收入（即扣除通货膨胀后的收入）增加后，其生活水平将随之提高，对其居住与活动空间的要求也会有所提高，从而对房地产的需求增加，导致房地产价格上涨。收入增加对房地产价格的影响程度要视收入水平与边际消费倾向的大小而定。如果居民收入的增加是中、低收入者收入增加的结果，则其边际消费倾向较大，在改善了衣食之后，收入的剩余部分将用于改善居住条件，住宅房地产的需求增加，自然促使住宅价格上涨。但如果居民收入的增加是高收入者收入增加的结果，由于他们的生活富足，边际消费倾向较小，其收入增加的大部分甚至是全部都用于储蓄或其他投资，对房地产影响不大。不过，如果高收入者利用剩余收入从事房地产投机，则会引起房地产价格上涨。

4. 利率水平

利率是资金使用成本的反映。利率高则资金使用成本高，资金使用者还息负担重，实际收入少，因而对经济活动具有压抑作用。房地产是资金占用量很大的商品，其价格高低与利率水平有密切关系。一方面，利率水平高低影响房地产消费代价的大小。由于房地产消费中借贷资金的比例大，若利率水平高，则使用者需支付高额的利息，导致房地产消费欲望降低，需求减少，价格下降；反之，则导致需求增加，价格上升。另一方面，利率水平的高低影响到社会上投资收益水平的高低。当利率较低时，社会投资意欲较强，对收益率的要求也较低，投资者愿意支付更高的价格去购买产生同样收益的房地产，导致房地产的价格上升。

决定利率水平的因素主要有：行业平均利润率、借贷市场资金供求情况、对通货膨胀率的预期、国家的经济政策、国际利率水平、国际收支状况等。

9.2.3 社会因素

社会因素是指一个国家或地区的社会状况对房地产价格的影响，主要有政治安定状况、社会治安程度、房地产投机、城市化水平等。社会因素中社会治安程度不单纯属于一般因素，也与区域因素有关系。因此社会因素可分为一般社会因素和区域社会因素。

1. 政治安定状况

政治安定状况是指目前政权的稳固程度，不同政治观点的党派和团体的冲突情况等。一般来说，政治不安定，意味着社会动荡，财产权保障不足，影响人们投资、置业的信心，当然会造成房地产价格低落。

2. 社会治安程度

社会治安程度是指偷盗、抢劫、强奸和杀人等方面的刑事犯罪情况。由于社会治安的不平衡性，一般来说，一个国家（或省区或大城市）与一个城市（或城市的一个地区）的社会治安程度是不相同的，因此，按影响范围的大小，可进一步区分为一般社会治安程度和区域社会治安程度，对某一具体房地产价格影响大的是区域社会治安程度。房地产所处的地区，若治安混乱，经常发生刑事犯罪案件，则人身安全及财产缺乏保障，长此以往，必然造成房地产价格低落。

3. 房地产投机

房地产投机是指投机者期望并利用房地产价格的变动获得超常利润的行为。房地产投机对房地产价格的影响分为三种情况：当房地产供不应求时，由于投机者的抢购而哄抬房地产价格；当房地产供过于求时，由于投机者的抛售而使房地产价格更为下跌；但在某些情况下，房地产投机者购置的房地产，会在日后房地产价格上涨时抛出。这样就会出现，当房地产需求低迷时，投机者购置房地产，造成房地产需求增加，升高房地产价格，而在房地产需求旺盛时，投机者抛售房地产，增加房地产供应，从而平抑房地产价格。

4. 城市化水平

改革开放以来，我国的城市化进程十分迅速，城市化水平不断提高。“城市化”一词一般有四个涵义：城市中心对农村腹地影响的传播过程；全社会人口逐步接受城市文化的进程；人口集中的过程，包括集中点的增加和每个集中点的扩大；城市人口占全社会人口比例提高的过程。从影响房地产价格的一般意义上说，城市化意味着人口向城市地区集中，造成对城市房地产的需求不断地、持续地增加，从而带动城市房地产价格上涨。

9.2.4 行政因素

行政因素是指影响房地产价格的制度、政策、法律法规、行政措施等方面的因素，主要有房地产制度、房地产价格政策、城市发展战略与城市规划及土地利用规划、税收政策、行政隶属变更、交通管制等。行政因素属于一般因素。

1. 房地产制度

房地产制度包括土地制度、住房制度。房地产制度及其变化对房地产市场和房地产价格会产生重大影响。如我国 1988 年《宪法》修正案中明确规定“土地可以依照法律转让”，决定了我国土地价格从无到有的根本性转变；而 1994 年进行的税制改革、土地增值税的颁布以及 1995 年城市房地产管理法的实施，有效地规范了我国房地产市场的发育和发展。

2. 房地产价格政策

房地产价格政策是指政府对房地产价格高低的态度以及采取的干预方式、措施等。简单地说，房地产价格政策可分为两类：一类是高价格政策，指政府对房地产价格在一定程度上放任不管，或者有意通过某些措施来抬高房地产价格，促使房地产价格上涨，维持高价位；一类是低价格政策，指政府采取种种措施来抑制房地产价格的上涨，造成房地产价格下落，处于低价位。影响房地产价格的措施是多种多样的，如制定最高限价或最低限价，规定房地产交易时不得突破此价格；通过调节土地供应，以增加（或减少）房地产的供给，从而平抑（或升高）房地产价格；推行安居工程，以低于市场价格提供经济适用房，在一定程度上抑制房地产价格的上涨。

3. 城市发展战略、城市规划及土地利用规划

城市发展战略、城市规划及土地利用规划决定了一个城市的性质、发展方向和发展规模，还决定了城市用地结构、城市景观轮廓线、地块用途、利用程度等。特别是城市详细规划中确定的地块的用途、容积率、覆盖率等指标，对房地产价格有很大的影响。就土地用途和容积率来说，微观上，规定的土地用途限制了地块用途的可选择范围，设定了土地价格的上限，若用途不好还会降低地价；设定的容积率限定了土地的开发利用规模，往往不能满足用地者的需要，这也限制了地价。宏观上，对土地用途和容积率的合理规定有利于形成一个合理的空间地域结构，使城市能发挥最大的整体功能，有利于各种土地利用的相互协调，创造高效、健康、优美的环境，因此有提高地价的作用。

4. 税收政策

国家通过税收政策调控房地产业的发展。直接或间接地对房地产课税，实际上是减少了房地产的利益，因而降低了房地产的价格。不同的税种或税率，对房地产价格的影响是不同的。此外，考虑课税对房地产价格的影响时，必须注意课税可否转嫁的问题。如果可按一定的规定或一定途径转嫁出去，则该税种对房地产价格的影响就较小。

5. 行政隶属变更

行政隶属变更一般可分为两类：一类是级别升格，如非建制镇升格为建制镇，县级市升格为地级市，省辖市升级为直辖市，这无疑会促进该地区的房地产价格上涨；另一类是级别不变，其管辖权发生变化。如果将原属于某一较落后地区的地方划归另一较发达地区管辖，也会促使其房地产价格上涨；相反，则会导致其房地产价格下落。

6. 交通管制

交通管制包括禁止某类车辆通行，实行单行道、步行街及限制通行时间等。交

通管制对房地产价格影响如何，要看这种管制的内容和房地产的使用性质。实行某种交通管制，对某些房地产来说可能是降价因素，但对另一些房地产，则成为提高价格的因素。如在住宅区内禁止货车通行，可以减少噪声、保持清洁和保证行人安全，会提高住宅区住宅的价格。

7. 市政管理

环境卫生的好坏直接影响房地产的使用效益。交通路线安排和规定对房地产价格的影响是多方面的，对不同的房地产有不同的影响，如街道交通流量的加大会降低沿街零售商铺的价值，但会提高写字楼的价格。市政设施如市场、邮政、学校、绿化和娱乐等设施的配套对居住用房地产的价格影响也很大。一般来讲，市政管理水平与房地产价格的总体水平是成正比的。

9.2.5 国际因素

现代社会，国际交往频繁，国际的政治、军事和经济环境常常影响他国的经济，包括房地产市场和房地产价格。随着全球经济一体化，这些影响将更直接、更明显。我国已加入 WTO，融入全球经济一体化的进程加快，国际的政治、军事和经济等环境，军事冲突情况、政治对立状况和国际竞争状况将直接影响我国的房地产业。

1. 世界经济状况

世界经济状况，尤其是周边国家和地区的经济状况，对房地产价格有较大的影响。如果世界经济发展良好，一般有利于房地产价格上涨。

2. 军事冲突情况

一旦发生战争，则战争地区的房地产价格会陡然下跌，而那些受到战争威胁或影响的地区，其房地产价格也会有所下降。由于房地产位置的固定性，一旦发生了军事冲突，房地产顷刻间可能化为虚有，因此，所有者会纷纷出售其拥有的房地产，房地产价格会大幅度下跌。

3. 政治对立状况

若国家与国家之间发生政治对立，则很可能出现经济封锁、冻结贷款和终止往来等情况，导致房地产价格下跌。

4. 国际竞争状况

国与国之间为吸引外来投资会展开激烈的竞争。一般来说，采取低地价政策而吸引投资者时，会使房地产价格低落；但如果在其他方面采取优惠政策，吸引了大量外来投资者进入，则对房地产的需求会增加，反而会导致房地产价格上涨。

9.3 区域因素的影响

区域因素是指某一特定区域内的自然条件与社会、经济等因素结合所产生的区域性中，对该区域内的各宗房地产价格水平产生影响的因素。相对于一般因素而言，区域因素的影响范围要小些。区域因素是房地产市场的直接影响因素，在房地产估价中，对区域因素的分析和把握是对房地产正确、合理估价的关键。区域因素中，主要有区域社会因素、心理因素、商业服务繁华程度、交通条件、基本设施、区域环境条件等。

9.3.1 位置因素

各种经济活动和生活活动对房地产位置都有不同要求，位置的优劣直接影响房地产所有者或使用者的经济收益、社会影响或生活满足程度。因此，房地产坐落的位置不同，价格有较大的差异。特别是城市土地，位置因素对其价格有着决定性影响，所以，房地产界流传着一句名言：第一是区位，第二是区位，第三还是区位。尽管位置不能代替房地产的一切，但这句话说明了位置对房地产的重要性。

房地产位置的优劣标准因房地产类型的不同而有差异。一般来说，凡是位于或接近经济活动中心、交通流量较大的房地产，价格较高。具体来讲，商业房地产的位置优劣，主要是看商业服务业繁华程度、临街状态；居住房地产的位置优劣，主要是看周围微观环境状况，尤其是噪声情况、交通状况，以及与商业服务中心的距离；工业房地产的位置优劣，通常需要视产业的性质而定，一般来说，如果位置有利于原料和产品的运输，便于废料处理及动力取得，其价格就有增高的趋势。

9.3.2 环境因素

环境因素是指那些对房地产价格有影响的房地产周围的物理性状因素。主要有噪声、空气质量、水质量、景观、卫生状况。随着经济的发展和生活水平的提高，人们对房地产尤其是住宅房地产的环境要求越来越高，环境条件成为人们选购房地产的重要因素，因而其对房地产价格有明显的影响。由于环境条件不单纯地归属于区域或个别因素，而是与两者都有关系，因此环境条件可分为区域环境条件和微观环境条件。

区域环境条件是指房地产所在区域的环境质量，包括空气质量、水质量、景观、卫生状况等；微观环境条件是指影响具体房地产或房地产小区的微观环境质量，包括噪声、空气质量、景观、卫生状况等。

1. 噪声

汽车、火车、飞机、工厂、农贸市场等，都可能形成噪声。对于住宅、宾馆、办公楼、学校、科研单位等类房地产来说，噪声的大小程度与房地产价格呈负相关。

2. 空气质量

房地产所处的地区有无难闻的气味、有害物质和粉尘等，对房地产价格也有很大影响。尤其是化工厂、屠宰场、酱菜厂、厕所、煤场等都可能造成空气污染，因此，凡接近这些地方的房地产肯定价格较低。

3. 水质量

海洋、江湖、河流、沟渠、地下水等的污染程度如何，对其附近的房地产价格也有很大影响。饮水水源的水质量或受到的污染程度，对附近的房地产价格有更大的影响。

4. 景观

爱美是人的天性，人们都喜欢优美、漂亮的景观。房地产周围安放的东西，如电线杆、广告牌、标示牌等的树立状态和设计是否美观，建筑物之间是否协调，空地是否宽敞，公园、绿地等形成的景观是否赏心悦目，都对房地产价格有影响。

5. 卫生状况

清洁卫生状况，包括垃圾堆放，对房地产价格也有影响。卫生状况良好、垃圾堆放有序并能及时清理的区域的房地产价格就高，反之，价格就低。

9.3.3 土地面积和形状

同等位置的两块土地，由于面积大小不等，价格就会有高低差别。一般来说，凡面积过于狭小而不利于经济使用的土地，其地价必低，相反，地价则高。但在相邻土地合并的情况下可能有例外，即如果因为这块土地的存在，可能会减低相邻土地的使用价值，那么该块土地的拥有者可能会以居奇的心态，待价而沽，而相邻土地的拥有者为使其土地得到最佳利用，则可能不惜以高价购之。土地面积大小的合适程度因不同用途、不同地区、不同消费习惯而有所不同。

土地形状是否规则，对地价也有一定影响。一般认为矩形土地容易利用，而其他形状土地如三角形地、平行四边形地及其他形状土地则利用难度会比较大，因此，矩形土地的价格较高，而其他形状的土地价格则偏低。

9.3.4 地形地势

地形是指同一块土地内的地面起伏情况，地势是指一块土地与相邻土地的高低关系，特别是与邻接道路的高低关系。地形、地势的平坦、起伏、低洼等会影响到房地产的开发建设成本或利用价值，从而影响其价格。一般来说，土地平坦，地价较高；反之，土地高低不平，地价较低；而地势高的房地产价格要高于地势低的房地产价格。但是，如果土地过于平缓，坡度低于0.3%时，往往不利于地面水的汇集和排出，也会影响土地价格。另外，在城市，如果人口剧增、工商业发展很快，土地需求增加，而土地向外发展受地形地势限制（如四面临山或有河流阻隔），致使城市土地的供给不能作适当比例增加时，必然会使地价上涨。

9.3.5 工程地质条件

地质条件决定着土地的承载力。地质越坚实，承载力就越大，有利于建筑使用。在现代城市建设高层化楼宇越来越多的情况下，地质条件对地价的影响较大。地价与地质条件的关系的实质，是地质条件的好坏决定着建设费用的大小。建造同样的建筑物，地质条件好的土地，需要的地基加固处理等费用低，从而地价高，反之，则地价低。地价与地质条件的关系是呈正比关系。

9.3.6 风力、降水量、天然周期性灾害

风力状况对房地产价格有一定影响。在一般情况下，风力越大，房地产的价格越低。但对于一些需要通风的活动来讲，在一定范围内的风力会使房地产的价格升高。风向与房地产价格的关系在城市中比较明显，在上风地区房地产价格一般较高，在下风地区房地产价格一般较低。

降水量往往与地势因素结合起来形成对房地产价格的影响。城市中地势较低的地段，如果降水量大，则易受水浸，土地价格因此较低。

凡有天然周期性灾害的地带，如有天然周期性水灾的江、河、湖、海的边沿地带，因周期性水灾的影响，土地利用价值必然极低，甚至不能利用。但是，近年来，由于建筑技术的进步，防洪措施的加强，该类土地由于靠近江、河、湖、海，自然景观较好，越来越受人们的青睐，从而，价格较高。

9.4 个别因素的影响

个别因素是指具体影响某宗房地产价格的因素。这类因素对房地产市场的影响范围和程度最小，但对具体房地产价格的影响却是最直接、最具体的，个别因素包括微观环境条件、物理因素。

9.4.1 建筑物本身

建筑物本身的建筑结构、内部平面布置、设备配置情况和施工质量等对房地产

的价格有很大影响。建筑结构与建筑物的强度、刚度、稳定性、耐久性和耐火性能有关，它直接影响建筑物的使用价值；内部平面布置影响建筑物的使用功能，如住宅，旧式的大房小厅设计与现在强调和流行的大厅小房（加大公共活动面积）设计相比，已明显不符合现代人们对使用功能的要求；设备配置情况的优劣除可影响房地产的使用功能外，还可影响房屋的使用、维修成本；施工质量好，可保证建筑物安全，降低建筑维护费用并延长其耐用年限，与房地产价格呈正比关系。

另外，建筑物外观也对房地产价格有很大影响。建筑物外观包括建筑式样、风格和颜色，若建筑物外观新颖、优美、吸引人，则价格较高；反之，若风格保守、式样过时、颜色不协调，难以引起人们强烈的享受欲望，甚至令人生厌，则价格必然较低。

9.4.2 朝向和日照

日照有自然状态的日照和受到人为因素影响的日照两种。日照与房地产价格的关系有两个方面：一是日照对房地产价格有正面影响，建筑物若处于背阳面，或受到其他建筑物的遮挡而日照较少，就会降低房地产价格；二是日照对房地产价格有负面影响，例如我国南方炎热地区朝向西边的房地产在夏季因日照时间过长而十分炎热，所以西边朝向的房地产价格较低。

9.4.3 楼层

楼层的高低影响房屋的使用功能、使用的方便性和舒适性，因此，对房地产价格有一定的影响。而且，对于不同用途的房地产，楼层对价格的影响也是不同的。如楼房的首、二层作商业用房时，房价就高；若做住宅用时，住宅的舒适性较差，房价较低。若楼层太高，在无电梯设备时，使用不方便，而且使用的功能也受到一定限制，楼层对房价也会有一定影响。

9.4.4 公摊面积

公用分摊建筑面积是指每套（单元）商品房按照有关规定应当分摊的公用建筑面积。公用建筑面积和分摊的公用建筑面积的产权归整栋楼的购房人共有，购房人按照法律、法规的规定对其享有权利，承担责任，因此，公用分摊面积所占比例越大，房价越高。

9.5 其他因素的影响

9.5.1 心理因素

心理方面的因素对房地产价格的影响有时是一个不可忽视的问题，它主要有如下几个方面：购买与出售心态；个人欣赏趣味（偏好）；时尚风气；接近名家住宅心理；讲究门牌号码、楼层数字或土地号数；讲究风水；价值观的变化；风俗习惯等。

9.5.2 商业服务繁华程度

商业服务繁华程度也称商业服务业繁华程度，是指一个城市或一个地区的商业服务业的集中程度。商业服务业繁华程度与一个城市的城市性质、城市规模、人口数量、经济发展水平等直接相关，并影响所在城市或地区的物质流、信息流和人流数量，从而影响到所在地区的房地产价格。商业服务业的规模等级越高，房地产的使用效益越高，价格相应越高。

9.5.3 交通条件

交通条件是指区域的道路通达度、公共交通的便捷程度以及对外交通的便利程度。交通条件把通行距离和时间作为一个整体，既要求通行距离短，以节省运费，又要求交通顺畅，以减少出行时间。交通条件的优劣将直接影响一个区域人流、物流的通达性及其交通运输成本，明显影响人们的出行方便程度，因而影响房地产的价格。

9.5.4 基本设施

基本设施主要是指城市的公用（基础）设施和生活设施。城市的公用（基础）设施包括交通、供电、供热、供气、给排水、通信、环保和抗灾等，是城市发展不可缺少的物质条件，其配套程度和质量直接影响到生产、生活；生活服务设施包括医疗、教育、娱乐、银行、邮政和商业服务网点等，与居民正常生活和工作有密切关系。基本设施的优劣将影响城市功能的发挥，影响人们工作、学习和生活的方便程度，并进而影响房地产的价格。

小　　结

房地产价格具有客观性，影响房地产价格的因素及影响程度也是客观的，正确的分析和了解房地产价格的影响因素对客观公正的评估房地产的价格有着非常重要的意义。房地产价格的影响因素多而复杂，在分析房地产价格的影响因素时必须把握三点：第一，各种影响因素对房地产价格的影响方向；第二，各种影响因素对房地产价格的影响程度；第三，各种影响因素对房地产价格的影响关系。因此，房地产估价从业人员必须要比较全面地分析微观和宏观层面的各种影响因素，系统理解房地产价格影响因素体系。

复习思考题

一、名词解释

房地产价格的一般因素　房地产价格的自身因素　房地产价格的区域因素
环境条件　区域环境　公用分摊建筑面积

二、思考题

1. 定性分析影响房地产价格的因素需把握哪些方面？
2. 房地产价格的影响因素是如何分类的？其内容是什么？
3. 房地产价格的影响因素对房地产价格的影响类型有哪几种？
4. 房地产价格的自身因素主要包括哪些因素？这些因素与房地产价格的关系如何？
5. 区位因素对不同用途的房地产价格影响有何不同？
6. 影响房地产价格的环境因素有哪些？是如何影响房地产的价格？
7. 影响房地产价格的人口因素有哪些？是如何影响房地产的价格？
8. 影响房地产价格的经济因素有哪些？是如何影响房地产的价格？
9. 影响房地产价格的环境因素有哪些？是如何影响房地产的价格？
10. 影响房地产价格的社会因素有哪些？是如何影响房地产的价格？
11. 影响房地产价格的行政因素有哪些？是如何影响房地产的价格？
12. 影响房地产价格的国际因素有哪些？是如何影响房地产的价格？
13. 影响房地产价格的心理因素有哪些？

第10章 房地产估价程序与估价报告的撰写

本章概要

本章根据《估价规范》阐述的房地产估价应遵循的基本步骤和房地产估价报告组成部分应记载的内容要求进行撰写。通过对本章的学习，要求掌握房地产估价的起止时点，估价人员和估价机构应做的具体事项；掌握房地产估价报告的撰写格式，深刻理解房地产估价报告各组成部分的作用和意义。本章的学习是对前几章所学知识、理论和方法的综合考核，是房地产估价知识与技能的综合应用，也是房地产估价的具体实际操作和估价结果的具体体现。

房地产估价是一项较为复杂的活动，必须按照科学严谨的估价程序进行。只有遵循科学严谨的估价程序，才能避免不必要的反复和浪费，提高估价的效率，使估价工作规范化、精细化和专业化，保证估价结果的质量。

房地产估价程序是指房地产估价全过程中的各项具体工作，按照其内在联系性所排列出的先后进行次序，通俗一点讲，就是在评估一宗房地产的价值时，从头到尾需要做哪些工作，应当先做什么、后做什么。因此，透过房地产估价程序，可以看到房地产估价的全过程，可以了解到房地产估价中各项具体工作之间的内在逻辑联系。

按《房地产估价规范》要求，房地产估价自接受估价委托至完成估价报告期间，一宗房地产估价活动的全过程和步骤应按下列程序进行：

（1）明确估价基本事项。

（2）拟定估价作业方案。

（3）搜集估价所需资料。

（4）实地查勘估价对象。

（5）选定估价方法计算。

（6）确定估价结果。

（7）撰写估价报告。

（8）估价资料归档。

房地产估价应当按照上述步骤进行，不得随意省略估价程序，在实际估价中，各步骤之间不是完全割裂的，相互之间可以有一些交叉，甚至需要一定的反复。

10.1 获取估价业务程序

10.1.1 获取估价业务

进行房地产估价，首先要有估价业务，归纳起来，房地产估价业务来源有下列三类。

第一类，被动接受，即估价机构和人士坐等估价需求者找上门来征求估价服务。估价需求者可能是政府，也可能是企业、个人；可能是该房地产的所有者或使用者，也可能不是。

第二类，主动争取，即估价人员走出门去力争为他人提供估价服务。这在估价业务商业化后是估价业务的最主要来源，特别是在估价机构多、竞争激烈的情况下。当然，即使在这种情况下估价人员和估价机构也不得采用不正当竞争手段来争取估价业务，如垄断、低收费、回扣、诋毁竞争对手，或迎合委托人对估价结果的不合理要求，如答应委托人可评估出其期望的价值等，争取估价业务应靠正常的宣传、提高服务质量、扩大知名度等。

第三类，自有自估，即对自己拥有或拟取得的房地产，自己提出估价要求，并自己进行估价。这是对有估价能力者而言的，但这种估价不属于专业估价行为，其估价结果或估价报告对外也不具有法律效力，仅供自己掌握以做到心中有数，如企业在清产核算时对自己拥有的房地产进行估价，房地产开发商对其参加政府举行的土地使用权拍卖、招标出让活动拟报出的购买价格进行评估。

10.1.2 签订估价委托合同

1. 房地产估价合同的概念

房地产估价合同是指委托方和受委托方签订的用于明确双方权利义务关系的协议。房地产估价合同属于委托合同，委托方一般为需要对特定的标的物在特定时间的价值进行评估的单位和个人，受委托方为具有评估资格的评估机构。

2. 订立房地产估价合同的法律依据

订立房地产估价合同的法律依据有：《中华人民共和国城市房地产管理法》、《城市房地产中介服务管理规定》和《〈关于房地产中介服务收费标准〉的通知》等，各省（自治区、直辖市）、市、县各级人民政府也相继制定了本地区的实施细则和实施办法，一些地方还制定出了房地产估价的规范合同文本，这些法规的发布，为签订房地产估价合同提供了法律依据。

3.房地产估价合同的主要内容

房地产估价合同应当明确估价收费标准、收费方式以及有关估价的基本事项。其中估价的基本事项包括估价对象（包括评估标的物的名称、四至界限）、估价目的、估价时点、估价报告书的交付日期。估价报告书的交付日期一般是委托人提出的，估价人员应尽量满足这一要求。但当估价难度较大而委托估价者提出的时间太短以至于不能保证公平合理地评估出价格时，估价人员也可向委托人说明原因，商定一个较合适的时间，而一旦明确了交付估价报告书的日期，估价人员必须按期保质地完成估价报告书，否则会影响估价人员和估价机构的信誉。在明确了有关事项之后，双方应当签订估价合同（或协议）。

估价委托合同的内容一般包括：(1) 委托人、估价机构（包括名称或者姓名和住所）；(2) 估价目的；(3) 估价对象；(4) 估价时点；(5) 委托人应提供的资料及对所提供资料作出真实性和合法性的承诺；(6) 估价服务费用及其支付方式；(7) 估价报告交付日期；(8) 违约责任和解决争议的方法；(9) 委托人和估价机构认为需要约定的其他事项。房地产估价合同内容与格式如下：

房地产估价委托合同

委托估价方：____________________（以下简称甲方）

受理估价方：××房地产估价有限公司（以下简称乙方）

甲乙双方经充分协商，兹就房地产估价事宜订立本合同，内容如下：

一、甲方因__________的需要，委托乙方对下列房地产进行估价____。

二、乙方应根据甲方估价需要，保证对上列房地产予以客观、公正的估价，最后出具该委估房地产的估价报告书，于______年______月______日交付甲方。

三、甲方应于______年______月______日前将委估房地产的产权、经营状况、税务或建造费用等估价所必需的材料提交给乙方，或配合乙方向有关部门查阅、抄录委估房地产估价所必要的资料。

甲方应提交给乙方的资料具体如下：____。

四、乙方在估价期间需要到现场勘察，甲方须陪同并应提供方便和配合。

五、乙方对甲方委估房地产的文件资料应妥善保管并尽保密之责，非经甲方同意不得擅自公开或泄露给他人。

六、甲方应付给乙方的估价费依甲乙双方认同的下列收费标准支付：____自本合同签订之日起______日内，甲方先预付给乙方________元，余款待乙方将估价报告书交付甲方时付清。

七、乙方如无特殊原因和正当理由，不得迟于本合同规定的时间交付估价报告书。甲方如不按本合同规定的时间向乙方交付前述有关文件、图纸、凭证等资料，乙方可按耽误时间顺延估价报告书的交付时间。

八、任何一方都不得擅自终止合同，甲方如果中途中断委托估价请求，须经乙方同意，如乙方工作已经过半，甲方应付给乙方全部费用。

九、其他：____。

十、本合同自甲乙双方正式签订之日起生效，其中任何一方未经对方同意不得随意更改。如有未尽事宜，需经双方协商解决。

十一、本合同壹式贰份，甲乙双方各执壹份。

本合同于______年______月______日正式签订。

甲方：____________________	乙方：____________________
法定代表人：______________	法定代表人：______________
地址：____________________	地址：____________________
邮编：____________________	邮编：____________________
电话：____________________	电话：____________________
签章：	签章：
日期：　　年　　月　　日	日期：　　年　　月　　日

10.2 估价操作程序

10.2.1 明确估价基本事项

房地产估价的核心是为特定目的、对特定房地产（或房地产权益）在特定时点的价值做出估计。所以，明确估价基本事项包括明确估价目的、估价对象和估价时点。在一个估价项目中，估价目的、估价对象、估价时点三者是有着内在联系的，其中估价目的是龙头，在明确估价基本事项时应与委托人共同商议，最后征得委托人的认可。在明确了有关事项之后，双方应当签订书面委托估价合同。

1. 明确估价目的

由于同一房地产出于不同的估价目的时，其估价结果往往不同，所以，必须明确委托人请求估价的目的是什么，以区分不同性质的估价。在实际估价过程中，由于委托人可能不懂得要提出估价目的或不懂得如何表达其估价目的，因此往往是估价人员提出问题，委托人认可。有时，估价目的也可以通过了解未来所要提供的估价报告的用途来明确，即通过将要完成的估价报告究竟是提交给谁使用或由谁来认可来明确。

2. 明确估价对象

明确估价对象包括明确估价对象的实物、权益和区位状况。首先要弄清楚委托人要求估价的房地产具体是什么，范围多大。例如，待估房地产是土地，还是建筑物，还是土地与建筑物的合成体，还是其中的某一部分，如果是正在经营中的宾馆，是否还包含其中配备的家具、设备等房地产以外的财产。

其次，依据有关法律、行政法规，有些房地产不能用于某些估价目的，或有些估价目的限制了估价对象的范围和内容。因此，估价对象及其范围和内容，既不能简单地根据委托人的要求确定，也不能根据估价人员的主观愿望确定，而应根据估价目的，依据法律、行政法规并征求委托人认可后综合确定。

在明确估价对象时，委托人还应向估价人员提供可反映该估价对象基本状况的资料，如坐落位置、四至、面积、用途、建筑结构和产权状况（拥有的是所有权还是使用权，如果是使用权，使用年限为多长，已使用了多少年，还剩余多少年）等。

3. 明确估价时点

明确估价时点是要明确所要评估的价值是指哪个具体时间上的价值，如果这一点不明确，将难以估价，因为同一宗房地产在不同的时间，价值会有所不同，但在这个方面，委托人往往也不懂得要提出估价时点，这也需要估价人员提出问题，让委托人回答认可。

多数估价是对当前的价值进行评估，但在某些情况下需要对过去某个时间的价值进行评估，或对未来某个时间的价值进行评估，估价时点究竟是现在、过去还是未来，这是由估价目的决定的。所以，估价时点也不是委托人或估价人员可以随意假定的，而应根据估价目的来确定。另外，估价时点应采用公历表示，一般要精确到日，从理论上讲，估价时点的详细程度与估价的难易程度有关，估价时点越具体，要求的估价精度越高，估价难度也就越大。

10.2.2 拟订估价作业方案

在明确了估价基本事项的基础上，应对估价项目进行初步分析，拟定估价作业方案。估价作业方案主要包括拟采用的估价技术路线和估价方法、拟调查搜集的资料及其来源渠道、预计所需的时间、人力、经费、估价作业步骤和时间进度安排。

根据估价对象、估价目的、估价时点、估价报告交付日期，便可知估价项目的大小、难易和缓急，从而可以确定投入多少人力参加估价。由于某些估价人员擅长某些类型的房地产的估价，或擅长运用某种估价方法进行估价，或擅长某种估价目的的估价，在前面估价对象、估价目的等已明确，初步选择了拟采用的估价方法的条件下，还可以确定由哪些估价人员参加估价更合适。随着估价行业的发展，对估价精度要求越来越高，估价对象越来越复杂、估价目的越来越多，估价人员应有适当的专业分工，有时还需要聘请其他领域的专业人员协助工作，如建筑师和设备工程师等。

估价作业步骤和时间进度安排，主要是为了对估价过程中的各项工作预先做出具体安排，包括对作业内容、作业人员、时间进度和所需经费等的安排，以便控制进度及协调合作。通常最好附以流程图和进度表等，特别是对于那些大型、复杂的估价项目。

10.2.3 搜集估价所需资料

估价人员平常就应留意搜集估价所需的有关资料，在估价时更应如此。估价所需的资料主要包括对房地产价格有普遍影响的资料、对估价对象所在地区的房地产价格有影响的资料、类似房地产的交易、成本和收益实例资料和反映估价对象状况的资料等四个方面。

对于所有直接或间接影响房地产价格因素的资料都应尽量搜集，包括政治、法律、经济（包括经济形势、产业政策）、文化教育、自然条件、城市规划、基础设施和公共设施等方面的资料，以及房地产供求方面的资料，包括不同地段、用途、规模、档次、价位和平面布置等的房地产供求状况，如供给量、有效需求量、空置量和空置率等。在供给量中应包括已完成的项目、在建的项目、已审批立项的项目、潜在的竞争项目及预计它们投入市场的时间。

搜集什么样的实例资料，主要取决于拟采用的估价方法。对于比较法而言，主要是搜集交易实例资料；对于成本法而言，主要是搜集成本实例资料；对于收益法而言，主要是搜集收益实例资料。而具体应搜集的内容，则需要针对估价方法中的计算所需要的资料数据确定，如对供出租用的写字楼拟选用假设开发法进行估价，则需要搜集规划限定的用途、建筑高度、容积率、规划设计方案和拟开发费用等方面的资料。在搜集实例资料时，应考察它们是否有受到非正常的或人为因素的影响，如果有，则此实例资料只有在能确定其受影响的程度并能进行修正的情况下才可被采用。

搜集资料的渠道有委托人提供、实地查勘、到政府有关部门查阅和询问有关当事人和咨询公司等。对所搜集的资料应进行核实，搜集完资料后，应对其进行整理和分类，以便查阅和对资料进行分析，因为资料是绝不会“自己说话的”。

10.2.4 实地查勘估价对象

实地查勘是指估价人员就委托人介绍或提供的估价对象的有关情况，对事先收集的有关估价对象的坐落、四至、面积、用途、产权等资料，到实地进行核实，亲临现场感受估价对象的位置、周围环境、景观的优劣，查勘估价对象的外观、建筑结构、装修等状况，了解当地房地产市场行情和市场特性，对估价对象及其周围环境、景观或临路状况进行拍照等，补充搜集估价所需的其他资料。

实地查勘有利于加深估价人员对估价对象的认识，形成一个直观、具体的印象，获取文字资料所无法或难以表述的细节。在实地查勘时，一般需要委托人中熟悉估价对象相关情况的人员陪同，估价人员要认真听取陪同人员的介绍，详细询问在估价中所需弄清楚的问题，并将有关情况和数据认真记录下来，形成“实地查勘记录”。完成实地查勘后，实地查勘人员和委托人中的陪同人员都应在“实地查勘记录”上签名，并注明实地查勘日期。

10.2.5 选定估价方法计算

估价方法的选用，取决于估价对象的房地产类型、估价方法的适用条件及所搜集资料的数量和质量。此前已根据估价对象初步选择了估价方法，在此应根据搜集到的资料情况，正式确定所要采用的估价方法。关于所搜集资料的数量和质量，需要指出的是，某些情况是真正缺乏所需要的资料，某些情况可能是估价人员没有尽力去搜集，影响估价方法选用的不包括后一种情况。

估价方法选定后就是进行具体的计算，如何运用各种估价方法计算估价对象的价值，已在前面介绍各种估价方法时作了详细说明。

10.2.6 确定估价结果

选用不同估价方法所确定的估价结果可能存在差异，估价人员应比较分析这些计算结果及其差异。当这些计算结果差异较大时，应寻找并排除出现差异的原因。寻找和排除出现差异的原因，可以按照从低级错误到高级错误的顺序进行，即检查计算过程是否有误、基础数据是否准确、参数选取是否合理、公式选用是否恰当、所选用的估价方法是否切合估价对象和估价目的和是否符合估价原则等，需要强调的是，估价中的每一个数字都要有来源依据。

在确认所有的计算结果无误之后，应根据具体情况选用简单算术平均数、加权算术平均数、中位数和众数等数学方法之一，求出一个综合结果。当选用加权算术平均数时，通常是对评估该房地产最适用可靠的估价方法所计算出的结果赋予较大的权数，反之，赋予较小的权数。

在采用数学方法求出一个综合结果的基础上，估价人员还应考虑一些不可量化的价格影响因素（由于影响房地产价格的因素众多，估价人员不能拘泥于用某些计算公式得出的结果，还需要依靠自己的专业经验及对房地产市场行情的理解来把握价格），同时可听取有关人士的意见，对该结果进行适当的调整或取整，或者认定该结果，作为最终的估价结果。当有调整时，应在估价报告中明确阐述其理由。

10.2.7 撰写估价报告

具体内容见本章第3节的介绍。

10.2.8 审核估价报告

房地产估价报告的审核是对估价报告的全面性、公开性、客观性、准确性、概括性以及估价报告外观质量的审核，它又分为估价报告外部审核、内部审核，以及由估价报告而引起的纠纷的审核。

1.外部审核

外部审核是指房地产行政部门对估价机构合法性（指其估价机构资质和评估人员执业资格）和估价对象的合法性进行审核，以及估价报告使用者对其评估价格的合理性进行审核，对估价报告所确认的市场价格的准确性进行审核。

2.内部审核

内部审核是指评估机构内部对评估人员、报告内容、所采用估价方法，以及所采用资料等方面进行全面的内部审核。××估价机构的内部三级审核如下。

（1）估价师审核，应具体审核以下几个方面：

①资料取证是否完整；

②标的物产权是否明晰；

③工作底稿组织、分类、内容是否完整；

④评估信息、评估参数确定是否完整；

⑤评估方法的选择是否正确；

⑥评估过程计算是否正确，分类及汇总是否完整、准确；

⑦评估报告书初稿、数据是否正确，说明事项是否清楚，附件是否完整；

⑧评估报告书、表格校对有无错误。

（2）部门经理审核，应具体审核以下几个方面：

①重要标的物的评估工作底稿是否完整，结论是否准确；

②评估方法与评估目的是否相符；

③评估报告格式和用语是否符合规范要求；

④对于对标的物有重要影响的未决有关事项及其他特殊事项的有关资料的声明和陈述是否恰当。

(3) 主任审核，应具体审核以下几个方面：

①评估项目产权是否明晰；

②评估程序是否正确；

③评估操作过程是否按照规范操作；

④各类标的物评估事项说明和复核签章是否齐全、准确；

⑤报告格式和表述及附表是否符合规范要求；

⑥评估报告所应披露事项是否均已被正确披露。

3. 由房地产估价报告引起纠纷的审核

房地产估价是科学与艺术两者的结合，是人们通过有目的的活动对客观事物的体现，估价结果会受到估价机构、估价人员以及估价人员对标的物的认识及所收集到的资料、所采用的方法、估价活动的经验等多方面的影响，因此估价结果与实际价格通常会产生偏差，导致估价报告的结果也会产生偏离而造成一定的纠纷，这些纠纷应由各地的房地产估价协会的有关专家进行审核。

10.2.9 估价资料归档

完成并向委托人出具估价报告后，估价人员和估价机构应及时对涉及该估价项目的一切必要资料进行整理、归档和妥善保管。保存的档案资料应包括：委托估价合同、向委托人出具的估价报告（包括附件）、实地查勘记录、估价项目来源和接洽的情况、估价中的不同意见和估价报告定稿之前的重大调整或修改意见等，估价资料的保存时间一般应在 15 年以上。

估价资料归档是为了方便今后的估价和管理，有助于估价机构和估价人员不断提高估价水平，同时也有助于解决以后可能发生的估价纠纷，还有助于政府主管部门和行业自律性组织对估价机构进行资质审查和考核。

10.3 估价报告的撰写与运用举例

10.3.1 估价报告的概念

估价人员在确定了最终的估价结果后，应撰写正式的估价报告。估价报告可视为估价人员提供给委托人的“产品”，是在完成估价后给委托人的正式答复，是全面、公正、客观、准确地记述估价过程、反映估价成果的文件，也是关于估价对象的客观合理价格或价值的研究报告。

估价报告质量的高低，除了取决于估价结果的准确性、估价方法选用的正确性、参数确定的合理性，还取决于估价报告的格式、文字表述水平及印刷质量。前者可以说是估价报告的内在质量，后者可以说是估价报告的外在质量，两者不可偏废。

10.3.2 估价报告的形式

估价报告的形式分为口头报告（如专家证词）和书面报告。书面报告按照其格式又可分为表格式报告和叙述式报告。对于成片多宗房地产的同时估价，或单宗房地产的价格较低时，估价报告可以采用表格的形式，如旧城区居民房屋搬迁补偿估价，居民预购商品住宅的抵押估价等。

叙述式报告能使估价人员有机会充分论证和解释其分析、意见和结论，使估价结果更具有说服力，叙述式报告是估价人员履行对委托人责任的最佳方式，所以，叙述式报告是最普遍、最完整的。但无论是口头报告和书面报告，表格式报告和叙述式报告，都只是表现形式不同，对它们的基本要求是相同的。下面主要以叙述式报告来说明估价报告的有关要求和内容。

10.3.3 对估价报告的总要求

估价报告应全面、公正、客观、准确地记述估价过程和结论。具体来说应做到下列几点。

1. 全面性

估价报告应完整地反映估价所涉及的事实、推理过程和结论，正文内容和附件资料应齐全、配套。如果仅以结论告知，必然会使委托人或估价报告使用者对其信任度降低。

2. 公正性和客观性

估价报告应站在中立的立场上对影响估价对象价格或价值的因素进行客观的介绍、分析和评论，做出的结论应有充分的依据。

3. 准确性

估价报告的用语应力求清楚、准确，避免使用模棱两可或易生误解的文字，对未经查实的事项不得轻率写入，对难以确定的事项应予以说明，并描述其对估价结果可能产生的影响。

4. 概括性

估价报告应使用简洁的文字对估价中所涉及的内容进行高度概括，对获得的大量资料应在科学鉴别与分析的基础上进行筛选，选择典型、有代表性和能反映事情本质特征的资料来说明情况和表达观点。

5. 美观性

估价报告的纸张、封面设计、排版和装订应有较好的质量，尽量做到图文并茂。

10.3.4 估价报告的组成和运用举例

一份完整的估价报告通常由以下八个部分组成。

1. 封面

封面的内容一般包括下列几项：

(1) 标题，这是指估价报告的名称，如“房地产估价报告”。

(2) 估价项目名称，指该估价项目的全称，通常采用估价对象的名称。

(3) 委托人，指该估价项目的委托人的名称或者姓名。其中，委托人为单位的，为单位全称，委托人为个人的，为其姓名。

(4) 估价机构，指受理该估价项目的估价机构的全称。

(5) 估价作业日期，即正式接受估价委托的年月日至完成估价报告的年月日。

(6) 估价报告编号，指该估价报告在估价机构的编号，以便于归档和今后的统计和查找等。

2. 目录

目录通常按前后次序列出估价报告的各个组成部分的名称、副标题及其对应的页码，以使委托人或估价报告使用者对估价报告的框架和内容有一个总体了解，并容易找到其感兴趣的内容。××房地产估价报告目录如下。

目　　录

3. 致委托人函

致委托人函是正式地将估价报告呈送给委托人的信件，在不遗漏必要事项的基础上应尽量简洁，其内容一般包括下列几项：

（1）致函对象，这是指委托人的名称或者姓名。

（2）致函正文，说明估价目的、估价对象、估价时点、估价结果、估价报告有效期（是指使用估价报告不得超过的时间界限，如到未来某个年月日止，或自估价报告完成或交付之日起多长时间内有效。它不同于估价责任期；如果估价报告在其有效期内得到使用，则估价责任期应是无限期的；如果估价报告超过了其有效期还未得到使用，则估价责任期就是估价报告有效期）。另外，通常说明随此函附交一份（或多份）估价报告。

（3）致函落款，为估价机构的全称，加盖估价机构公章，并由法定代表人或负责该估价项目的估价师签名、盖章。

（4）致函日期，这是指致函的年月日，也即正式出具估价报告的日期。

房地产估价报告中的致委托人函如下。

致委托人函

×××先生/女士（或×××单位）：

受您们的委托，本公司特派评估人员对位于×××路×××小区×××单元（房屋所有权证：房权证R字第×××号）的房地产进行了抵押价值评估，为确定房地产按揭抵押贷款额度提供参考依据。估价对象为钢混结构，总建筑面积为156.15m²（其中单元共有面积为16.42m²）。现根据国家及政府颁布的法规和政策文件、本评估单位掌握的资料以及产权人所提供的相关资料，按照估价目的，遵循估价原则，采用市场法，并结合房地产市场行情进行分析计算，确定满足估价对象的全部限制条件下，估价对象房地产在估价时点（2006年08月30日）之抵押价值为（人民币）：叁拾贰万零陆佰元整（小写：320600元）。详见表10-1。

表10-1

估价对象	建成时间	建筑面积	评估单价	抵押价值	应缴税费	扣税净值
×××	2001年	156.15m²	￥3380元/m²	￥320600	￥500元	￥320100元

注：①此交易税费为根据估价对象所在地现行房地产转让管理有关规定计算所得。

②若估价对象以估价结果在五年内再次进入市场转让，卖方还需缴纳营业税约为（人民币）：壹万柒仟捌佰元整（小写：￥17800元）。

此致！

法定代表人：×××

××房地产估价有限公司

二零零六年九月二日

4.估价师声明

在估价报告中应包含一份由所有参加该估价项目的估价师签名、盖章的声明。该声明告知委托人和估价报告使用者，估价师是以客观公正的方式进行估价的，同时它对签名的估价师也是一种警示。估价师声明通常包括下列内容：

估 价 师 声 明

我们郑重声明：

(1) 我们在本估价报告中陈述的事实是真实的和准确的。

(2) 本估价报告中的分析、意见和结论是我们自己公正的专业分析、意见和结论，但受到本估价报告中已说明的假设和限制条件的限制。

(3) 我们与本估价报告中的估价对象没有利害关系，也与有关当事人没有个人利害关系或偏见。

(4) 我们依照中华人民共和国国家标准《房地产估价规范》(GB/T 50291—1999) 进行分析，形成意见和结论，拟定本估价报告。

(5) 我们已对本估价报告中的估价对象进行了实地查勘、拍照。

(6) 没有人对本估价报告提供过重要的专业帮助。

估价师签名：×××

二零零六年九月二日

5.估价的假设和限制条件

估价的假设和限制条件是说明估价的假设前提，未经调查确认或无法调查确认的资料数据、在估价中未考虑的因素和一些特殊处理所带来的可能的影响，以及估价报告使用的限制条件等。例如，说明没有进行面积测量，或者说明有关估价对象的资料来源被认为是可靠的。在估价报告中陈述估价的假设和限制条件，一方面是保护估价人员，另一方面是告知、保护委托人和估价报告使用者。

用假设开发法对在建工程进行估价的估价报告的假设和限制条件如下。

估价的假设和限制条件

(1) 经到××市国土局查档及咨询，估价对象宗地仍为无偿划拨用地，本报告估价结果包含办理转让手续时应向政府补交的土地出让金等各项税费。

(2) 依据房屋所有权证和国有土地使用证，房屋所有权人与土地使用者不一致。经查房屋所有权证及房屋他项权证记载，估价对象由房屋所有权人××有限公司向××市××公司购买，但未办理转让手续，假设可补办过户手续。

(3) 依据房屋所有权证及房屋分层平面图，计算主楼各分层建筑面积如表10-2，附楼建筑面积从××市房产局查档而来，今后以房管部门核发的分幢(层)房屋所有权证的面积为准。

主楼各分层及附楼建筑面积　　表 10-2

幢	层　次	面积（m^2）	备　注
主楼	二层	1581.012	含一层（架空层作设备用房）及顶层局部分摊
	三层	2028.073	含一层（架空层）、二层步梯间、顶层局部分摊
	四层	966.344	
	五～二十层	13803.115	
附楼	整幢	1183.156	查房产局档案资料
合计		19561.70	

(4) 依据估价人员现场调查，估价对象主楼于 2000 年停建，附楼于 1998 年建成，假设与实际情况相符。

(5) 估价对象主楼 2～4 层已由承租人装修使用，本报告估价结果包含主楼 2～4层室内装修。但不包括室内空调主机等可移动设备。

(6) 本报告有效期为壹年，随着时间的推移或房地产市场价格波动较大时，其估价结果应做相应的调整或复估。

6.估价结果报告

估价结果报告应简明扼要地说明下列内容。

（1）委托方（说明本估价项目的委托单位的全称、法定代表人和住所，个人委托的为个人的姓名和住所）。

（2）估价方（说明本估价项目的估价机构的全称、法定代表人、住所、估价资格等级）。

（3）估价对象（概要说明估价对象的状况，包括物质实体状况和权益状况。其中，对土地的说明应包括名称、坐落、面积、形状、四至、周围环境、景观、基础设施完备程度、土地平整程度、地势、地质、水文状况、规划限制条件、利用现状、权属状况；对建筑物的说明应包括名称、坐落、面积、层数、建筑结构、装修、设施设备、平面布置、工程质量、建成年月、维护、保养、使用情况、公共配套设施完备程度、利用现状、权属状况）。

（4）估价目的（说明本次估价的目的和使用方向）。

（5）估价时点（说明所评估的客观合理价格或价值对应的年月日）。

（6）价值定义（说明本次估价采用的价值标准或价值内涵）。

（7）估价依据（说明本次估价依据的房地产估价规范，国家和地方的法律、法规，委托方提供的有关资料，估价机构和估价人员掌握和搜集的有关资料）。

(8) 估价原则（说明本次估价遵循的房地产估价原则）。

(9) 估价方法（说明本次估价的思路和采用的方法以及这些估价方法的定义）。

(10) 估价结果（说明本次估价的最终结果，应分别说明总价和单价，并附大写金额。若用外币表示，应说明估价时点中国人民银行公布的人民币市场汇率中间价，并注明所折合的人民币价格）。

(11) 估价人员（列出所有参加本次估价的人员姓名、估价资格或职称，并由本人签名、盖章）。

(12) 估价作业日期（说明本次估价的起止年月日）。

(13) 估价报告应用的有效期（说明本估价报告应用的有效期，可表达为到某个年月日止，也可表达为多长年限，如一年）。

房地产估价报告中的估价结果报告范例如下。

估价结果报告

1. 委托方

机构名称：××人民法院

机构住所：

法定代表：

电话号码：

2. 估价方

机构名称：　××房地产评估有限公司

机构住所：

资格等级：

法定代表：

电话号码：

3. 估价对象

估价对象的实物状况见表10-3、表10-4、表10-5和表10-6所示。

基本情况　　表10-3

名　称	××大厦主楼及附楼	公共配套	齐　全
坐落	×××	现状	主楼主体为停建工程，其中2～4层已装修使用。附楼为现房
面积	总建筑面积19561.70m^2，其中主楼18378.544m^2，附楼1183.156m^2；宗地总面积3596.5m^2	地势	坡地
		景观	良好
环境	良好	权属	×××有限公司

建筑物情况表 表 10-4

层　数	主楼共 20 层（第 1 层依坡地而建为架空层），附楼 9 层（错层式）	朝　向	坐东向西
结构	钢筋混凝土	平面布置	主楼合理、附楼较差
用途	商住综合	工程质量	主楼 19～20 层顶棚渗水严重，局部梁露筋，附楼未见异常
维护	稍差	建成年月	主楼 2000 年停建，附楼 1998 年建成

主楼建筑物装修表 表 10-5

外墙面	2～3 层下面采用落地玻璃墙，配合局部喷涂装饰；4～20 层均以条砖贴面	外门	第二层（沿街）正门为不锈钢玻璃地弹门
内墙面	2～4 层部分包木墙面，部分刷涂料；5～20 层墙面层已抹灰白	内门	2～4 层木夹板门包门套；5～20 层已安装门框及普通夹板门（部分已损坏）
地面	2～4 层 50×50 地砖，局部黄岗石地面；5～20 层地面未做	窗	铝合金玻璃（5～20 层窗扇及窗框被盗严重）
顶棚	2～4 层部分木夹板吊顶，部分龙骨刷黑吊顶，部分龙骨石膏板吊顶；4～20 层，部分抹灰刷白，部分未做	保养	2～4 层一般，5～20 层较差
卫生间	2～4 层铺砌 20×30 墙砖至顶，铝扣板吊顶，地面铺地砖，卫生洁具齐全；5～20 层贴 2m 高墙砖，已预埋上下水管道，其余未做	楼梯	并未安装电梯；消防梯为旋转梯，不锈钢管扶手，楼梯面未做；2～3 层室内步梯铺砌花岗石面，铁艺护栏木护手

附楼建筑物装修表 表 10-6

外墙面	条砖	外门	铝合金玻璃门及拉闸防盗门
内墙面	多彩喷涂	内门	木夹板门
地面	40×40 地砖，4 层以上地板胶地面	窗	铝合金玻璃窗（窗扇部分被盗）
顶棚	二层部分木夹板吊顶，部分轻钢龙骨石膏板吊顶；其余部分抹灰刷白	保养	稍差
		户型	每层两个单间和一个套间，有公用厨房，平面布置不规则
卫生间	陶瓷锦砖地面，木窗	楼梯	花岗石贴面，不锈钢扶手

4. 估价目的

为×××人民法院办理案件提供估价对象公开市场价值的依据。

5. 估价时点

2006 年 8 月 8 日。

6. 价值定义

本次估价采用的公开市场价值标准为估价对象房地产在公开市场上最可能形成的客观合理价格。估价结果为估价对象在商住综合用途下的房屋所有权、土地使用权价格。

7. 估价依据

(1) 中华人民共和国国家标准《房地产估价规范》。

(2) 国家和地方的法律、法规和有关政策文件。

(3) 鉴定委托书 [×××(2002) 第×××号]。

(4) 房屋所有权证。

(5)"××大厦"各层房产平面图。

(6) 国有土地使用证 [字第××号] 及土地登记审批表和宗地平面图。

(7) 估价人员进行市场调查和实地勘察所获取的有关资料。

8. 估价原则

(1) 合法原则：以估价对象合法使用、合法处分为前提估价。

(2) 最高最佳使用原则：以估价对象最高最佳使用为前提估价。

(3) 替代原则：要求估价结果不得明显偏离类似房地产在同等条件下的正常价格。

(4) 估价时点原则：估价结果应是估价对象在估价时点的客观合理价格或价值。

9. 估价方法

根据估价对象现房部分占项目总建筑面积的 30%，停建工程部分占项目总建筑面积的 70%，以及不同用途的特点，本次分别采取两条技术路线进行估价，然后综合确定估价对象的市场价值。第一条技术路线：对现房部分即主楼 2～4 层和附楼，考虑主楼 2～4 层为商业用途，出租具有收益性，故采用收益法进行估价；考虑附楼为居住用途，市场交易实例较多，故采用市场比较法进行估价。对主楼(塔楼) 5～20 层停建工程部分，根据估价对象房地产市场的实际情况，采用假设开发法进行估价(在计算续建完成后的房地产价值时采用市场比较法)。第二条技术路线：因项目主体大部分为停建工程，现房部分因经营不善等原因也停业多年，结合交易市场状况，对估价对象整体采用成本法进行估价(在计算重新取得土地价值时采用基准地价修正法和假设开发法)。

收益法的定义：运用某种适当的资本化率，将预期的估价对象房地产未来各期的正常净收益折算到估价时点上的现值，求其之和，以此估算估价对象的客观合理价格或价值的方法。

市场比较法的定义：将估价对象与在估价时点近期有过交易的类似房地产进行比较，对这些类似房地产的已知价格作适当的修正，以此估算估价对象的客观合理价格或价值的方法。

假设开发法的定义：预计估价对象开发完成后的价值，扣除预计的正常开发成本、税费和利润等，以此估算估价对象的客观合理价格或价值的方法。

成本法的定义：以开发或建造估价对象房地产所需要的各项费用之和为基础，再加上正常利润和税金，得出房地产的重置价格，然后再扣除折旧，以此估算估价对象的客观合理价值的方法。

基准地价修正法定义：在政府确定公布了基准地价的地区，由估价对象所处地段的基准地价调整得出估价对象宗地价格的方法。

10. 估价结果

估价人员根据估价目的，遵循估价原则，按照估价程序和技术标准，经过认真的分析和测算，确定估价对象在估价时点的公开市场价值总额为1535.61万元，大写（人民币）：壹仟伍佰叁拾伍万陆仟壹佰元整，平均市值单价785.0元/m^2，大写（人民币）：每平方米柒佰捌拾伍元整。

11. 估价人员签名

中国注册房地产估价师：×××

12. 估价作业日期

2006年8月8日至2006年8月28日。

13. 估价报告应用的有效期

本报告书应用有效期为壹年，即从2006年8月8日至2007年8月7日止。

××房地产评估有限公司

二零零六年八月八日

7.估价技术报告

估价技术报告应说明下列内容。

（1）个别因素分析（详细说明、分析估价对象的个别因素）。

（2）区域因素分析（详细说明、分析估价对象的区域因素）。

（3）市场背景分析（详细说明、分析类似房地产的市场状况，包括过去、现在和可预见的未来）。

（4）最高最佳使用分析（详细分析、说明估价对象最高最佳使用）。

（5）估价方法选用（详细说明估价的思路和采用的方法及其理由）。

(6) 估价测算过程（详细说明测算过程、参数确定等）。

(7) 估价结果确定（详细说明估价结果及其确定的理由）。

房地产估价报告中的××估价报告技术报告如下所示。

估价技术报告

1. 个别因素分析

估价对象由一幢主楼为20层的综合大厦及9层附楼组成。主楼第一层依坡地而建为架空层，作设备用房使用，2～4层于2002年出租，经营餐饮及娱乐业，现空置，主楼5～20层现为“半拉子”工程。主楼二层（沿街首层）大堂两侧为茶艺馆，室内中档装修，刷黑色龙骨吊顶，包木墙面，抛光砖地面，内设各式茶座、卡座及秋千凳等。南侧夜总会（浮仕会）高档装修，内设豪华KTV包厢、表演舞台、音控室、雅座、吧台等。第三层（沿街第二层）中档装修，有可容纳约200桌宴席的餐厅及木夹板隔断的包厢约36间。第四层（沿街第三层）普通装修，主要经营电子游戏及茶艺。5～20层原设计用途为带卫生间的写字间，主体结构已完工，室内已做隔墙，外墙贴条砖，内墙抹灰刷白，已安装木夹板门，卫生间已贴2m高墙砖，预埋上下水管道，其余未做。走廊已安装空调管道（无主机），室内有空调出风口（部分被盗），地面未做，电梯未安装。

估价对象主楼于2000年停建至今尚未完工，物业维护差，铝合金窗扇大部分被盗，顶层渗水严重，局部梁露筋，这些因素制约了估价对象的市场价值。附楼为框架结构住宅用房，平面布置欠佳，室内普通装修，由于使用已10年，维护稍差，略显陈旧，个别窗扇被盗，加之所处位置建筑密度大，环境、景观差，制约了物业的市场价值。

估价对象主楼门前有较大户外停车场，这为物业的有效利用提供了较好条件。

2. 区域因素分析

估价对象位于××省府城镇主干××大道东侧，与××楼隔路相望，北面为××公司。区域内有××大厦、××医院、××电影院、中学等，地理位置优越，交通便捷，商业繁华度良好，区域内基础设施和公共设施较为完善。

3. 市场背景分析

略。

4. 最高最佳使用分析

根据建筑物设计使用功能及需求市场状况分析，营业用房及商住用房仍有一定需求市场，若将部分主楼改造为商住两用房，更能符合当前市场的需求。估价对象要达到最高最佳使用，应以商住综合用途最为有利，故本次评估确定估价对象在估价时点为商住综合用途。

5. 估价方法的选用

根据估价对象现房部分占项目总建筑面积的30%，停建工程部分占项目总建筑面积的70%，以及不同用途的特点，本次分别采取两条技术路线进行估价，然后综合确定估价对象的市场价值。第一条技术路线：对现房部分即主楼2～4层和附楼；考虑主楼2～4层为商业用途，出租具有收益性，故采用收益法进行估价；考虑附楼为居住用途，市场交易实例较多，故采用市场比较法进行估价。对主楼（塔楼）5～20层停建工程部分，根据估价对象房地产市场的实际情况，采用假设开发法进行估价（在计算续建完成后的房地产价值时采用市场比较法）。第二条技术路线：因项目主体大部分为停建工程，现房部分因经营不善等原因也停业多年，结合交易市场状况，对估价对象整体采用成本法进行估价（在计算重新取得土地价值时采用基准地价修正法和假设开发法）。

6. 估价测算过程

第一条技术路线：分别采用收益法、市场比较法、假设开发法测算估价对象的市场价值。

（1）采用收益法计算估价对象现房主楼2～4层的市场价值（第一层依坡地而建的架空层作为设备用房）

采用收益法的计算公式为：

$$V=\frac{A}{r}\left[1-\frac{1}{(1+r)^{\mathrm{N-n}}}\right]$$

式中：V——收益价格（元，元/m^2）；

A——未来第 i 年的净收益（元，元/m^2）；

r——资本化率（%）；

N——法定年限（年）；

n——已使用年限（年）。

1）计算估价对象主楼2～4层的年有效毛收入

①采用市场比较法确定估价对象第二层（即沿街首层）租金。

a. 选取可比实例，见表10-7。

实 例 选 用 表 表10-7

项目＼实例	实例A	实例B	实例C
名称	××木业大厦	××新华印刷厂宿舍	××公司大楼
位置	府城镇××大道	府城镇××路	府城镇××路
类型	沿街首层铺面	沿街首层铺面	沿街首层铺面

续上表

项目 \ 实例	实例 A	实例 B	实例 C
结构	钢混	钢混	钢混
装修	普通	中等	普通
成交日期	2002.9	2002.9	2002.9
出租价格（元/m^2）	20	30	36

注：选用实例均为实际可出租建筑面积租金，物业管理费、水、电费由承租方负担。

b. 交易情况修正：

根据所掌握的资料，可比实例 A、B、C 均为正常交易，无需进行交易情况修正。

c. 交易日期修正：

根据本区房地产租赁市场状况，选取的实例成交日期至估价时点时间较近，故无需进行交易日期修正。

d. 区域因素修正：

根据估价人员现场勘察和所掌握资料，三个可比实例与估价对象的区域因素比较修正列于表 10-8。

区域因素比较表　　表 10-8

区域因素	权数	估价对象	实例 A	实例 B	实例 C
繁华程度	0.2	100	100	105	105
交通便捷度	0.2	100	100	100	100
环境	0.2	100	100	100	100
配套设施	0.2	100	115	110	110
规划限制	0.2	100	100	100	100
综合	1.0	100	103	103	103

e. 个别因素修正：

根据现场勘察和所掌握资料，三个可比实例与估价对象个别因素比较修正列于表 10-9。

个别因素比较表　　表 10-9

个别因素	权数	估价对象	实例 A	实例 B	实例 C
临街宽深	0.3	100	85	110	110
装修标准	0.2	100	70	90	70

续上表

个别因素	权数	估价对象	实例 A	实例 B	实例 C
新旧程度	0.2	100	70	100	120
建筑结构	0.2	100	100	100	100
平面布置	0.1	100	75	100	100
综合	1.0	100	81	101	101

f. 求出比准价格：

把以上比较修正后的各项结果，综合计算出可比实例修正后的单价，其计算列于表 10-10。

综合修正计算表 表 10-10

项目 \ 实例	实例 A	实例 B	实例 C
出租价格（元/m²）	20	30	36
交易情况修正	100/100	100/100	100/100
交易日期修正	100/100	100/100	100/100
区域因素修正	100/103	100/103	100/103
个别因素修正	100/81	100/101	100/101
修正后单价（元/m²）	24	29	35

采用简单算术平均法计算出一个综合结果作为比准价格：

估价对象第二层（沿街为首层）租金＝（24＋29＋35）/3＝29.33 元/m^2

取整为 30 元/m^2。

②鉴于××市府城镇房地产市场第二、三层类似出租案例较少，故采用本地区类似物业各层之间租金的价值环比，求出估价对象各层租金，环比百分率计算见表 10-11。

环比百分率计算 表 10-11

位　置	物业名称	租　金	二层与首层租金环比	三层与二层租金环比
××路	××大厦	首层 70 元/（m²·月） 二层 40 元/（m²·月） 三层 30 元/（m²·月）	57%	75%
××路	××大厦	首层 187 元/（m²·月） 二层 80 元/（m²·月） 三层 50 元/（m²·月）	43%	63%

续上表

位　置	物业名称	租　金	二层与首层租金环比	三层与二层租金环比
××路34号	××商场	首层150元/（m^2·月） 二层50元/（m^2·月） 三层30元/（m^2·月）	33%	60%
综合百分率			44.33%	66%

③估价对象主楼2～4层营业用房年有效毛收入见表10-12、表10-13。

主楼2～4层营业用房基本情况　　表10-12

估价对象	租金［元/（m^2·月）］	建筑面积（m^2）	出租率（%）
二层（首层）	30	1581.012	95
三层（二层）	30×44.33%=13.3	2028.073	90
四层（三层）	13.3×66%=8.8	966.344	90
合计		4575.43	

主楼2～4层营业用房年有效毛收入　　表10-13

估价对象	可出租面积（%）	年（月）	年有效毛收入（万元/年）
二层（首层）	92	12	49.74
三层（二层）	92	12	26.80
四层（三层）	92	12	8.45
合计			84.99

2）计算主楼2～4层年运营总费用

①管理费：取有效毛收入的3%。

$$管理费=84.99\times3\%$$
$$=2.55\text{ 万元/年}$$

②维修费：维修费取建筑物重置价的1%，建筑物重置价按1200元/m^2计。

$$维修费=4575.43\times1200\times1\%$$
$$=5.49\text{ 万元/年}$$

③税金：营业税及附加为有效毛收入的5.5%，房产税为有效毛收入的12%，合计为有效毛收入的17.5%。

$$税金=84.99\times17.5\%$$
$$=14.87\text{ 万元/年}$$

④保险费：按建筑物重置价的2‰计。

保险费＝4575.43×1200×2‰

＝1.1 万元/年

⑤年运营总费用：

年运营费用合计＝管理费＋维修费＋税金＋保险费

＝2.55＋5.49＋14.87＋1.1

＝24.01 万元/年

3）计算主楼2～4层年净收益

年净收益＝年有效毛收入—年运营总费用

＝84.99－24.01

＝60.98 万元/年

4）资本化率 r 的确定

采用安全利率加风险调整值法：安全利率取国家一年期存款利率1.98%，根据府城地区的社会经济现状及预期，结合估价对象所处位置及物业类型的特点，确定风险调整值为5.02%。

资本化率 r＝1.98%＋5.02%＝7%

5）计算估价对象主楼2～4层收益价格

$$V=\frac{A}{r}\left[1-\frac{1}{(1+r)^{\mathrm{N-n}}}\right]$$

估价对象耐用年限60年，已经过年限6年，则市场价值总额为：

$$V=\frac{60.98}{7\%}\left[1-\frac{1}{(1+7\%)^{60-6}}\right]=848.58\text{ 万元}$$

（2）采用市场比较法计算估价对象现房附楼在估价时点的公开市场价值

1）选取可比实例（表10-14）

实例选用表 表10-14

项目＼实例	实例A	实例B	实例C
名称	××山庄A栋311房	××花园C栋807房	××花园B幢304室
位置	××市凤翔路	××市凤翔路	××市龙昆南路
类型	住宅	住宅	住宅
结构	钢混	钢混	钢混
装修	普通	普通	普通
成交日期	2005.7.13	2005.9.11	2005.5.13
成交价格（元/m^2）	800	745	766

2）交易情况修正

根据所掌握的资料，可比实例 A、B、C 均为正常交易，无需进行交易情况修正。

3）交易日期修正

根据××市府城镇房地产市场状况，去年七月份至今区域房地产交易市场价格较为平缓，没有明显上升或下跌现象，故无需进行交易日期修正。

4）区域因素修正

根据估价人员现场勘察和所掌握资料，三个可比实例与估价对象的区域因素比较修正列于表 10-15。

区域因素比较表 表 10-15

区域因素	权数	估价对象	实例 A	实例 B	实例 C
环境	0.2	100	130	130	130
景观	0.2	100	130	130	130
交通便捷度	0.2	100	95	95	100
繁华程度	0.1	100	90	90	100
小区配套设施	0.1	100	120	120	120
规划限制	0.1	100	100	100	100
治安状况	0.1	100	100	100	100
综合	1.0	100	112	112	114

5）个别因素修正

据现场勘察和所掌握资料，三个可比实例与估价对象个别因素比较修正列于表 10-16。

个别因素比较表 表 10-16

个别因素	权数	估价对象	实例 A	实例 B	实例 C
楼层	0.2	100	130	95	100
新旧程度	0.2	100	135	135	135
装修标准	0.1	100	100	100	100
工程质量	0.1	100	100	100	100
朝向	0.1	100	100	130	120
平面布置	0.1	100	130	100	130
设施设备	0.1	100	100	100	100
建筑结构	0.1	100	100	100	100
综合	1.0	100	116	109	112

6）求出比准价格

把以上比较修正后的各项结果，综合计算出可比实例修正后的单价，其计算列于表 10-17。

综合修正计算表 表 10-17

项目＼实例	可比实例 A	可比实例 B	可比实例 C
成交价格（元/m²）	800	745	766
交易情况修正	100/100	100/100	100/100
交易日期修正	100/100	100/100	100/100
区域因素修正	100/112	100/112	100/114
个别因素修正	100/116	100/109	100/112
成交价格（元/m²）	616	610	600

采用简单算术平均法计算出一个综合结果作为比准价格。

附楼市值单价＝（616＋610＋600）/3

＝608.82 元/m²

附楼市值总额＝608.82×1183.156

＝720336.39 元

取整为 72.03 万元。

（3）采用假设开发法计算估价对象主楼（塔楼）5～20 层的市场价值

假设开发法的计算公式为：

停建工程价格＝续建完成后的房地产价值—续建成本—管理费用—投资利息—销售税费—续建投资利润—买方购买停建工程的税费

1）采用市场比较法测算续建完成后的房地产市场价值

①选取可比实例（表 10-18）：

实 例 选 用 表 表 10-18

项目＼实例	实例 A	实例 B	实例 C
名称	A 大厦 A1701 房	B 大厦 A1201 房	C 大厦 1905 房
位置	××市龙昆南路	××市龙昆南路	××市龙昆南路
类型	高层商住两用	高层商住两用	高层商住两用
结构	钢混	钢混	钢混
装修	中等	中等	中等
成交日期	2005.12.7	2005.8.24	2005.8.13
成交价格（元/m²）	1230	1000	1200

②交易情况修正：

根据所掌握的资料，可比实例A、B、C均为正常交易，无需进行交易情况修正。

③交易日期修正：

根据市府城镇房地产市场状况，可比实例成交日期至估价时点房地产交易市场价格较为平缓，没有明显上升或下跌现象，故无需进行交易日期修正。

④区域因素修正：

根据估价人员现场勘察和所掌握资料，三个可比实例与估价对象的区域因素比较修正列于表10-19。

区域因素比较表 表10-19

区域因素	权数	估价对象	实例A	实例B	实例C
繁华程度	0.2	100	100	100	100
环境	0.2	100	120	100	100
景观	0.2	100	115	90	110
交通便捷度	0.1	100	105	100	105
小区配套设施	0.1	100	100	130	100
规划限制	0.1	100	100	100	100
治安状况	0.1	100	100	100	100
综合	1.0	100	107.5	101	102.5

⑤个别因素修正：

据现场勘察和所掌握资料，三个可比实例与估价对象个别因素比较修正列于表10-20。

个别因素比较表 表10-20

个别因素	权数	估价对象	实例A	实例B	实例C
楼层	0.2	100	140	130	140
工程质量	0.2	100	110	110	110
装修标准	0.1	100	100	100	100
新旧程度	0.1	100	100	100	100
朝向	0.1	100	100	100	100
平面布置	0.1	100	100	100	110
设施设备	0.1	100	100	100	100
配套设施	0.1	100	110	110	115
综合	1.0	100	111	109	112.5

⑥求出比准价格：

把以上比较修正后的各项结果，综合计算出可比实例修正后的单价，其计算列于表 10-21。

综合修正计算表　　表 10-21

项目＼实例	实例 A	实例 B	实例 C
成交价格（元/m^2）	1230	1000	1200
交易情况修正	100/100	100/100	100/100
交易日期修正	100/100	100/100	100/100
区域因素修正	100/107.5	100/101	100/102.5
个别因素修正	100/111	100/109	100/112.5
成交价格（元/m^2）	1031	908	1041

采用简单算术平均法计算出一个综合结果作为比准价格。

估价对象 5～20 层市值单价＝（1031＋908＋1041）/3＝993 元/m^2

2）续建成本

根据估价对象 5～20 层停工现状及××市工程造价确定（按商住两用房的设计标准），续建成本为 450 元/m^2。续建成本估算见表 10-22。

续建成本估算表　　表 10-22

项　　目	单方造价（元/m^2）
门窗工程	90
装饰工程及局部改造工程（含脚手架）	130
楼地面工程及其他	35
水电安装	90
电梯	95
局部改造工程设计费用	10
合计	450

3）管理费用

取续建成本的 2%。

$$管理费用＝450×2\%＝9 元/m^2$$

4）投资利息

利率取国家一年期贷款利率 5．31%，续建期为半年，设停建工程价值为 X。

投资利息=停建工程价值×[$(1+5.31\%)^{0.5}-1$]+续建成本和管理费×[$(1+5.31\%)^{0.25}-1$]

$=X\times0.0262+(450+9)\times0.013$

$=(0.0262X+6)$ 元/m²

5）销售税费

“两税一费”按处置积压房地产政策免征，销售费取房地总价的1%，交易手续费按处置积压房地产政策2元/m²计。

销售税费=993×1%+2=12元/m²

6）续建投资利润

取停建工程价值和开发成本的5%。

利润=$(X+450)\times5\%=(0.05X+22.5)$ 元/m²

7）买方购买停建工程的税费

按处置积压房地产政策免征，故不计。

8）计算估价对象5～20层（停建工程）市场价值

①停建工程价值单价：

$X=993-450-9-(0.0262X+6)-12-(0.05X+22.5)$

$X=458.6$ 元/m²

②停建工程价值总额：458.6×13803.115=633.01万元

（4）估价对象总价格

估价对象市值总额=（1）+（2）+（3）

=848.58+72.03+633.01

=1553.62万元

第二条技术路线：采用成本法计算估价对象的整体价值（在计算土地价值时采用基准地价修正法和假设开发法）。

采用成本法的计算公式为：

房地产价格=土地重新取得价格+建筑物重新建造成本－建筑物折旧

（1）计算土地重新取得价格

①采用基准地价修正法和假设开发法对土地使用权在估价时点的市场价值进行估价。

经测算，估价对象3596.5m²，土地使用权公开市场价值总额为345.98万元，大写（人民币）：叁佰肆拾伍万玖仟捌佰元整[详见附件《土地估价报告》××评（2002）估字第××号]。

②主楼、附楼地价分摊：

a. 分摊系数=总地价/建筑面积=345.98/19561.7=0.0176866

b. 主楼分摊地价＝18378.544×0.0176866＝325.05 万元

c. 附楼分摊地价＝1183.156×0.0176866＝20.93 万元

(2) 计算建筑物重新建造成本

建筑物重置成本＝开发成本＋管理费＋投资利息＋销售费用＋开发利润＋税费

开发成本＝建安工程费＋勘察设计及前期工程费＋市政设施配套费

①开发成本

a. 建安工程费

根据估价对象现状及××市建安造价确定估价对象主楼及附楼建安工程费如表10-23、表10-24所示。

主楼已完工程造价估算表 表 10-23

项　目	单方造价（元/m²）	备　　注
桩基础工程	110	综合 2～4 层二次装修及水电安装
钢筋混凝土工程	350	
砖石工程	50	
脚手架工程	40	
门窗工程	40	
楼地面工程	22	
装饰工程	210	
其他	18	
水电安装	20	
合计	860	

附楼工程造价估算表 表 10-24

项　　目	单方造价（元/m²）	项　　目	单方造价（元/m²）
基础工程	90	楼地面工程	45
钢筋混凝土工程	230	装饰工程	120
砖石工程	50	其他	15
脚手架工程	40	水电安装	80
门窗工程	130	合计	800

主楼建安工程费＝18378.544×860
＝1580.55 万元

附楼建安工程费＝1183.156×800＝94.65 万元

b. 勘察设计及前期工程费

按建安工程费的6%计。

主楼勘察设计及前期工程费=1580.55×6%=94.83万元

附楼勘察设计及前期工程费=94.65×6%=5.68万元

c. 市政设施配套费

按政府有关规定40元/m^2计。

主楼市政设施配套费=18378.544×40=73.51万元

附楼市政设施配套费=1183.156×40=4.73万元

d. 开发成本

开发成本合计=a+b+c

主楼=1580.55+94.83+73.51=1748.89万元

附楼=94.65+5.68+4.73=105.06万元

②管理费

管理费=（土地取得费+开发成本）×2%

主楼管理费=（325.05+1748.89）×2%=41.48万元

附楼管理费=（20.93+105.06）×2%=2.52万元

③投资利息

利率取国家一年期贷款利率5.31%，按现状建设期计为一年。

a. 土地费用利息

主楼：325.05×［$(1+5.31\%)^1-1$］=17.26万元

附楼：20.93×［$(1+5.31\%)^1-1$］=1.11万元

b. 开发成本、管理费利息

主楼：(1748.89+41.48)×［$(1+5.31\%)^{0.5}-1$］=46.92万元

附楼：(105.06+2.52)×［$(1+5.31\%)^{0.5}-1$］=2.82万元

c. 投资利息

主楼：17.26+46.92=64.18万元

附楼：1.11+2.82=3.93万元

④销售费用

未发生，故不计。

⑤开发利润

取土地价格、开发成本的3%。

主楼开发利润=（325.05+1748.89）×3%=62.22万元

附楼开发利润=（20.93+105.06）×3%=3.78万元

⑥税费

税金按处置积压房地产政策免征，交易手续费按2元/m^2计。

主楼税费＝18378.544×2＝3.68 万元

附楼税费＝1183.156×2＝0.24 万元

⑦建筑物重置成本

主楼＝1748.89＋41.48＋64.18＋62.22＋3.68＝1920.45 万元

附楼＝105.06＋2.52＋3.93＋3.78＋0.24＝115.53 万元

（3）计算建筑物折旧

①物质折旧

建筑物耐用年限为 60 年，主楼已经过年限为 6 年，附楼已经过年限为 8 年。主楼成新度＝1－6/60＝90％，结合现场实际观察，由于停工时间较长，物业维护差，部分楼层露筋、渗水，因停业多年，营业用房室内装修部分损坏，故综合确定主楼成新度为 83％。附楼自然成新度＝1－8/60＝86.6％，结合现场实际观察，由于查封后无人使用，物业维护稍差，故综合确定附楼成新度为 80％。

主楼物质折旧额＝1920.45×（1－83％）＝326.48 万元

附楼物质折旧额＝115.53×（1－80％）＝23.11 万元

②功能折旧

由于建筑物设计至今已相隔 8 年，需求市场的变化必然使原设计使用功能贬值。依据最高最佳使用原则，主楼需要改造为商住两用方适应市场需求，附楼平面布置不合理，故分别取主楼功能折旧率 10％，附楼功能折旧率 15％。

主楼功能折旧额＝1920.45×10％＝192.05 万元

附楼功能折旧额＝115.53×15％＝17.33 万元

③经济折旧

由于估价对象主楼主体为半拉子工程，目前市场积压半拉子工程较多，变现的难度较大，附楼所处位置建筑密度大、环境景观差，加之目前××市府城镇房地产交易市场影响，结合估价对象环境状况及物业类型的特点，综合确定主、附楼经济折旧率为 15％。

主楼经济折旧额＝1920.45×15％＝288.07 万元

附楼经济折旧额＝115.53×15％＝17.33 万元

④建筑物折旧总额

主楼折旧额＝326.48＋192.05＋288.07＝806.6 万元

附楼折旧额＝23.11＋17.33＋17.33＝57.77 万元

（4）计算估价对象的市场价值

①主楼市场价值总额＝325.05＋1920.45－806.6＝1438.9 万元

②附楼市场价值总额＝20.93＋115.53－57.77＝78.69 万元

③估价对象市场价值总额＝1438.9＋78.69＝1517. 59 万元

综合确定估价对象的市场价值：以上采用两条技术路线的估价结果相近，故采用算术平均法确定其市场价值。

估价对象市场价值总额＝（1553.62＋1517.59）/2＝1535.61 万元

估价对象平均市值单价＝15356100/19561.70＝785.0 元/m^2

7. 估价结果确定

根据以上计算结果，确定估价对象在估价时点的公开市场价值总额为 1535.61 万元，大写（人民币）壹仟伍佰叁拾伍万陆仟壹佰元整，平均市值单价 785.0 元/m^2，大写（人民币）：每平方米柒佰捌拾伍元整。

8. 附件

把可能会打断叙述部分的一些重要资料放入附件中。附件通常包括估价对象的位置、四至、周围环境和景观的图片，土地形状图，建筑平面图，建筑物外观和内部状况的图片，估价对象的产权证明，估价中引用的其他专用资料，估价机构和估价人员的资格证明、专业经历和业绩等。

9. 交付估价报告

完成估价报告后，应及时将估价报告交付给委托人。在交付估价报告时，还可就估价中的某些问题作口头说明，至此完成了对委托人的估价服务。

小　　结

房地产估价报告是房地产价格测算的最终成果，是房地产估价活动的“最终产品”，其质量的好坏直接关系到评估出来的价格是不是客观合理价格，是否被市场所认可。

房地产估价报告的质量控制分两个方面，一是外部质量，即报告外观和报告书撰写格式是不是符合估价规范的格式要求；二是内部质量，即房地产价格的评估过程是否合法，是否科学，所采用的有关数据是否有理有据，是否有出处，其估出的价格是否与市场相符，是否被市场上所认可。一个完整的估价报告通常由封面、目录、致委托人函、估价师声明、估价假设和限制条件、估价结果报告、估价技术报告和附件等八个部分组成。

复习思考题

一、名词解释

房地产估价合同　房地产估价程序　实地查勘　外部审核　内部审核　估价报告

二、思考题

1. 遵循房地产估价程序有何意义或作用？

2. 一个房地产估价项目运作的全过程和工作步骤是什么？

3. 在哪些情况下不能承接估价业务？

4. 委托人是否可以为房地产的所有者或使用者？并举例说明。

5. 受理估价委托时应与委托方沟通、协商哪些事项？

6. 估价基本事项包括哪些内容？

7. 一个估价项目中的估价目的、估价时点和估价对象之间有何内在联系？并举例说明。

8. 房地产估价委托合同中应载明哪些基本内容？

9. 在估价中对估价方法的选用有何要求？

10. 搜集估价所需资料应包括哪些内容？

11. 为什么要进行实地查勘及如何进行实地查勘？

12. 如何检查估价方法测算结果的正确性？

13. 最终估价结果应如何确定？

14. 什么是估价报告？估价报告通常由哪几部分组成？估价报告中应记载哪些内容？

15. 估价假设和限制条件在估价报告中的作用是什么？

16. 为什么要对估价报告进行审核，及如何进行审核？

17. 估价时点、估价作业期、实地查勘期、估价报告出具日期、估价报告应用有效期和估价责任期之间有何不同？

18. 应归档的估价资料有哪些？其保管期限有多长？

第11章 房地产估价信息系统

本章概要

房地产估价信息系统是将信息系统的理论和方法应用在房地产估价中，为房地产估价提供技术支撑，促进房地产估价的准确性、科学性、公平公正性。本章重点介绍信息、数据、信息系统和房地产估价信息系统等相关概念，信息系统、管理信息系统分类及开发方法，房地产估价信息系统开发与应用以及搜房网及其评估系统操作流程。

11.1 信息系统概述

11.1.1 信息和数据

1.信息与数据概念

信息（Information Technology，简称 IT）是客观事物存在方式和运动状态的反应，向人们或机器提供关于现实世界的各种知识，它不随载体的物理形式的改变而改变，是某一客观系统中一事物在某一时间和方面的具体表现形式。数据是客观事物存在方式和运动状态反应的记录，是信息的载体。符号（数字、声、图像）通常被用来记录客观事物存在方式和运动状态。因此，数据是信息的具体表现形式，简单来讲，数据反映客观事物存在方式和运动状态的内容，符号只是它的具体形式。

2.信息和数据关系

信息和数据既有联系又有区别，数据是信息的表现形式，信息是数据表达的内容。数据是具体的物理形式，而信息是抽象出来的逻辑意义。信息通过数据记录，并借助数据处理工具实现存储、编辑、更新、分析。信息处理实际上就是数据处理，利用计算机进行数据输入、编辑、结果输出，形成有用的信息。

11.1.2 信息系统

1.信息系统概念

信息系统是计算机技术和信息资源管理相结合的产物，由计算机硬件、软件、信息、方法和人组成，是对信息进行采集、整理、存贮、管理并提供查询、检索和处理的一种综合性技术系统。包括数据处理系统、办公自动化系统、管理信息系统、信息检索系统、决策支持系统（含专家系统）和通讯网络等等。

2.信息系统的分类

目前各类信息系统，都是建立在计算机技术基础上的，因此也称为计算机信息系统。信息系统是计算机技术和信息资源管理学相结合的产物，是由计算机硬件、管理软件和其中所包含的各种数据所组成的一种综合性技术系统。其中，计算机硬件包括主机及各种输入输出装置；管理软件包括各种数据库、图形库、模型库和方法库的管理系统，数据根据用户的需求而不同。根据系统服务对象、性质、内容以及数据本身的特点本文将信息系统分为三大类：面向数据资料的信息系统、面向业务过程的信息系统和面向金融经济的信息系统，下面分别对其进行简单的介绍。

（1）面向数据资料的信息系统

此类信息系统服务对象以第一线工作人员和科研人员为主，功能着眼于数据资料的收集、存贮、管理和处理。如地理信息系统（Geographical Information System，GIS)，以地理空间数据库为基础，采用地理模型分析方法，适时提供多种空间的和动态的地理信息，是提供地理研究和地理决策服务的计算机技术系统，具有采集、管理、分析和输出多种地理信息的能力，具有空间性和动态性。该系统以地理研究和地理决策为目的，以地理模型方法为手段，具有区域空间分析、多要素综合分析和动态预测能力，可产生高层次的地理信息。它由计算机系统支持进行空间地理数据管理，并由计算机程序模拟常规的或专门的地理分析方法，作用于空间数据，产生有用信息，完成人类难以完成的任务。地理信息系统应用范围广，目前已广泛应用在土地利用、资源管理、环境监测、交通运输、经济建设、城市规划以及政府部门行政管理等部门，为工程设计和规划、管理决策提供服务。

（2）面向业务过程的信息系统

此类信息系统服务对象以各级业务管理和决策人员为主，功能着眼于“物质或精神产品生产过程”和“产品流通过程”的信息收集、存贮、管理和处理，为产品结构调整、产量和质量控制、品种更新、新产品设计以及日常生产管理，提供自动化工具和决策依据。目前基于计算机用于业务管理的信息系统主要有四类：事务处理系统（Transaction Processing Systems，TPS)、企业管理信息系统（Management Information Systems，MIS)、决策支持系统（Decision Support Systems，DSS）和办公自动化系统（Office Automation，OA)。

从 TPS 到 MIS，再到 DSS，代表了面向业务过程的信息系统发展的 3 个阶段。OA 是 TPS、MIS 和 DSS 等信息系统的一种特殊的综合应用，既要利用计算机进行一般性的事务处理、信息处理和文字处理，还必须拥有网络通信和辅助决策的功能。

（3）面向金融经济的信息系统

此类信息系统服务对象由各国政府或集团公司按地区、按行业建立，主要用于收集、处理和汇总各地区、各行业的经济信息。如金融信息系统、股市信息系统、税收信息系统和国家经济信息系统。20 世纪 90 年代国家计划委员会和经济贸易委员会所建立起来的国家经济信息系统，由 23 个中央部委局和 38 个地方省、自治区、直辖市和副省级城市及 200 多个地市、厅局项目单位参加了建设，主要是面向宏观经济决策的，同时也为企业、研究单位以及个体提供经济信息服务，是我国迄今为止最大的跨部门、跨行业、跨地区的全国性经济信息系统。该系统由七个业务系统和一个公共网络平台组成。其业务系统包括宏观经济预测系统、企业和产品信息系统、市场与价格信息系统、世界经济信息系统、经济法规系统、国外贷款项目管理信息系统和政府投资项目管理信息系统。

11.1.3 管理信息系统

1. 管理信息系统的概念

管理信息系统（Management Information Systems，MIS）起源于 20 世纪 60 年代。随着经济、管理与技术环境的发展变化，管理信息系统的规模、信息处理功能和应用范围也有了显著的发展，MIS 已经深入到管理活动的各个层次和社会生活的各个领域。管理信息系统是信息系统中的一个分支，由计算机技术、网络通讯技术、信息技术、管理科学理论和人组成的人机系统，可对信息进行采集、传递、储存、加工、维护和使用。管理信息系统能预测一个单位、一个部门、一种业务状况的各种运行情况，利用过去的数据预测未来，从全局出发辅助组织进行决策。管理信息系统通过对各业务子系统进行控制、管理、分析，对整个系统的战略、战术等重大问题做出预测和决策。

（1）管理信息系统 MIS 的对象是信息。

信息是经过加工的数据，是对决策者有价值的数据。信息来源分散，数量庞大，从信息管理的角度可划分为物流和信息流。生产过程是一个物流的投入产出过程，且是不可逆的过程。管理过程是信息流的过程，且具有信息反馈的特征。

（2）系统由相互联系、相互作用的若干要素按一定法则组成并具有一定功能的整体。

系统由两个以上要素组成，各要素和整体之间存在一定的有机联系。系统由输入、处理、输出、反馈、控制五个基本要素组成。

（3）管理信息由信息的采集、信息的传递、信息的储存、信息的加工、信息的维护和信息的使用五个方面组成。

管理信息系统是一个具有高度复杂性、多元化和综合性的人机系统，它能够为决策科学化提供应用技术和基本工具，是为管理决策服务的信息系统。

2. 管理信息系统 MIS 的分类

管理信息系统 MIS 由信源、信宿、信息处理、信息用户和信息管理者五个部分组成。根据管理信息系统结构特征将 MIS 分为业务管理系统（Operations Management Systems，简称 OMS）、管理控制系统（Management Control Systems，简称 MCS）和战略信息系统（Strategic Information Systems，简称 SIS）三类。根据系统资源的空间布局状况将 MIS 分成集中式系统（Centralized MIS）和分布式系统（Distributed MIS）两类。也可以按照 MIS 面向的管理职能将其分为生产、销售、财务和人事等系统，如现有 MIS 的商品软件中不少就是面向某类管理职能的。此外，根据实际管理工作的需要和 MIS 发展演变过程中侧重点不同，将 MIS 分成面向管理业务的系统（Managerial Operation-Oriented Systems，简称 MOOS）和面向管理决策的系统（Managerial Decision-Oriented Systems，简称 MDOS），其中 MOOS 又可分成以下三类系统：事务处理系统（Transaction Processing Systems，简称 TPS）、知识工作支持系统（Knowledge Work Support Systems，简称 KWSS）和办公自动化系统（Office Automation Systems，简称 OAS）。面向管理决策的系统（MDOS）也分成以下三类系统：管理报告系统（Management Reporting Systems，简称 MRS）、决策支持系统（Decision Support Systems，简称 DSS）和主管信息系统（Executive Information Systems，简称 EIS），管理信息系统的分类如图 11-1 所示。

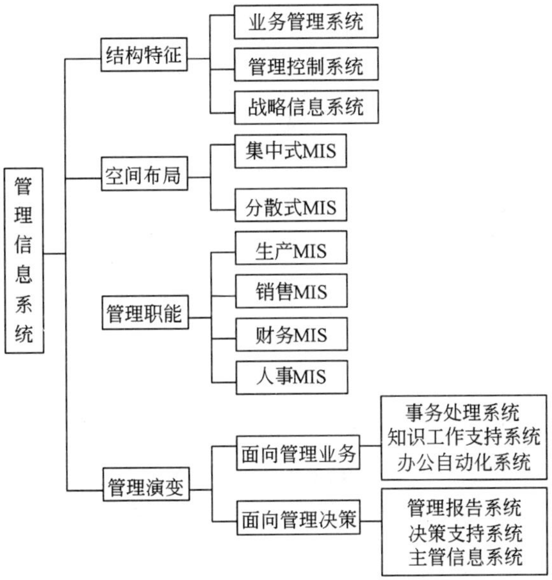

图 11-1 管理信息系统分类

11.1.4 信息系统的开发

1. 管理信息系统 MIS 的开发原则

(1) 科学性

现代化的科学的管理信息系统，其设计和开发符合信息系统开发的规范性，在数据库流程设计、功能模块设计方面尽量体现专业系统设计的科学性、完备性，力保系统功能的科学性、运行的稳定性和操作的方便性。

(2) 实用性

系统结构设计简洁，系统的开发应在遵循科学性的前提下以满足用户需求为目标，既保证数据共享性，又保证系统工作结果的准确性。

(3) 友好性

系统界面简单、友好，用户可方便的实现对各种信息的查询、检索、统计分析。

(4) 规范性

为保系统的科学性、规范性，系统地设计流程、代码，确定其均遵循国家制定的统一的编码原则，便于与其他数据库链接。

(5) 可扩充兼容性

系统在数据库设计、编码设计、系统功能设计方面，尽可能留有可扩充的余地，便于以后随着计算机技术和数学模型发展而带来的各种扩充和完善。

2. 管理信息系统 MIS 的开发策略

目前管理信息系统开发采用较多的方法有自上而下法、自下而上法以及二者结合。所谓自上而下法是指从企业管理的整体进行设计，逐渐从抽象到具体，从概要设计到详细设计，体现结构化的设计思想；自下而上法是指设计系统的构件，采用搭积木的方式组成整个系统，缺点在于忽视系统部件的有机联系。实际开发过程中常采用二者结合的办法。首先对系统进行分析得到系统的逻辑模型，然后根据逻辑模型求得最优的物理模型，物理模型和逻辑模型这种螺旋式循环优化的设计模式正好体现了自上而下和自下而上相结合的设计模式。

3. 管理信息系统 MIS 的开发方法

管理信息系统的建设是近 20 年来才逐渐发展起来的，人们借鉴复杂工程技术系统建设的经验，运用当代系统科学、信息技术和现代管理学的成功经验，不断充实管理信息系统的开发和建设。目前常用的开发方法有以下几种：结构化系统开发方法（简称 SA/SD)、原形法、面向对象的方法（简称 O-O）和计算机辅助软件工程方法（简称 CASE)。

以上方法均贯穿于系统建设生命周期的全过程，只有结构化系统开发方法才是真正能比较全面支持整个系统开发过程的方法，其他几种方法都只能作为对结构化系统开发方法在局部开发环节上的有益补充。任何系统均有其产生、发展、成熟、消亡或更新换代的过程。这个过程称为系统的生命周期（System Life Cycle）。

11.1.5 信息系统的开发方式

管理信息系统 MIS 的开发方式有自行开发、委托开发、联合开发、购买现成软件包进行二次开发几种形式。一般来说根据企业的技术力量、资源及外部环境确定采取哪种开发形式。无论哪种开发模式本单位人员都必须参加，一方面便于双方进行交流，另一方面有利于培养本单位人员系统开发和维护的能力。

11.2 房地产估价信息系统概述

11.2.1 地理信息系统

地理信息是指与研究对象的空间地理分布有关的信息，它表示地球表层物体及环境所固有的数量、质量、分布特征、相互联系和变化规律。地理信息系统（Geographic Information System，GIS）有时又称为“地学信息系统”或“资源与环境信息系统”。它是一种空间信息系统，是在计算机硬、软件系统支持下，对整个或部分地球表层空间中的有关地理分布数据进行采集、储存、管理、运算、分析、显示和描述的技术系统。GIS 概念框架如图 11-2 所示。

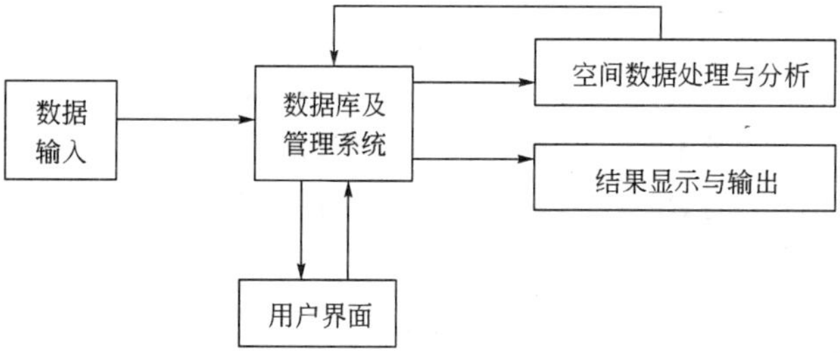

图 11-2　GIS 的概念框架构成

1. 地理信息系统构成

GIS 一般由硬件、软件、数据和用户构成。

（1）硬件环境

GIS 一般的硬件环境包括计算机系统、网络系统、数据采集/输入系统和地图输出系统。计算机系统是核心，用作数据和信息的处理、加工和分析；数据采集/输入系统包括数字化仪、扫描仪、数字摄影测量系统、遥感图像处理系统和 GPS 等，用于地理数据和信息的采集和输入；地图输出/存储系统包括绘图仪、打印机、磁带机、硬盘和光盘机等；网络系统包括把以上三部分联网以及和其他网络互联的网络设备。

（2）软件系统

软件是GIS的核心，它代表着GIS的功能和性能。系统的内核是操作系统，外一层是数据库系统和其他系统软件，再外一层就是GIS系统软件和GIS应用软件。

2. GIS的基本功能

G1S的基本功能如下：

（1）数据采集与编辑功能

包括地理对象的空间位置信息采集、属性信息采集；地理信息输入；地理信息数字化；地理数据的编辑、验证、编码、规范和标准化；符号设计和地图修饰；地理数据入库。

（2）数据库管理功能

包括地理数据库定义、建立；地理数据库操作，包括数据检索、增加、修改、删除等；地理数据库维护、备份和安全；地理数据库更新和变更历史记录。

（3）空间查询和分析功能

包括图形属性双向查询；缓冲区（Buffer）分析；叠加（Over1ay）分析；空间集合分析；专业分析。

（4）地形分析功能

（5）制图功能

3. GIS的数据管理

GIS空间数据有多种来源，不同的数据源其输入方法不同。而不同的输入方法会使输入数据产生一些问题，如数据输入过程中偶然的错误，输入数据与要求格式不一致，各种来源数据的比例尺、投影不统一，图幅间不匹配等。因此，必须对空间数据进行处理才能得到统一的标准的数据文件，才能满足使用和分析的需要。

图形数据的输入过程实际上是图形数字化处理过程，常用方法有手扶跟踪数字化仪输入、自动扫描输入等；属性数据一般采用键盘输入，当数据量较大时，属性数据与空间数据分别输入并分别存储。

数据输入完成后需要进行编辑，数据编辑的目的在于消除数据输入过程中引入的错误或误差。它们包括空间点位不正确、变形、空间点位和线段的丢失或重复，线段过长或过短，面域不封闭，区域中心识别码的遗漏，结点代码和区域码不符合拓扑一致性，属性的错误分类，错误编码或误输入等。

数据管理不仅包括数据输入、编辑，还包括数据更新等工作，因此，GIS中数据的管理是一种长期的人机交互处理工作。

11.2.2 房地产估价信息系统内涵

房地产估价是整个房地产经济活动过程中必不可少的重要环节，它是以房地产为对象，由专业估价人员根据估价目的，遵循估价原则，按照估价程序，运用估价方法，并在综合分析影响房地产价格因素的基础上，对房地产客观合理价格的估计、推测或判断。房地产估价过程繁琐，方法多样，且因估价师水平不同，产生的估价结果往往差距较大，传统的人工估价从接受委托估价开始到估价报告撰写在不同程度上存在估价方法不科学、结论与实际不符等诸多问题。房地产估价信息系统作为房地产估价工作的计算机辅助支持系统，从理论、方法和技术上都对上述问题从本质上进行了改进，极大地提高了房地产估价的科学性和准确性，是房地产估价发展的重要里程碑。

1. 房地产估价信息系统概念

房地产估价信息系统是对房地产信息进行收集、编辑、处理和分析的智能管理系统，它既能处理房地产的各种图像、图形和文字数据，也能对房地产价格作出判断。

2. 房地产估价信息系统化理论基础

房地产估价信息系统化的理论基础主要有：

(1) 信息系统学，研究信息系统形成与发展、系统原理与技术、设计与应用以及信息系统发展趋势的学科。为房地产估价信息系统化的实现提供技术支撑。

(2) 房地产价格学，研究房地产价格形成原理、机制及房地产估价基本理论、方法的科学。房地产价格学为房地产估价提供基本的理论、方法。

(3) 计量地理学，以计算机为基本工具研究地理系统空间分析方法、地理数学模型建立、地理要素统计分析和地理决策数量方法的方法论科学，为房地产估价信息系统化提供数学方法和空间分析功能。

11.2.3 房地产估价系统功能分析

通过建立有效的估价方法体系，运用多种数学方法和计量模型，及时更新房地产交易资料，保证数据库的完整和有效性，从而提高房地产价格的评估的科学高效性，这也是构建房地产估价信息系统的根本目标。

1. 数据的输入

利用房地产估价系统对房地产评估信息（包括属性信息和空间信息）进行收

集、处理、存储、更新、管理。属性数据表示空间实体的特征数据，属性数据一般采用键盘输入，当数据量较大时，属性数据与空间数据分别输入并分别存储。房地产估价业务，既包括一组连续的矢量表示的面实体，还包括各种点、线实体，这些实体属性都与该地域空间实体相关，一般是对一个空间实体及其属性赋予一个或多个关键字进行连接。空间数据经编辑处理后，一般只能将数字化过程中产生的人为误操作消除，由于数据来源广，可能存在着各种数据比例尺和投影不一致，各幅地图数据之间不匹配，数据的冗余度等问题，需进行深层次数据管理，才能符合管理者的需求和存档的要求。空间数据管理包括：数据格式转换、数据之间的匹配和数据更新等。通过关键字段将属性信息和空间信息进行挂接，建立较为完整的数据库。

2. 房地产信息库的管理

数据库建立后需要根据实际工作的需要进行编辑处理、更新，此外还可进行房地产估价信息的查询，对于估价信息的查询大致分为三种情况：

(1) 按图形查询，可在地图上按任意范围查询，如查询距离待估房地产 5km 范围内的所有历史评估房地产或成交实例的位置，并查阅其文字信息、估价报告、图片录像等。

(2) 按属性查询，可按数据库中的估价时点、物业类别和估价师等字段名查询，便于估价时进行对比分析。

(3) 双向查询，即通过图形和条件进行综合查询。查询结果将以图和表的形式显示在窗口上。

3. 空间分析

空间分析功能包括缓冲区分析、叠加分析、合并分析和拓扑分析等，便于进行待估样点价格评估。如利用点、线、面缓冲区分析，获得待估样点所在区域其他要素如商服业、基础设施、公共设施、交通、绿化状况等自然、社会经济因素的空间影响程度，进而与所在区域地形图、土地利用图、城市规划图等专题图进行叠加分析，然后将所有要素合并，最后借助专题图制作功能，将影响房地产价格的各要素分别制作专题图，也可将房产价格分布图和估价时点图等在空间分析的基础上进行专题图制作。

4. 可视化功能

房地产估价系统能够将各种空间图形以二维或三维的形式直观的表达，如可将某区域房价通过三维图像直观地表现出来；还可在系统数理统计功能的协助下，完成各专题信息的统计分析功能，以图表的形式进行可视化表达；此外还可借助上述空间分析结果及各专题图进行估价报告的撰写。

11.2.4 房地产估价系统功能设计

1. 数据库设计

数据库的设计要遵循数据库的独立性、数据的共享性、最小的冗余度、完整性和数据间的逻辑关系等标准，按照关系型数据库关系模型设计房地产估价信息系统的属性数据库和空间数据库。概括来讲，属性数据库包括房地产自然状态信息、房地产交易信息、房地产区域信息、规划限制条件、房地产相关经济指数和法定权属状况等，这些可以分为三个部分：

（1）系统数据库

①估价方法模型数据库。以国家建设部颁布的《房地产估价规范》为依据，目前房产估价方法采用较多的有市场比较法、成本法、收益还原法、长期趋势法、路线价法等，估价方法模型数据库主要包括上述几种估价方法的参数设置、计算应用。

②房地产估价指标数据库。此类数据库因区域不同而设置不同，一般根据区域房地产类型、估价方法分设各指标。指标数据库主要包括房地产重置成本指标、房地产收益指标、土地基准地价指标、土地标定地价指标、房地产物价变动指数、房地产属性指标、房地产投资收益率指标、建筑物折旧评定标准、房地产税费标准、土地还原利率等。

（2）公共数据库

包括房地产交易实例数据库和区域环境数据库。其中房地产交易实例数据库主要用于市场比较法中案例分析对比，包括交易案例的交易双方情况以及交易目的，交易双方情况不仅包括交易双方名称、性质、法人代表和地址等基本情况，更重要的是说明交易双方是否在公开的市场状况下进行公平、公正、自愿的交易，即是否属于正常交易；交易目的指买卖、入股、抵债等。此外还包括房地产的交易价格、交易时间、交易情况、交易房地产所处的区域环境、交易房地产的个体特征等数据，以及评估人员对交易案例各项指标的修正幅度。

区域环境数据库主要记录具体房地产项目的区位、社会经济环境，区位包括周边自然环境，如空气质量、水质、噪声、交通便利程度和公共设施状况等；社会经济环境包括此区域宗教信仰、传统风俗、文化水平及周边人文环境，从而便于运用市场比较法对房地产进行估价。

（3）估价项目数据库

包括估价项目特征数据库和估价项目估价数据库，其中估价项目特征数据库主要用于描述估价对象所处区域位置、占地面积、建筑面积、建筑特点及结构特点、设备、装修、楼层、层高、朝向形状、进深、用途、外观、质量、购建时间、车库面积、水暖供气和厨卫设施新旧、采光和通风情况以及权属等属性指标。估价项目估价数据库主要用于记载估价对象面积、成本费用、折旧、收益、所有权（使用权）年限、已使用年限等价值指标。此外，还包括房地总价、房屋总价、土地总价及相应的单价和房屋租金等内容，同时应说明价格的类型、价格水平、货币种类和单位等情况以及房款融资方式及房价付款方式。估价项目数据库还可将估价报告包含在内。

空间数据库包括 1∶500 或者 1∶1000 城镇地籍图件资料、城镇土地级别图、城市总体规划、城市分区规划和城市详细规划等资料。

2. 评估系统

基于 GIS 的房地产估价评估系统是在数据库、模型库、知识库的支持下实现的。所谓知识库是有关房地产估价的法令法规、估价规范等内容；数据库前面已作介绍；模型库是为提高估价准确性和科学性，实现房地产估价作业的计算机化，而将与估价相关的各种方法建成模型，形成估价模型库。模型库中用到的方法较多，目前主要有多目标决策模型、模糊决策模型、市场比较估价模型、收益估价模型、假设开发估价模型、成本估价模型、路线价估价模型等。其中，多目标决策模型是将多种不同的估价方法运用到同一个建筑物的评估中，不同的结论经过多目标决策模型的分析最后得出一个估价结果；模糊决策模型是对难定量描述的变量建立多层次的模糊决策模型；市场比较估价模型是通过类质案例的市场交易价格比较并通过各修正因素因子修正而获得估价结果；收益估价模型是通过将房产收益与一定还原利率进行计算获得房产价格；假设开发估价模型根据待开发的房地产的预期开发后价值，扣除全部开发成本来倒推房地产在估价时点的价格；成本估价模型以建造房地产所需的各项费用之和为依据，加上一定的利润和应纳税费来确定房地产价格。评估系统在这三个库的支持下通过决策分析，获得评估结果。评估系统结构如图 11-3 所示。

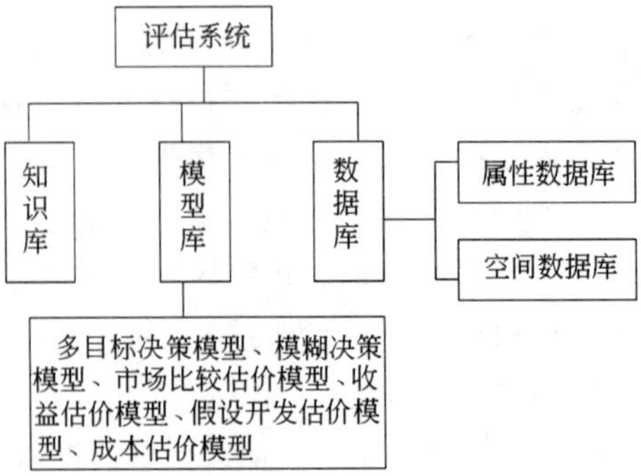

图 11-3　评估系统结构图

11.3 房地产估价信息系统的开发与应用

11.3.1 房地产估价信息系统的开发

1. 与 GIS 的紧密结合

前面已对 GIS 进行详尽的介绍，GIS 在数据管理、空间分析及可视化功能方面具有较强的优势，而房地产估价是一项涉及数据量大、程序复杂的工作，传统的手工估价方式已不适合目前房地产市场的快速发展，将 GIS 技术与房地产估价相结合，既能充分利用 GIS 数据管理功能和空间分析功能，又可将各种数学模型、估价方法嵌入到系统中，提高工作效率，因此目前已有诸多学者构建了基于 GIS 的房地产估价系统。

基于 GIS 的房地产估价系统具有采集、管理、分析和输出地理空间信息的能力，且可将信息以动态的多维方式可视化，其次利用 GIS 的空间分析功能，可进行信息时空动态变化分析及影响要素动态预测。此外，基于 GIS 的房地产估价系统能够随着估价工作的开展自我积累经验，从而促进估价工作的信息化、智能化、自动化，提高房地产估价工作的效率。

2. 与网络多媒体技术紧密结合

房地产信息具有多层次、多时空分布特点，这就要求房地产估价在一定地域范围内实现信息交换与集中，此外从业务操作过程来看，估价任务不可能由单一机构或个人完成，这就需要实现信息的共享。多媒体是计算机交互综合处理多种媒体信息，建立多种媒体间的逻辑连接，集成为同一数字环境并具有交互性的技术。近几年随着计算机和空间技术、网络技术、多媒体技术的发展，系统集成正成为研究资源环境科学强大的技术手段，将网络多媒体技术应用在房产估价系统中也是今后房产估价系统一大发展趋势。随着网络技术的发展，多媒体技术和网络技术的不断融合，在线估价系统发挥的作用越来越大，必将成为房产市场必不可少的工具之一。无论是估价人员还是普通的房地产市场的主体，利用网络上的在线估价系统都可根据个人需要进行评估，且能够实现资源共享。因此，基于网络环境下运行的房地产估价系统，采用 C/S（客户机/服务器）体系，利于实现资源共享和集中管理。

11.3.2 搜房网上在线评估系统简介

1. 搜房网（www.SouFun.com）简介

搜房网于 1999 年 6 月正式开通，由一批留美归国人士在美国 IDG（美国国际数据集团）和 Goldman Sachs（高盛投资银行）的投资支持下创办，并接收了中国房地产业协会、国务院发展研究中心情报中心和中国房地产开发集团等早期创办的房地产业权威研究分析体系“中国房地产指数系统”，是注册在 BVI、总部在香港、服务于大中华地区的房地产门户网站。搜房网是目前为止大中华地区最有影响力的房地产专业门户网站，也是中国和全球华人规模最大、访问量最高、房地产家居资讯最全的网络媒体，是北京、上海、深圳、广州、天津、重庆等地消费者和业内人士最爱、人气最旺的房地产家居门户网站，覆盖中国内地、香港、新加坡和温哥华等 20 多个城市。

1999 年，搜房网从北京、上海、深圳、香港和台北开始，着手构建大中华地区的房地产交易平台和工作平台，并将搜房网划分为九大网络，即住房交易网、住房租赁网、拍卖网、商用物业网、金融网、家居网、产业服务网、教育网和搜房社区网。

构建 B2C 和 C2C 的住房交易平台是搜房网的重要服务内容，用户可以在交易网、租赁网和拍卖网中发布出售、出租、求购、求租信息，为交易双方迅速建立联系。产业服务网是搜房搭建的 B2B 的房地产业工作平台，在这里，房地产相关的所有企业均可以方便地建立联系。家居网是 B2C 的电子商务网，用户可以在网上实现包括装修、设计、装饰材料、家具、家电等电子商务服务。为了帮助用户实现住宅消费，搜房建立金融网，开展在线评估、贷款申请、房屋保险等房地产金融咨询业务。教育网是搜房与剑桥合作的成果，目的在于通过远程教育，培养中国房地产业人才。搜房网为广大购房者提供独具特色的“搜房社区”（bbs. soufun. com），在北京、上海、广州、深圳、重庆、天津等全国各大城市成立“购房者俱乐部”，组织购房顾问、装修专家、专业律师为购房者提供一站式服务，并定期举行购房者沙龙、网上答疑等系列活动，每天通过这一服务进行房屋查询、集体购房、集体采购、房产维权、装修咨询的访问量达数千万。“租房，找搜房”已成为众多购房者的日常行为习惯。

2. 搜房在线评估系统

搜房在线评估系统是搜房网为用户提供的免费的房地产评估工具，此系统估价对象为交易性住宅类房地产，包括普通商品住宅、高档公寓和别墅等，估价结果为评估对象当前的市场价值。下面简单介绍搜房在线评估系统的评估过程。

首先根据所在城市选择物业名称，然后根据系统提示输入物业相关情况，最后系统自动输出评估结果供用户参考（以下内容是搜房网上评估系统测算的结果，仅供参考）。

（1）选取所在城市物业名称，如图 11-4 所示。

（2）输入查询物业相关内容，包括基本信息、装修情况、其他信息和相近房屋比较修正等内容，如图 11-5 所示。

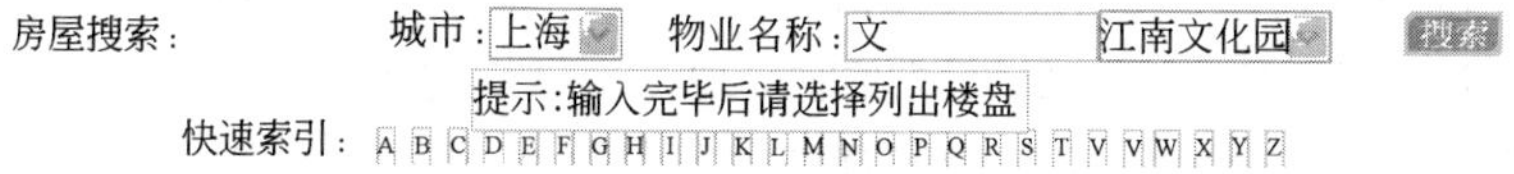

图 11-4　搜房在线评估系统操作过程一

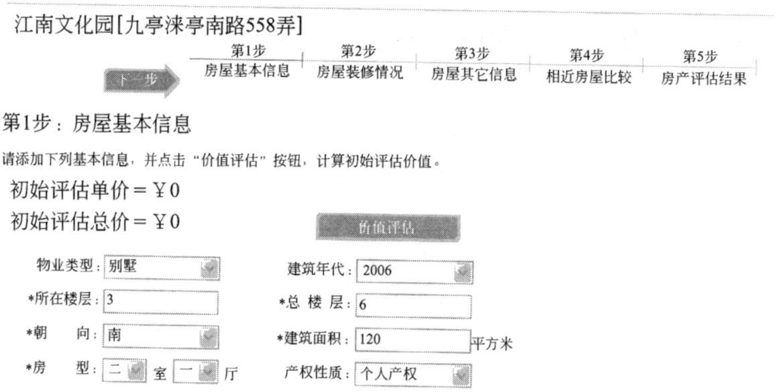

图 11-5　搜房在线评估系统操作过程二

（3）系统根据用户输入信息，自动测算物业价格，系统不仅给出单价、总价，还将相近物业市场平均挂牌情况用曲线图将结果动态表示出来，便于用户进行对比分析，结果如图 11-6 所示。

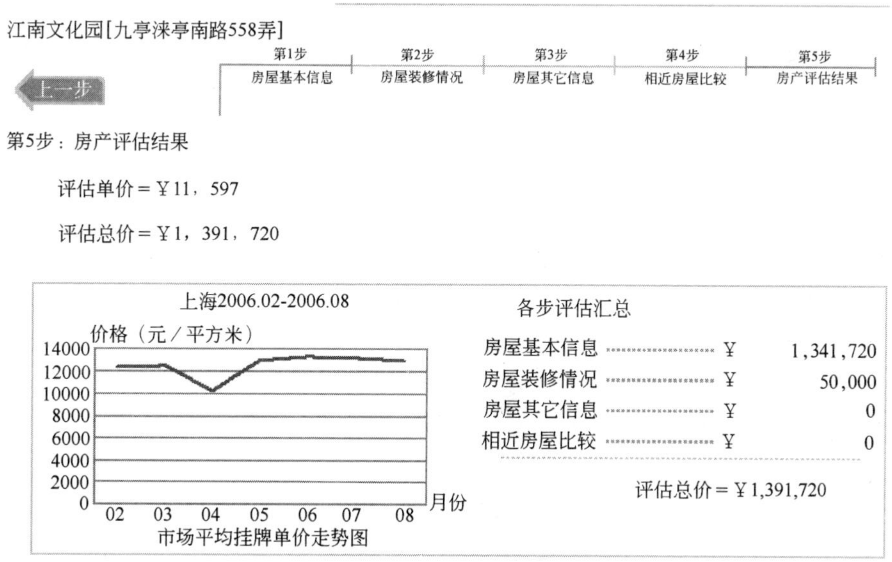

图 11-6　搜房在线评估系统操作过程三

总之，搜房网追求的是利用现代信息技术和信息手段，全面提升房地产业的工作效率，通过INTERNET，最大限度地实现“公开、公平、公正”的市场交易原则，最大限度地减少房地产交易中间环节，降低交易成本，促进大中华地区房地产市场交易的进一步活跃。搜房网作为最全面的房地产网络服务平台，多次在国际上中立的互联网权威评测机构如NetValue等基于多项指标的排名中居领导地位，在中国房地产类网站中拥有最高访问量、最知名品牌、最好的服务。

小　　结

利用计算机高效精确的计算分析技术、网络多媒体信息共享技术和地理信息系统空间分析技术构建房地产估价信息系统已引起国内外学者的关注，并且诸多学者对此进行研究取得一定的实践成果。本章在对信息、数据、信息系统、管理信息系统和地理信息系统等进行分析研究的基础上，提出了房地产管理信息系统的概念、构建原则、系统设计结构及功能，最后对搜房网进行简单介绍，旨在让读者对房产估价系统的应用及目前的发展状况有更为深刻的认识。

复习思考题

一、名词解释

信息　数据　信息系统　管理信息系统　地理信息系统　房产估价管理信息系统

二、思考题

1. 信息特征及信息与数据的关系如何？
2. 信息系统是怎么分类的？
3. 简述管理信息系统分类、特性及开发方法。
4. 简述地理信息系统构成、功能及发展前景。
5. 简述房地产估价管理信息系统功能。
6. 简述房地产估价管理信息系统数据库结构。
7. 简述搜房网上的在线评估系统的构成。

参考文献

[1] 薛姝．房地产估价［M］．北京：高等教育出版社，2002
[2] 李恩辕．房地产估价［M］．北京：中国建筑工业出版社，2001
[3] 周寅康．房地产估价［M］．南京：东南大学出版社，2001
[4] 柴强．房地产估价（第五版）［M］．北京：首都经济贸易大学出版社，2005
[5] 叶剑平．房地产估价［M］．北京：中国人民大学出版社，2002
[6] 王家庭．房地产估价（第二版）［M］．大连：东北财经大学出版社，2004
[7] 张协奎．房地产估价［M］．北京：中国财政经济出版社，2001
[8] 陈柏东．房地产估价［M］．武汉：华中理工大学出版社，1999
[9] 霍达．房地产估价［M］．郑州：河南科学出版社，1999
[10] 王人已，姚玲珍．房地产估价［M］．上海：上海财经大学出版社，2002
[11] 陈湘芹，崔东平．房地产估价［M］．北京：化学工业出版社 2005
[12] 赵财福，赵小虹. 房地产估价［M］．上海：同济大学出版社，2004
[13] 俞明轩．房地产评估［M］．北京：中国人民大学出版社，2004
[14] 柴强．房地产估价理论与方法［M］．北京：中国物价出版社，2002
[15] 王克忠，等．房地产估价理论与方法［M］．北京：高等教育出版社，2002
[16] 杨柏．房地产估价理论与实务［M］．合肥：安徽科学技术出版社，1997
[17] 虞晓芬．房地产估价——理论　方法　案例［M］．北京：中国计划出版社，1995
[18] 廖俊平．房地产估价规范研究与阐释［M］．广州：广东经济出版社，2000
[19] 吴冲龙，等．资源信息系统［M］．北京：地质出版社，2004
[20] 陈述彭，等．地理信息系统导论［M］．北京：科学出版社，1999
[21] 邱华炳．土地评估［M］．北京：中国财政经济出版社，2003
[22] 黄有亮．工程经济学［M］．南京：东南大学出版社，2002
[23] 萨师煊，王珊．数据库系统概论［M］．北京：高等教育出版社，1991
[24] 李京文．信息化与经济发展［M］．北京：科学文献出版社，1996
[25] 杨继瑞．中国城市地价探索［M］．北京：高等教育出版社，1997
[26] 倪绍祥，方开鸿．房地产估价原理与方法［M］．南京：南京大学出版社，1993
[27] 丁栋虹，肖功贤．房地产价格学［M］．北京：中国农业科技出版社，1995
[28] 陈余年，陈禹．信息系统工程［M］．北京：科学出版社，1990
[29] 李书涛．决策支持系统原理与技术［M］．北京：北京理工大学出版社，

1995
[30] 国家科委．软科学的崛起——软科学研究方法［M］．北京：地震出版社，1988
[31] 萨师煊，王珊．数据库系统概论［M］．北京：高等教育出版社，1991
[32] 吴冲龙，等．资源信息系统实习指导书［M］．北京：中国地质大学出版社，2005
[33] 徐建华．现代地理学中的数学方法［M］．北京：高等教育出版社，2002
[34] 美国估价学会．不动产估价（第 11 版）［M］．北京：地质出版社，2003.5
[35] 全国土地估价师资格考试委员会．土地估价理论与方法［M］. 北京：地质出版社，2004.6
[36] 袁泽玉，等. 全国房地产估价师执业资格考试试题分析［M］．北京：机械工业出版社，2005.6
[37] 刘长滨，等．中国房地产估价师执业资格考试全真模拟训练［M］．北京：中国建材工业出版社，2001.8
[38] 柴强．房地产估价理论与方法论［M］．北京：中国物价出版社，1995
[39] 中国房地产估价师与经纪人学会．房地产估价理论与方法［M］．北京：中国建筑工业出版社，2005.5
[40] 廖俊平，陆克华．房地产估价案例与分析［M］．北京：中国物价出版社，2002
[41] 施建刚，等．房地产估价方法的拓展［M］．上海：同济大学出版社，2003
[42] 景亚平，谭敬胜．房地产估价信息系统的研究［J］．长春工程学院学报（社会科学版），2001.2
[43] 何国松．基于房地产估价信息系统的市场比较法研究［J］．咸宁师专学报，2000.6
[44] 安旭东，等．试论房地产估价信息系统化及其实现［J］．人文地理，2000.15
[45] 魏秉铎，等．以地理信息系统技术为基础建立房地产估价系统初探［J］．重庆邮电学院学报，2004 增刊
[46] 赵松，姜栋．基于 GIS 开发房地产估价信息系统的设想［J］．中国土地科学，1997.7
[47] 张能杰．房地产估价的市场比较法软件系统研究［J］．中国房地产估价师通讯录，1997.4～5
[48] 李杰．执业资格制度与我国高等教育的发展［J］．铜陵学院学报，2002
[49] 中国房地产估价师学会．GB/T50291—1999. 中华人民共和国国家标准房地产

估价规范
[50] 刘陶琨．模糊聚类分析在土地定级估价商服中心类型划分中的应用［J］．测绘信息与工程，2004
[51] 戚晓曜．基于模糊神经网络的房地产价格评估问题研究［J］．武汉理工大学学报，2005
[52] 易曙贤，刘艳芳．基于 web 的房地产与土地估价系统的设计和实现［J］．国土资源科技管理，2004
[53] 周春喜．基于模糊数学的房地产市场法价格评估［J］．中国资产评估，2004
[54] 何国松，赵曦，陈荣山．模糊数学在总的估价中的应用［J］．国土资源科技管理，2004
[55] 张勇，沈涛，李昕．模糊数学综合评判方法在房地产估价中的应用［J］．建筑技术开发，2004.5
[56] http：//unit.cug.edu.cn/2006jpkc/zyxxxt9/StudyGuide/
[57] http：//gz.house.sina.com.cn/news/2004-04-21/399668.html
[58] Frances Plimmer（英）．房地产估价导论．胡至廉，等，译．北京：中国建筑工业出版社，1996

图书在版编目（CIP）数据

房地产估价/李杰主编．—北京：人民交通出版社，2007.1

ISBN 978-7-114-06310-7

Ⅰ．房… Ⅱ．李… Ⅲ．房地产—价格—评估—教材 Ⅳ．F293.35

中国版本图书馆 CIP 数据核字（2006）第 146698 号

书　　名：房地产估价
著 作 者：李　杰
责任编辑：陈志敏　王　霞（wx@ccpress.com.cn）
出版发行：人民交通出版社
地　　址：(100011) 北京市朝阳区安定门外外馆斜街 3 号
网　　址：http://www.ccpress.com.cn
销售电话：(010) 59757973
总 经 销：人民交通出版社发行部
经　　销：各地新华书店
印　　刷：北京鑫正大印刷有限公司
开　　本：720×960　1/16
印　　张：18.25
插　　页：1
字　　数：338 千
版　　次：2007 年 1 月　第 1 版
印　　次：2016 年 5 月　第 6 次印刷
书　　号：ISBN 978-7-114-06310-7
定　　价：27.00 元
（有印刷、装订质量问题的图书由本社负责调换）